Lilya Kaganovsky

•

The Voice of Technology

Soviet Cinema's Transition to Sound 1928–1935

Indiana University Press

2018

Лиля Кагановская

•

Голос техники

Переход советского кино к звуку 1928–1935

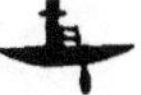

Academic Studies Press

Библиороссика

Бостон / Санкт-Петербург

2021

УДК 791.43.03
ББК 85.373(2)
К12

Перевод с английского Натальи Рябчиковой

Серийное оформление и оформление обложки Ивана Граве

Кагановская Л.
К12 Голос техники: Переход советского кино к звуку 1928–1935 / Лиля Кагановская ; [пер. с англ. Н. Рябчиковой]. — Санкт-Петербург : Academic Studies Press / Библиороссика, 2021. — 319 с. : илл. — (Серия «Современная западная русистика» = «Contemporary Western Rusistika»).

ISBN 9798897837618 (Academic Studies Press)
ISBN 978-5-6046148-5-3 (Библиороссика)

В работах о советском кино принято описывать приход в него звука как момент кризиса и провала, момент, когда золотой век советского авангардного кино и монтажной школы внезапно подошел к концу. Советской кинопромышленностью часто пренебрегают как «технологически отсталой», сосредоточиваясь на проблеме перехода как на одной из попыток «догнать и перегнать» американскую киноиндустрию. Целью этой книги является рассказать историю, отличную от обычного нарратива о советской отсталости. Автор показывает, что «долгий переход» к звуку дал советским кинематографистам возможность теоретизировать и экспериментировать с новой звуковой технологией способами, которые были недоступны их западным коллегам из-за рыночных сил и зависимости от запросов аудитории. Эти ранние эксперименты со звуком — многие из которых остаются неизвестными — могут немало рассказать нам о том периоде культурных потрясений, когда Советский Союз переходил от революционных двадцатых к сталинским тридцатым.

УДК 791.43.03
ББК 85.373(2)

ISBN 9798897837618
ISBN 978-5-6046148-5-3

Посвящается AWR, RAR, Н. И. П., А. Я. К. и О. И. П.

Благодарности

Замысел этой книги появился благодаря показу фильма Г. М. Козинцева и Л. З. Трауберга «Одна» (1935), организованному Еленой Михайловной Стишовой в 2001 году в Колледже Вильгельма и Марии. От Университета шт. Иллинойс этот проект получил щедрую поддержку со стороны Центра перспективных исследований, Исследовательского совета, Центра российских, восточноевропейских и евразийских исследований, Центра критики и теории интерпретации, а также Колледжа свободных искусств и наук. За пределами Иллинойса работа над этой книгой стала возможной благодаря стипендиям на исследования в Тринити-колледже (Кембридж) и Университетском колледже (Оксфорд), а также благодаря Американскому совету научных общест вместе с Советом по исследованиям в области социальных наук и Национальным фондом гуманитарных наук. Я глубоко благодарна коллегам в Кембридже, Оксфорде и в Москве: в особенности Эмме Уиддис, Сьюзан Ларсен и Полли Джонс, а также Биргит Боймерс, Джулиану Граффи и членам Группы по исследованиям русского кино Университетского колледжа Лондона; Николаю Изволову, Сергею Каптереву, Евгению Марголиту и Петру Багрову, а также сотрудникам НИИКа, ВГИКа, Музея кино, РГАЛИ, РГАКФД и Госфильмофонда.

Некоторые материалы этой книги были опубликованы в журнале «Studies in Russian and Soviet Cinema» (Vol. 1, no 3 и Vol. 6, no 3); в сборнике «Resonanz-Räume: die Stimme und die Medien» под редакцией Оксаны Булгаковой; и в журнале «Новое литературное обозрение», № 120. Ранняя версия введения была опубликована под названием «Учиться говорить по-советски: советское кино и появление звука» в сборнике «A Companion to Russian Cinema» под редакцией Биргит Боймерс. Я благодарна редакторам этих журналов, а также издательству Индианского университета за разрешение на перевод и перепечатку указанных текстов в этом издании. Я глубоко благодарна Наталье Рябчиковой за русский перевод.

Эта книга посвящена памяти моего наставника и друга, профессора Колумбийского университета Кати Непомнящей.

Пролог

> Эдисон изобрел кинематограф в качестве дополнения к своему фонографу, полагая, что звук в сочетании с движущимся изображением дадут развлечение поинтереснее, чем звук сам по себе. Но вскоре кино оказалось достаточно интересным развлечением и без звука. Говорят, что, хотя кино и фонограф задумывались как партнеры, они выросли порознь. И можно добавить, что кинематограф настолько мало уважал фонограф, что на протяжении многих лет он отказывался говорить.
>
> *Эдвард В. Келлог*
> *«Journal of the SMPTE» («Журнал Общества инженеров кино и телевидения»), июнь 1955 года*

Первая публичная демонстрация звука, записанного на кинопленку одновременно с изображением, состоялась в студгородке Иллинойсского университета в Урбане 9 июня 1922 года[1]. Экспериментальная запись Иосифа Тыкоцинского (Тыкоцинера)

---

[1] В числе ранних экспериментов над звуком в кино можно назвать, среди прочего, эксперименты Леона Гомона во Франции, который уже в 1901 году начал работать над соединением фонографа и кинематографа; Эрнста Румера в Берлине, чьи работы в области оптической записи звука были опубликованы в 1901 году; Эжена Огюстена Лауста, продемонстрировавшего свое звукозаписывающее устройство в 1911 году и снявшего, вероятно, первый в Америке фильм с оптической звукозаписью, и Томаса Эдисона, который в 1913 году приложил значительные усилия, чтобы синхронизировать звук фонографа с движущимся изображением, и чье представление «говорящих фильмов» в течение нескольких месяцев шло в Колониальном театре Кита в Нью-Йорке. Подробную историю развития звукового кино см. в антологии «SMPTE Transactions» («Журнал Общества инженеров кино и телевидения») [Fielding 1967].

включала звон колокольчика и чтение Геттисбергской речи Авраама Линкольна. Тыкоцинер начал заниматься разработкой системы для записи и воспроизведения синхронного звука на кинопленке в 1918 году, и 9 июня 1922 года он впервые публично продемонстрировал кинофильм со звуковой дорожкой, записанной оптически непосредственно на пленку. Первыми звуками, услышанными зрителями составного звукозрительного фильма, были слова Хелен Тыкоцинер, жены изобретателя: «Я буду звонить», а затем звон колокольчика. После этого Эллери Пейн, глава факультета электротехники Иллинойсского университета, прочитал Геттисбергскую речь. Об этой демонстрации написали в газете «New York World» 30 июля 1922 года.

Иосиф Тыкоцинский (Тыкоцинер) (Joseph Tykociński-Tykociner, 1877–1969) родился в еврейской семье во Влоцлавеке, городе на территории Польши, тогда входившей в состав Российской империи[2]. В возрасте 18 лет Тыкоцинер впервые приехал в США, чтобы изучать естественные науки. В Нью-Йорке он познакомился с Николой Теслой и стал специалистом в области коротковолнового радио. В 1901 году он работал в Лондоне на Гульельмо Маркони как раз в то время, когда через Атлантику был передан первый радиосигнал, а затем трудился в фирме «Telefunken» в Берлине. В 1904 году, когда на Дальнем Востоке разразилась война, российское правительство попросило Тыкоцинера создать систему радиосвязи между русским военным флотом на Балтике и флотом, находящемся в Черном море. За эти труды Николай II его наградил золотыми часами с драгоценными камнями. Он также, по всей видимости, находился на Финляндском вокзале Петрограда, когда в 1917 году из эмиграции вернулся В. И. Ленин[3]. В 1918 году Тыкоцинер вернулся в Польшу во время войны за ее независимость. А в начале 1919 года он предложил новому Ми-

---

[2] Подробнее о биографии Иосифа Тыкоцинера см. в [Łotysz 2006]. Архивные материалы хранятся в Joseph T. Tykociner Papers, 1900–1969, University of Illinois Archives.

[3] Ленин прибыл на Финляндский вокзал Петрограда поездом из Германии 3 апреля 1917 года.

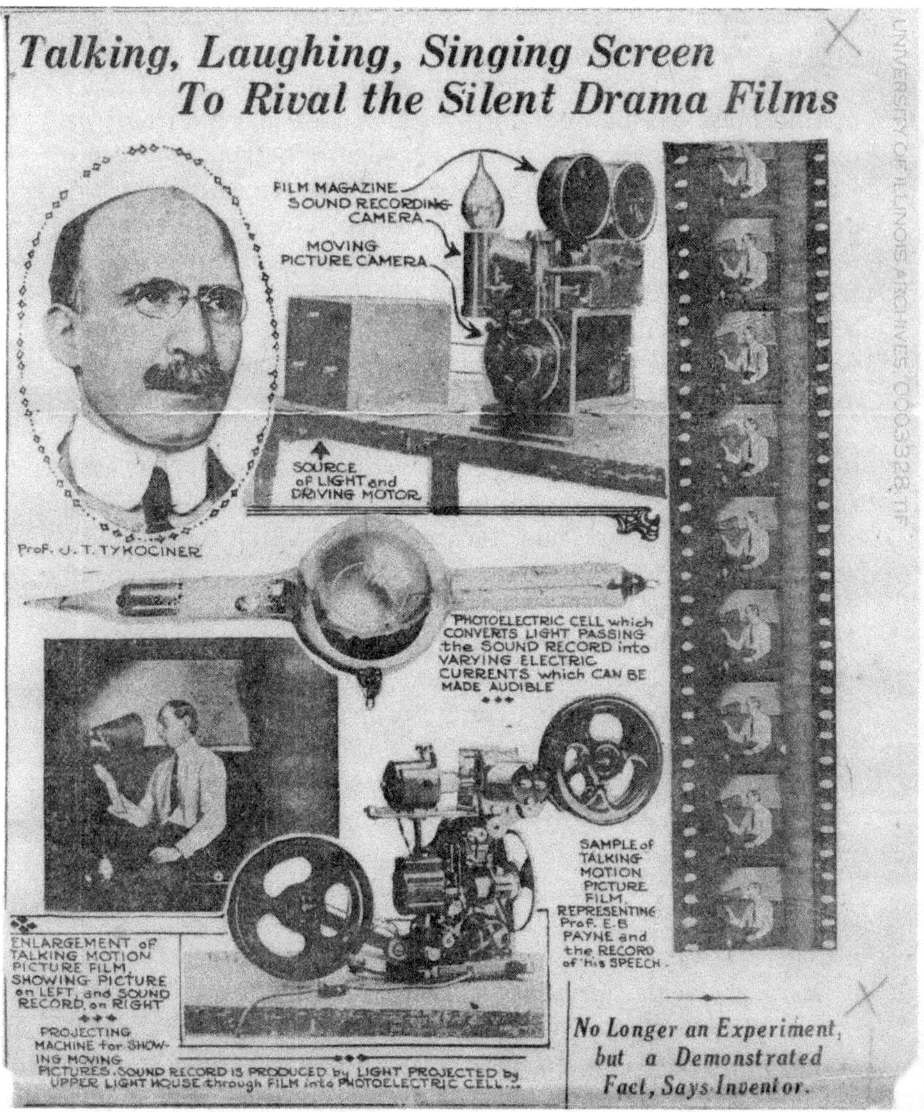

Talking, Laughing, Singing Screen To Rival the Silent Drama Films

No Longer an Experiment, but a Demonstrated Fact, Says Inventor.

Рис. 1. «Говорящий, смеющийся, поющий экран составит конкуренцию немым кинодрамам». (Из фонда Иосифа Тыкоцинера, архив Иллинойсского университета) нистерству почт и телеграфов проект по созданию прямой радиосвязи между Польшей и США.

В 1920 году Тыкоцинер снова уехал в Америку и в 1921 году принял предложение поступить на должность научного сотрудника в области электротехники в лаборатории Иллинойсского университете в Урбане. Он занимался высокочастотными измерениями, диэлектриками, пьезоэлектричеством, фотоэлектрическими трубками и микроволнами, а также разработал способ записи звука на пленку методом оптической фиксации на светочувствительном целлулоиде с помощью ртутной лампы, подключенной к электрической сети с микрофоном. 9 июня 1922 года он продемонстрировал работу этого изобретения на конференции Американского института инженеров-электротехников в Урбане. Первая официальная демонстрация «говорящего кинематографического аппарата» Тыкоцинера состоялась в лаборатории физики в Урбане и была описана в журнале «SMPTE Transactions», но патентный спор между Тыкоцинером и тогдашним президентом университета Дэвидом Кинли помешал коммерческому применению этой разработки, и патент был выдан лишь в 1926 году. Президент Кинли также сказал Тыкоцинеру, что для того, чтобы остаться при университете, ему придется искать для своих знаний другие области применения, и изобретатель согласился. Он отказался от работы с записью звука на пленку и сменил сферу исследований. В середине 1920-х годов он начал экспериментировать с антеннами — предшественниками радаров.

Но дело было не только в патентах. В аудиоинтервью, датированном 3 мая 1965 года, Тыкоцинер описал свой юношеский интерес к звукозаписи, свое недовольство иглой и цилиндром и свое заключение, что звук «должен записываться фотографически». В 1896–1897-м годах, когда кинематограф еще не обрел широкой известности, он приехал в Нью-Йорк, чтобы увидеть биоскоп Эдисона, выставленный в пустом помещении магазина: «движущееся изображение, но без звука». В 1920 году он переехал в США и решил заняться звуковым кино, но даже спустя год работы на фирму «Westinghouse» в Питтсбурге он не смог убедить директора лаборатории, что звуковое кино того стоит. В 1922 году, работая в Иллинойсском университете, Тыкоцинер смог продемонстрировать свое изобретение, и эти показы произвели впечатление: директор по общественной информации Джозеф Райт собрал вырезки из 700 газет, а Тыкоцинер получал телеграммы с похвалами своему изобретению. Но специалисты воспротивились нововведению: один «человек из Голливуда» уверял, что затраты будут слишком высоки, что «звезды не очень хорошо говорят», у них плохая дикция и «они слишком много пьют». Некий психолог заявил, что «[звуковое кино] основано на обмане как слуха, так и зрения». А представитель компании «Eastman Kodak» сказал, что «он не дал бы за это ни гроша», пояснив, что «публике это не нужно». Как отмечает затем в интервью Тыкоцинер, первый коммерческий звуковой фильм вышел шесть-семь лет спустя. Он был произведен компанией «Western Electric», и звук в нем был записан отдельно, на пластинках[4].

Поэтому слава создателя оптической звукозаписи досталась Ли де Форесту, который уже к 1919 году зарегистрировал патенты на способ звукозаписи на пленке, «Фонофильм», не зная о работе Тыкоцинера. Де Форест, работая с Теодором Кейсом, сделал в 1921–1922-м годах несколько короткометражных фильмов и представил свой «Фонофильм» на показе в кинотеатре «Риволи» в Нью-Йорке 15 апреля 1923 года. Говоря о будущем звукового кино, де Форест категорически отрицал возможность усовершенствования существующего типа немой драмы путем добавления в нее голоса. Но он предсказывал развитие совершенно нового типа сюжетных схем и представлений, использующих свободу, характерную для немых картин, в отличие от сцены. Звуковая система «Фонофильм» использовалась во многих кинотеатрах, а фильмы для них создавались под руководством де Фореста; но ему не удалось продать свое изобретение американским кинопродюсерам и добиться его более широкого распространения. Возможно, причиной тому было несовершенство системы (дефекты в движении пленки, ограниченный частотный

---

4 Joseph T. Tykociner Papers. Box 18. «Biographical Tape Recordings. May 3, 1965 — interview by M. J. Brichford».

диапазон, громкоговорители, неестественно воспроизводившие голоса) или тот факт, что отрасль и так процветала, а может быть, демонстрируемые фильмы были просто неинтересны, — в любом случае звуковое кино прижилось не сразу.

Кейс и де Форест поссорились, и Кейс передал свои патенты Уильяму Фоксу, который использовал их для разработки системы звукового кино «Фокс Мувитон». Э. А. Спонейбл, создавший в 1922–1924 годах несколько звуковых кинокамер, присоединился к новой компании для проектирования студий звукозаписи в Нью-Йорке, а затем и в Голливуде. В 1927 году он разработал экран, который беспрепятственно передавал звук, что позволяло расположить громкоговорители прямо за изображением. Первый публичный показ фильмов «Мувитон» состоялся в январе 1927 года, а к марту 1929 года киностудия «Фокс» перестала выпускать немые картины. В их первом коммерческом звуковом фильме «Певец джаза», выпущенном в 1927 году, использовалась система «Витафон» компании «Уорнер Бразерс», снабжавшая изображение звуком с помощью фонографической (механической) записи. Изобретение Тыкоцинером оптической звуковой дорожки было признано лишь позже, но оно до сих пор используется для записи звука в кино.

Введение

Длительный переход. Советское кино на грани немого и говорящего

> Жан Панлеве писал, что «кино всегда было звуковым». Жан Митри, с другой стороны, уточнял, что «раннее кино было не немым, а молчаливым». На что Адорно и Эйслер ответили ее прежде: «Говорящая картина тоже нема». На самом деле, поправляет Брессон, «немого кино никогда не было». Кроме того, как замечает Андре Базен, «не все немые фильмы хотят быть таковыми», и так далее. Я накидываю несколько этих цитат (разумеется, вне контекста), чтобы немного взбаламутить воду популярных формул; к этому я подброшу еще один, собственный, камень и скажу, что немое кино на самом деле следует называть «глухим».
>
> *Мишель Шион. Голос в кино [Chion 1999]*

Появление звука в истории советского кино принято описывать как момент кризиса и провала, момент, когда «золотой век» советского авангардного кино и монтажной школы внезапно подошел к концу[1]. Техническое новшество, значительно изменившее культуру кино во всем мире, а также внедрение в кинопромышленность синхронного звукав конце 1920-х годов в советском контексте совпало с масштабным культурным переворотом

---

[1] Например, [Kenez 2001; Leyda 1960; Youngblood 1985; Zorkaya 1989]. См. также [Зоркая 2005а].

и явилось его неотъемлемой частью. Поэтому невозможно рассматривать появление звука отдельно от присущей киноиндустрии того времени хаотичности, последствий ускоренной индустриализации всей страны и формирующихся новых идеологических канонов социалистического реализма[2].

Историки отечественного кино обычно подчеркивают отсталость советской кинопромышленности в момент перехода производства к звуковому кино, трудности в освоении новых технологий и политические дебаты, окружавшие изменения всей отрасли кино в целом. Как отмечает Д. Янгблад, к 1930 году советская кинопромышленность была почти полностью разрушена, и, поскольку времена становились все более неспокойными, фильмов снималось все меньше и меньше. Падение производства было отчасти связано с опасениями, вызванными усилением политического давления, но также оно происходило и из-за нехватки сырья и «неуверенности в отношении будущего звукового кино». С художественной точки зрения, утверждает Янгблад, «эпоха немого кино закончилась, но из-за технологической отсталости немое кино фактически производилось в СССР до 1935 года» [Youngblood 1985: 204]. П. Кенез, в свою очередь, пишет:

> Советские режиссеры имели возможность наблюдать рождение звукового кино издалека, ибо отечественная промышленность могла следовать за зарубежной лишь с некоторой задержкой. Технологически Советский Союз был отсталым. В то время как на Западе первые звуковые фильмы появились в 1926 и 1927 годах, в Советском Союзе в конце 1920-х годов промышленность только лишь достигла экспериментальной стадии. В то время, когда огромная американская промышленность почти завершила переход к звуку, Советский Союз как раз производил свой первый звуковой фильм [Kenez 2001: 123].

---

[2] Первый съезд советских писателей (Москва, август 1934 года) утвердил социалистический реализм в качестве официального направления всего советского искусства, особо подчеркнув, что художественные произведения должны заключать в себе «идейность», «народность» и «партийность». См. [Первый всесоюзный съезд 1934]. О социалистическом реализме см. [Кларк 2002a; Robin 1992; Добренко 2007; Petrov 2015].

Тем не менее, как отмечает Андрей Смирнов, первые практические системы звукозаписи были созданы почти одновременно в СССР, США и Германии. П. Г. Тагер стал проводить свои эксперименты со звуком в Москве в 1926 году, а всего несколько месяцев спустя, в 1927 году, А. Ф. Шорин начал собственное исследование синхронизированного звука в Ленинграде. Первая экспериментальная звуковая программа (отрывки из фильма «Бабы рязанские») была продемонстрирована 5 октября 1929 года в Ленинграде в кинотеатре «Совкино», специально оборудованном звуковой системой Шорина. Через несколько месяцев, 5 марта 1930 года, в Москве открылся первый звуковой кинотеатр «Художественный», где была показана «Звуковая сборная программа № 1», в которую вошли четыре фильма: выступление А. В. Луначарского о значении кино, марш С. С. Прокофьева из оперы «Любовь к трем апельсинам» (оп. 33), документальный фильм А. М. Роома «Пятилетка. План великих дел» и мультипликационный фильм «Тип-Топ — звуковой изобретатель», музыку для которого написал в том числе Г. М. Римский-Корсаков, а звуковое оформление сделал А. М. Авраамов. Другими словами, хотя переход к звуку определенно занял в СССР больше времени, чем во многих других странах (за заметным исключением Японии[3]), Советский Союз тем не менее был в авангарде экспериментов со звуком — факт, имевший последствия как для теории, так и для практики нового советского звукового кино.

В одной из основополагающих статей о раннем звуке в советском кино, впервые опубликованной в журнале «Screen» в 1982 году, Иен Кристи пишет:

---

[3] В 1933 году 81 % снятых в Японии фильмов были немыми, несмотря на то что звуковые фильмы начали сниматься в стране в 1931 году. В 1937 и 1938 годах около трети картин по-прежнему были немыми. Даже в 1942 году 14 % выпускавшихся в стране фильмов оставались немыми. Более подробно см. [Freiberg 1987]. Статистика Министерства внутренних дел, процитированная в специальном докладе № 79, «Развитие кинематографии в Японии», сделанном заместителем торгового представителя США в Японии (Национальный архив, Вашингтон), содержит следующие данные: в 1937 году было произведено 1626 звуковых и 916 немых картин; в 1938 году — 1362 звуковых и 701 немая [Freiberg 1987: 80, note 4].

> Если взглянуть на застывшее наследие раннего советского кино, вписанное как в традиционные, так и в радикальные варианты исторического повествования, поражает отсутствие какого-либо последовательного описания длительного периода перехода к звуковому кино. Создается впечатление, что грубый индустриальный факт прихода звука с сопутствующими ему эстетическими и идеологическими последствиями представляет собой серьезное *препятствие* для истории как повествования, да и, в сущности, для теории монтажа. Тем не менее появление звука совпадает с поворотным моментом в советском кино и помогает его определить. Это превосходный пример обычно игнорируемого пересечения между спецификой кино и направлениями исторической науки — экономической, технологической, политической, идеологической историей — которые его определяют и, в свою очередь, им определяются. Советское звуковое кино — это к концу 1930-х годов, по сути, «новый аппарат» [Christie 1982: 36].

Являясь ярким примером одной из многих попыток СССР «догнать и перегнать Америку», распространенная характеристика советской кинопромышленности как «технологически отсталой» ограничивает нарратив ее перехода к звуку и сосредотачивает внимание на проблемах перехода, а не на успехах кинопроизводства[4]. Некий «технологический детерминизм» характеризует большую часть исследований, посвященных этому периоду, в которых больше внимания уделяется различным недостаткам кинопромышленности, чем самим фильмам. Сравните, например, насколько иначе критики пишут о медленном переходе к звуковому кино в Японии:

> Одним из основных факторов успешного выживания японской киноиндустрии после перехода к звуку стала ее способность переходить на звуковые рельсы очень медленно — в течение десяти лет — благодаря популярности и силе воздействия местной разновидности «немого кино». В Японии зрители никогда не смотрели кино в тишине; вместо этого показ немых фильмов в кинотеатре сопрово-

[4] См., напр., [Pozner 2014; Bohlinger 2013].

ждался живым озвучиванием повествования и музыкой. <...>. Лишь в 1935 году первый приз в ежегодном опросе критиков журнала «Kinema Jumpo» получил звуковой фильм. В 1933 году четыре высшие награды были вручены немым картинам (поставленным, соответственно, Одзу, Мидзогути и Нарусэ); а в 1934 году немой фильм Одзу снова получил высшую награду [Freiberg 1987: 76].

Конечно, дискурс советской «запоздалости» не нов и не изобретен сторонними наблюдателями для объяснения сложного переходного периода. Сами советские кинематографисты и критики чувствовали, что, по мере того как эпоха немого кино подходила к концу, а вместе с ней и их заметное положение в мировом кино, они начинали отставать от США и Европы[5]. И хотя многие режиссеры киноавангарда двадцатых — Б. В. Барнет, А. П. Довженко, члены ФЭКСа Г. М. Козинцев и Л. З. Трауберг, В. И. Пудовкин и, конечно же, Д. Вертов — начали снимать звуковые фильмы так скоро, как только смогли, самого выдающегося советского режиссера, С. М. Эйзенштейна, в их числе не было, а лавры за первую стопроцентно «говорящую» советскую кинокартину достались совершенно неизвестному Н. В. Экку за «Путевку в жизнь» (1931)[6]. Тем не менее, как я надеюсь показать в этой книге, фильмы, снятые в СССР в период с 1928 по 1935 год, когда техника советского звукового кино находилась еще в зачаточном состоянии, можно считать в некотором роде открытиями. Они примечательны не только своим новаторским, экспериментальным, неожиданным и сложным использованием звука, но и тем, как они отражают — с помощью новой звуковой техноло-

---

5 См., например, две редакционные статьи в газете «Вечерняя Москва» под общим заголовком «Немое кино должно зазвучать!», подзаголовки которых гласили «Мы отстаем» и «Надо догнать» (Советское кино должно зазвучать! // Вечерняя Москва. 1930. 26 марта. С. 3; 2 апр. С. 2).

6 Эйзенштейн вместе со своим оператором Э. К. Тиссе и ассистентом Г. В. Александровым отправился в Европу и США в том числе с целью создания звуковых фильмов. Однако серия непредвиденных обстоятельств, включая финансовый крах 1929 года, не позволила Эйзенштейну озвучить «Генеральную линию» («Старое и новое», 1929) или снять звуковой фильм для студии «Парамаунт». Подробнее об этом см. в [Ryabchikova 2016].

гии — сложности своего исторического момента, перехода не только от немоты к звуку, но и от двадцатых к тридцатым годам, а также от авангардного искусства к искусству соцреализма.

Таким образом, целью этой книги является рассказать историю, отличную от принятого нарратива о советской отсталости. Скорее я хочу показать, что «длительный переход» к звуку дал советским кинематографистам возможность теоретизировать и экспериментировать с техническими новшествами звукозаписи, вне зависимости от условий рынка и спроса, определяющих развитие западной киноиндустрии. Многие известные советские кинематографисты (помимо С. Эйзенштейна) в конце 1920-х — начале 1930-х годов выезжали за границу, ранние советские звуковые фильмы демонстрировались в США, Германии, Франции и Великобритании — все это не могло не влиять на дискуссии о звуковом кино, происходившие за пределами СССР. Более того, Эйзенштейн, Пудовкин и Вертов в числе прочих много писали об использовании звука в кино — сначала теоретическом, затем практическом, — а их статьи и заявления о функциях звука, музыки, диалога и шума получили распространение не только в советских кинематографических кругах, но также активно переводились и по сей день используются в дисциплинах, изучающих звук[7]. И хотя эта книга не претендует на полноту, я все же

---

[7] Например, первый, самый известный и часто перепечатываемый теоретический текст о звуке — это «Заявка» Эйзенштейна, Пудовкина и Александрова, написанная в 1928 году и опубликованная впервые в авторизованном немецком переводе как «Achtung! Goldgrube! Gedanken über die Zukunft des Hörfilms» в газете «Die Lichtbildbuehne» 28 июля 1928 года, а также под заголовком «Tönender Film: Montage und Kontrapunkt. Gedanken über die Zukunft der Filmkunst» в газете «Vossische Zeitung» 29 июля 1928 года. Оригинальный русский текст был опубликован как «Заявка (Будущее звуковой фильмы)» в «Жизни искусства» 5 августа 1928 года и в журнале «Советский экран» 7 августа 1928 года. Английский перевод под заголовком «The Sound Film. A Statement from USSR» был напечатан в журнале «Close Up» в октябре 1928 года. Джей Лейда включил собственный перевод «Заявки» в сборник текстов [Eisenstein 1949], перепечатанный в капитальной антологии [Weis, Belton 1985: 83–85]. Эта антология также включает статью Пудовкина «Асинхронность как принцип звукового кино» [Weis, Belton 1985: 86–91].

надеюсь показать, как переход советской киноиндустрии к звуку осуществлялся различными режиссерами, использующими самые разные жанры, форматы и техники. Эти ранние эксперименты со звуком — многие из которых остаются неизвестными — могут немало рассказать нам о том периоде культурных потрясений, когда Советский Союз переходил от революционных двадцатых к сталинским тридцатым.

Приход звука

Как появление звука изменило киноиндустрию? Что стало возможным и что оказалось исключено, когда советское кино начало «говорить»?[8] Выход в 1927 году «Певца джаза» (режиссер Алан Кросленд, США; Московская премьера 4 ноября 1929 года) радикально изменил искусство кино. Несмотря на множество звуков — рассказчиков, пианистов, оркестров, органов и т. д., — которые можно было слышать в кинотеатре, «немота» немого кино воспринималась как неотъемлемая часть языка кинематографа, символ его обособленности от театра и литературы, в которых преобладало слышимое слово. Отсутствие звука предполагало использование методов монтажа, языка жестов и крупных планов (что выдвинуло на авансцену полный «лексикон жестов и мимики», как говорил Бела Балаш[9]). Появление звука в кино в конце 1920-х годов, где бы оно ни происходило,

---

8 Я имею в виду то, как многие советские критики и кинематографисты описывали момент прихода звука —именно как «говорящих картин»: «Великий немой заговорил» было одной из фраз, часто использовавшихся в переходный период для характеристики происходящего. Более подробно об этом см. в главе первой.

9 В своей книге «Культура кино» Бела Балаш пишет: «Еще несколько лет хорошего фильма, и — ученые, может быть, поймут, что с помощью кинематографа лексикон жестов и мимики станет достойным языка слова. Впрочем, публика не ждет солидных академий по этой новой грамматике, а идет сама учиться в кино» [Balázs 1948]. (Данная глава позаимствована Балашем из его более ранней книги, «Видимый человек» [Балаш 1925: 23]. — *Прим. перев.*)

означало глубокое переосмысление кинематографических приемов, способов производства и распространения фильмов. Во всем мире[10] процесс превращения немого экрана в «говорящие картины» повлек за собой полную реорганизацию кинопроизводства.

Но в Советском Союзе появление звука совпало с масштабными культурными, политическими и идеологическими изменениями эпохи «великого перелома»[11]. Первая сталинская пятилетка (1928–1932) началась с масштабной кампании индустриализации, которая привела, среди прочего, к полной перестройке советского искусства. Индустриализация и централизация кинопромышленности изменили способ создания фильмов в Советском Союзе, а появление звука радикально изменило способ их восприятия. Звукозапись преобразила советскую кинопромышленность, впервые сделав слышимым голос государственной власти, обращенный непосредственно к советскому зрителю. Фильмы переходного периода от немого кино к звуковому знаменуют собой этот идеологический сдвиг: в каждом фильме отношение к технологии звука становится проявлением отношения к власти. Анализ ранних звуковых фильмов и дискуссий, предшествовавших переходу советской кинопромышленности к звуковому кино и его сопровождавших, позволяет нам понять, как советские кинематографисты справлялись с двойной проблемой работы с новыми технологиями в рамках столь же новых идеологических условий. В этот переходный период режиссеры создавали фильмы, совершенно не похожие на все, что было до (во времена авангарда советского кино в 1920-х годах) или после (в период

---

[10] Два ключевых исследования технологических, эстетических и идеологических последствий перехода Голливуда к звуковому кино см. в [Altman 2004; Crafton 1997]. О технологических трудностях переходного периода и его влиянии на ранний звуковой кинематограф см. [Belton 1999].

[11] «Великий перелом» — радикальное изменение экономической политики Советского Союза в 1928–1929 годах, которое главным образом состояло в отказе от Новой экономической политики и ускорении коллективизации и индустриализации. Этот термин был взят из заголовка статьи И. В. Сталина «Год великого перелома: к XII годовщине Октября», опубликованной 7 ноября 1929 года, в 12-ю годовщину Октябрьской революции.

сталинского соцреализма, 1935–1953 годы). Еще важнее то, что первые советские звукорежиссеры создавали фильмы, которые сильно отличались от кино, выходившего на экраны США, Германии, Великобритании или Франции — как и любой другой страны, чей переход к звуку был обусловлен потребительским спросом и капиталистическими методами производства.

Важно отметить, что даже американский переход к звуковому кино, хотя и осуществился очень быстро, не был гладким, и история этого перехода рассказывается по-разному, а версии ее часто противоречат друг другу. Например, Дональд Крафтон предлагает оригинальный взгляд на историю перехода Голливуда к звуку, появление которого он рассматривает в основном как побочный продукт различных достижений в области электричества — он называет этот новый вид кино, используя один из распространенных в двадцатые годы терминов, «новым видом *электрических* развлечений» [Crafton 1997: 21] (выделено в оригинале). Электрические компании, наряду со студиями и популярной прессой, по мнению Крафтона, помогли организовать вокруг звука определенный дискурс, который основывался на идеях прогресса и современности, в результате чего звуковое кино выглядело не как «естественное» развитие немого кино, а как «новый и совершенно иной продукт», продукт новой эры технологических перемен. Дэвид Бордуэлл, Дженет Стайгер и Кристин Томпсон, наоборот, утверждают, что звуковое кино «не было радикальной альтернативой немому кинопроизводству; звук как таковой, как материал и как набор технологических схем, был добавлен в уже созданную систему классического голливудского стиля» [Bordwell et al. 1985: 301][12]. А Дуглас Гомери вообще отвергает идею о том, что переходный период вызвал какие-либо потрясения, утверждая, что вместо хаоса переход к звуку был «быстрым, упорядоченным и прибыльным» [Gomery 2005: 5].

---

[12] Однако, как отмечает Алан Уильямс, хотя звукозапись сама по себе, возможно, мало изменила голливудский кинематограф, «она тем не менее помогла внести фундаментальные изменения в кинематографы остального мира» [Williams 1992: 137].

Однако, как утверждает Джеймс Ластра, Голливуд во время переходного периода не только колебался в своей приверженности тем или иным режимам репрезентации, чередуя дискурсивные и диегетические формы, «но и сама форма репрезентации, которая понималась как характерная для технологии звука как таковой, тоже не была определена»:

> Являлся ли звук эффектом? Или дикторским текстом? Или поясняющим комментарием? Должен ли он был функционировать как еще одна форма всеведущего или ограниченного повествования? Являлся ли он по природе своей реалистичным или зрелищным? Даже его технический характер был предметом спора. Был ли он по форме и назначению ближе к фонографу, телефону или радио? Каждое из этих устройств, хотя и полезное для понимания некоторых аспектов феномена звукового кино, узаконивало разные приемы и подразумевало различные нормы репрезентации. Поэтому, прежде чем «звук как таковой» мог быть «добавлен в уже созданную систему классического голливудского стиля», необходимо было определить, чем же таким «является» звук и каковы подобающие ему функции [Lastra 2000: 121].

Общепринятая идея о том, что «звук поразил Голливуд, словно удар молнии», с премьерой «Певца джаза» — как это показано в таких классических фильмах, как «Поющие под дождем» (реж. Стэнли Донен и Джин Келли, 1952, США), а также в мемуарах знаменитых руководителей голливудских студий, — в последние три десятилетия начала подвергаться сомнению со стороны исследователей и историков медиа. И очевидно, что переход к звуку в США, скорее всего, не был ни таким революционным, ни таким гладким, как это утверждается в различных описаниях[13]. Кроме того, другие страны, такие как Великобритания, Франция, Германия и Италия (если мы возьмем только европейские примеры), переходили к звуковому кино в своем собственном темпе, но ни одна из них не смогла осуществить этот переход так быст-

---

[13] См., напр., [Eyman 1997]. Краткое описание дебатов вокруг перехода американского кино к звуку см. в [Williams 1992; Richards 2013: 33–75].

ро, как это оказалось возможно для США[14]. Последствия этого перехода были не только эстетическими или психологическими (когда зрители требовали «стопроцентных разговорных фильмов»), но также и экономическими. Переоснащение кинотеатров Голливуда для звукового кинопоказа обходилось примерно в 10 000 долларов на кинотеатр, в дополнение к тем астрономическим суммам, которые были потрачены на постройку павильонов для звуковых съемок и новых кинотеатров по всей стране[15]. Гомери считает, что общие вложения могли составить от 23 до 50 миллионов долларов[16]. Для Советского Союза в разгар куль-

---

14 Первой успешной европейской звуковой драмой была британская картина «Шантаж». Премьера этой ленты 29-летнего Альфреда Хичкока состоялась в Лондоне 21 июня 1929 года. Изначально снятый как немой фильм, «Шантаж» был частично переснят, чтобы добавить сцены с диалогами, а также музыку и звуковые эффекты. 23 августа 1929 года относительно небольшая по размерам австрийская киноиндустрия выпустила свой первый звуковой фильм — «Истории из Штирии» («G'schichten aus der Steiermark»), созданный Гансом Отто Левенштейном. Премьера первой шведской звуковой картины, «Искусственный Свенссон» («Konstgjorda Svensson»), состоялась 14 октября. Восемь дней спустя компания «Aubert Franco-Film» выпустила фильм «Ожерелье королевы» («Le Collier de la reine»), снятый на студии «Эпиней» под Парижем. К этому фильму, задуманному еще немым, была добавлена звуковая дорожка, записанная на аппарате «Тобис», и одна разговорная сцена — первая сцена с диалогом во французском полнометражном фильме. Картина Андре Югона «Три маски» («Les Trois masques») вышла 31 октября 1929 года и обычно считается первой полнометражной звуковой французской лентой, хотя, как и «Шантаж», она была снята на студии «Элстри» возле Лондона. Первый разговорный немецкий фильм, «Атлантик» («Atlantik»), был представлен берлинской публике 28 октября 1929 года. Это была картина производства компании «British International Pictures», ее сценаристом был англичанин, а режиссером — немец; одновременно была снята и ее английская версия. В 1930 году вышли первые польские звуковые фильмы, в которых использовалась система записи звука на граммофонных пластинках: «Мораль пани Дульской» («Moralność pani Dulskiej») в марте и полностью звуковой «Опасный роман» («Niebezpieczny romans») в октябре. В Италии первый звуковой фильм, «Песнь любви» («La Canzone dell'amore»), также вышел в октябре. Первая чешская звуковая лента, «Тонка-Виселица» («Tonka Šibenice»), была озвучена на студии «Гомон» в Париже в 1930 году. Более подробно см. в [Sponable 1947; Morton 2006].

15 Аида Хозич, цит. по: [Richards 2013: 36].

16 Как отмечает Гомери, это было особенно удивительно, поскольку сами по себе студии, строившиеся на протяжении 15 лет, оценивались в 65 миллионов долларов [Gomery 2005: 3].

турной революции и первой пятилетки, не имевшего собственного производства киноматериалов и разорвавшего экономические связи с Западом, такие затраты оказались бы непомерно высоки. В сущности, если бы жизнеспособная технология оптической записи звука стала доступна на Западе всего двумя годами позднее, неизвестно, смогли бы США или Европа успешно перейти на нее до краха фондового рынка в 1929 году[17].

Крафтон и Гомери отмечают, что процесс трансформации американских кинотеатров из почти полностью немых в почти полностью звуковые занял около полутора лет, и к моменту краха фондовой биржи в октябре 1929 года «лишь кинотеатры в глубинке и те, что обслуживали бедные районы, единственные все еще ждали звуковые установки» [Crafton 1997: 15]. В Европе это заняло больше времени, причем быстрее всего процесс шел в Великобритании; за ней следовали Германия и Франция (британские кинотеатры были на 63 % обеспечены звуковой аппаратурой к концу 1930 года; Германия не перевалила за 60 % процентов до 1932 года; а Франция двигалась еще медленнее) [Gomery 2005: 107]. Пытаясь предотвратить голливудское «вторжение звукового кино», Германия разработала собственный метод оптической звукозаписи, получивший известность как система «Три-Эргон», но не могла внедрить эту систему в немецких кинотеатрах до весны 1929 года, когда две разные компании объединились в «Тобис-Клангфильм» и добились через суд исключительного права патента на звуковое кино в пределах Германии[18].

---

[17] Более того, как отмечает Тино Балио, «United Artists», как и большинство голливудских студий, благодаря успеху звукового кино еще по крайней мере год остро не ощущала последствий биржевого краха [Balio 2009: 96]. Цит. по: [Ryabchikova 2016: 83].

[18] В 1930 году компании «Western Electric», «RCA» и «Tobis-Klangfilm» образовали подобие синдиката, который поделил мир на четыре территории. «Tobis-Klangfilm» получили эксклюзивные права на Европу и Скандинавию, а «Western Electric» и «RCA» получили США, Канаду, Новую Зеландию, Индию и СССР. На британском рынке роялти делились на одну четверть, шедшую «Tobis-Klangfilm», и три четверти, шедшие «Western Electric» и «RCA». Остальные страны были «ничейной землей». См. [Gomery 2005: 108–109].

К 1930 году, когда СССР объявил о своей независимости от экономических отношений и торговли со странами Запада, советская кинопромышленность уже отставала от США и Западной Европы в процессе перехода к звуковому кино. В условиях нехватки ресурсов, масштабной бюрократизации и быстро меняющихся идеологических задач (что, помимо прочего, сильно влияло на создание и утверждение сценариев), переход к звуковому кинематографу продолжался до 1935 года, а немые версии художественных фильмов продолжали выпускаться и в 1938 году.

Причин для этого было много. Во-первых, переход к звуковому кино совпал с полной перестройкой советской кинопромышленности; то, что в двадцатые годы было довольно разрозненным собранием студий и художников, в течение первой пятилетки было преобразовано в организованный и централизованно управляемый орган. Как показал Вэнс Кепли, в период нэпа (новой экономической политики, 1921–1928) советская кинематография была вполне разнородной и включала ряд региональных и национальных киноорганизаций, составляющих растущий кинорынок. К 1927 году советская кинопромышленность включала в себя около 13 производственных организаций с общим заявленным капиталом в 21 238 000 рублей [Kepley 1996: 36]. Более того, в условиях нэпа республики сохраняли значительную автономию своих национальных кинорынков. Каждой республике было разрешено создать местную киноорганизацию с монополией на прокат в границах этой республики, что помогало предотвратить ее «колонизацию» более крупными прокатчиками, такими как «Совкино» [Kepley 1996: 38]. Этот период относительной автономии закончился в 1928–1929 годах с началом сталинского «великого перелома», который ознаменовал радикальные перемены в экономической политике Советского Союза, отказ от новой экономической политики и ускорение коллективизации и индустриализации.

Годы первой пятилетки (1928–1932) принесли полную перестройку и централизацию советского искусства, а также вторую «национализацию» кинопромышленности. Многие совещания, собрания, съезды и постановления, принимавшиеся в это время кинoработниками, безусловно призывали партию к более строгому контролю. В обвинениях, выдвигавшихся против «Совкино», в частности, подчеркивались коммерческие интересы организации и ее зависимость от импорта иностранных фильмов, а также провал ее работы по созданию фильмов для широких масс или продвижению кинематографа в деревне. Все соглашались с тем, что звуковое кино может стать «орудием исключительного воздействия на массы»[19]. На Первом всесоюзном партийном совещании по кинематографии, состоявшемся в марте 1928 года, внимание было сосредоточено на проблемах советской кинопромышленности и «кризисе советской кинематографии»: неспособности сделать фильмы доступными для массового зрителя, провале «кинофикации деревни», неспособности стать самодостаточной промышленностью и неспособности согласовать требования идеологии и «коммерции». Советская кинематография должна была стать «экспериментом, понятным массам»; более того, она должна была стать настоящей промышленностью посредством производства собственной аппаратуры[20]. В январе 1929 года по рекомендации специальной комиссии ЦК ВКП(б) издал постановление о реорганизации и чистке кинокадров и объединении кинопромышленности в новую организацию — «Союзкино», создав таким образом центральное всесоюзное агентство по контролю за кино- и фотопромышленностью. Таким образом, для СССР централизация и вторая национализация кинопромышленности означали перемены не только в том, какие именно фильмы снимались, но и в том, кто и где их снимал, с использованием какой аппаратуры и для какой аудитории — переход от кино как массового искусства к кино «для масс».

Огромные культурные потрясения, сопровождавшие первую пятилетку, привели к полной перестройке советского искусства, в том числе кино. Как отмечает Кепли, эта новая национализация кинопромышленности не означала, что советская власть взяла

---

[19] Цит. по: РГАЛИ. Ф. 2690. Оп. 1. Ед. хр. 91. Л. 44 (Тагер П. Очень кратко о советском звуковом кино).

[20] См. [Ольховый 1929: 429–444].

на себя заботу о повседневном функционировании кинематографии; скорее, она создала новую бюрократическую прослойку в лице «Союзкино» для управления отраслью, которая будет периодически отчитываться перед государственной властью. «Союзкино» было ответственно за «все вопросы, касающиеся производства кино- и фотоаппаратуры (для съемок, демонстрации, освещения и т. д.), кино- и фотоаксессуаров и материалов (пленки, пластинки, бумаги, фотохимикатов и т. д.), а также за все вопросы, касающиеся производства, проката и демонстрации кинофильмов» [Kepley 1996: 42–43]. Помимо политического и экономического значения, создание этого «всесоюзного комбината» привело к масштабной бюрократизации советской кинопромышленности. Двухлетний план по кадрам должен был обеспечить кинематографию более чем семью тысячами новых администраторов, что более чем в три с половиной раза превышало число творческих работников, которые должны были включиться в работу кинопромышленности за тот же промежуток времени.

Другие важные преобразования, непосредственно повлиявшие на переход к звуковому кино, включали развитие и переоборудование основных производственных, прокатных и кинотеатральных предприятий Советского Союза. В 1930 году СССР практически прекратил ввоз иностранных фильмов, технической аппаратуры и кинопленки. Такие лозунги, как «экономическая независимость» и «Делай из советских материалов советскими инструментами!», доминировали в обсуждениях на темы кинематографа и прогресса в области обретения звука; советское звуковое кино должно было оставаться «отечественным» и свободным от иностранных патентных обязательств (хотя «Союзкино» заключало договоры с иностранными лабораториями для получения технических консультаций). Работа над созданием советских систем звукового кино Тагера и Шорина началась в 1920-е годы; Тагер называет 26 ноября 1926 года той датой, которую следует считать началом советской работы по созданию технологии оптической звукозаписи, а первые эксперименты Шорина последовали в 1927 году. По словам Тагера, 2 августа

1929 года была произведена первая в СССР съемка звуковой кинохроники на улицах Москвы, а 26 октября 1929 года — первая передача звукозаписи на пленке по советскому радио. Тагер особо отмечает, что СССР был лишь одной из трех стран (две другие — США и Германия), которые самостоятельно разработали собственную технологию звукозаписи на пленке[21].

Однако помимо разработки звукового киноаппарата и метода синхронной звукозаписи СССР также нуждался в строительстве заводов по производству кинопленки, киноаппаратов, проекторов и другого оборудования, а также в строительстве кинотеатров для звуковой проекции. Серия собраний в АРРК показывает, что в конце 1930 года в звуковом кинопроизводстве по-прежнему царил беспорядок и что советские звуковые фильмы продолжали находиться на стадии «экспериментов» (порой звуковые фильмы снимались даже без киноаппарата). Отсутствие функционирующей аппаратуры, включая кинокамеры, микрофоны, фотоэлементы, кинопленку, лампочки и т. д., а также лабораторий для воспроизведения снятого (они существовали лишь в «Совкино») или кинотеатров, оборудованных для передачи звука, мешало развитию советской кинопромышленности. Более того, киностудии и отдельные режиссеры боролись за доступ к звуковому киноаппарату (желательно Шорина, потому что киноаппарат Тагера — «гроб», как его ласково называли, — часто ломался, хотя его использовали для съемок фильма Н. Экка «Путевка в жизнь») и за очередность этого доступа. К 7 ноября 1930 года АРРК должна была иметь доступ к десяти проекторам, но фактически их было всего два (один в Ленинграде и один в Минске). Ее единственный звуковой киноаппарат был взят в аренду у «Совкино», которое в любой момент могло забрать его обратно. «Белгоскино» работало с портативной моделью, разработанной В. Д. Охотниковым (которая, по его утверждению, работала так же хорошо, как аппараты Шорина или Тагера); на Первой звуковой кинофабрике в Москве снимался фильм Ю. Я. Райзмана «Земля жаждет»; в Ленинграде проходило озвучание «Одной»; в Киеве имелся лишь один неис-

[21] РГАЛИ. Ф. 2690. Оп. 1. Ед. хр. 91. Л. 38, 42, 46.

правный киноаппарат, который использовался для «Энтузиазма: Симфонии Донбасса» («испорченный фильм», как заметил один из зрителей); «Востоккино», а также грузинская и азербайджанская студии по-прежнему ожидали доступа к аппаратуре[22].

Кроме того, СССР также нуждался в новой государственной системе проката / распространения звуковых фильмов в многоязычной среде [Kepley 1996: 45][23]. Отныне «Союзкино» будет необходимо координировать производство и распределение звуковых кинокопий в соответствии с региональными языками. В немом кино можно было положиться либо на многоязычные интертитры, либо на «зазывалу», то есть комментатора, который интерпретировал фильм для провинциальной аудитории во время демонстрации. Чтобы обеспечить звуковыми фильмами многонациональное население СССР, требовалось более сложное планирование по дубляжу и созданию субтитров, что ставило вопрос о языке, на котором будет говорить советское кино.

Как отмечает Наташа Дюровичова, как только перспектива создания звукового кино обрела реальные очертания, она «вскрыла проблему языка» [Ďurovičová 1992: 139]. Для Голливуда это означало, что создание фильмов только на одном языке поставило бы под серьезную угрозу зарубежный рынок американского кино, который к 1929 году приносил от 35 до 40 % прибыли любой крупной студии. Ни одно из двух возможных решений — субтитрирование (сохранение оригинальной звуковой дорожки, дополненной письменным текстом) или дублирование (замена исходной звуковой дорожки) — не было бы полностью удовлетворительным. Субтитры возвращали звуковое кино к лишь недавно отброшенному использованию интертитров (то есть к использованию надписей в качестве дополнения к изображению); дубляж порождал проблему «постороннего говорящего тела» — диссонанса между телом и голосом, когда на экране один актер играет, а другой говорит [Ďurovičová 1992: 148]. Более того,

22 РГАЛИ. Ф. 2494. Оп. 1. Ед. хр. 287. Об истории перехода АРРК к звуку см. [Ryabchikova 2014].

23 См. также [Pozner 2014].

при использовании ранней звуковой аппаратуры максимальная четкость звука достигалась лишь при прямой записи реплик, и даже для американских киностудий дубляж не являлся приемлемым вариантом еще около десяти лет.

Каждая страна решала эту «проблему языка» по-своему. В Италии еще в 1929 году правительство Муссолини постановило, что все фильмы, показываемые на итальянских экранах, должны иметь звуковую дорожку на итальянском языке, и дубляж немедленно стал мощным государственным оружием в возрождающемся националистическом движении. Во Франции дебаты по поводу дубляжа приняли другую форму — там не только требовали, чтобы на французском языке говорили французские актеры (то есть голливудские студии больше не могли просто выпускать версию фильма на иностранном языке и распространять ее во Франции), но чтобы даже музыкальное сопровождение, добавляемое к немому фильму, заново записывалось во Франции. Как пишет Дюровичова, «органическое единство, утверждаемое таким образом между языком и страной, в дальнейшем стало важным руководством при определении своеобразия национальной кинематографии» [Ďurovičová 1992: 150].

В СССР с начала 1930-х годов НИКФИ (Научно-исследовательский кинофотоинститут в Москве, созданный в августе 1929 года) специализировался на дублировании иностранных фильмов на русский язык, но очень немногие русскоязычные фильмы дублировались на другие «национальные» языки, и ни один фильм на национальном языке не дублировался на русский. Несмотря на дороговизну и производственные трудности, технология дубляжа рассматривалась как единственный вариант для показа фильмов на русском языке в национальных республиках и фильмов на национальных языках в России. Субтитры не могли читаться зрителями достаточно быстро и требовали высокого уровня грамотности[24], а мысль о том,

---

[24] Надписи можно было легко заменить или убрать в соответствии с различными языковыми ситуациями; их также (как это и происходило в СССР) могли читать вслух, переводить и объяснять квалифицированные политработники, посланные помогать на кинопоказах по всему Советскому Союзу.

чтобы национальные студии снимали фильмы только на русском языке или сразу в нескольких версиях, подрывала стремление к собственному производству различных национальных кинематографий[25].

В 1938 году специальная комиссия бакинской, ташкентской и ашхабадской республиканских киностудий подготовила отчет по дубляжу, в котором предлагалось следовать примеру Франции, где все звуковые фильмы перезаписывались заново на другом языке и таким образом создавалась вторая (или третья) версия фильма. Для этого комиссия выдвинула идею записывать звук всех советских фильмов на три отдельных дорожки — с репликами, шумами и музыкой, — чтобы облегчить наложение голоса и устранить необходимость перезаписывать музыку, использовать полный оркестр и т. д. Наиболее выдающиеся русскоязычные фильмы, такие как «Чапаев» (реж. братья Васильевы, 1934) и «Ленин в Октябре» (реж. М. Ромм, 1937), должны были дублироваться на все национальные языки. Другие фильмы, такие как «Богатая невеста» (реж. И. Пырьев, 1937), могли быть дублированы на два-три ключевых языка (на те, которые могли быть понятны сразу в нескольких республиках)[26].

Как подчеркивает Д. Янгблад, к 1930 году советская кинопромышленность была почти совершенно подорвана:

> Пессимизм в кинопромышленности к концу десятилетия, даже до того, как чистки достигли разгара, был необычаен. <...> [Советская кинопромышленность] еще не освоила технологию немого кино, не производила собственную кинопленку или оборудование, когда появилась радикально новая система кинематографа, которая потребовала полной замены существующего оборудования сложными и дорогостоящими устройствами [Youngblood 1985: 221].

---

25 Более подробно см. в [Kepley 1996: 38].

26 См. «Совещание по дубляжу работников дубляжных групп Бакинской, Ташкентской и Ашхабадской студии» и «Протокол заседаний комиссии по разработке норм и стандартов по дубляжу, работников дубляжных групп Бакинской, Ташкентской и Ашхабадской студии», оба в: РГАЛИ. Ф. 2450. Оп. 2. Ед. хр. 34 (28 и 30 сентября 1938 года).

Для советской киноиндустрии переход к звуковому кино стал главным приоритетом, поскольку он делал возможной более прямую передачу партийных лозунгов, платформ и идеологических директив. По словам Джея Лейды, Сталин, особенно интересовавшийся звуковым кино, дал указание Александрову и Эйзенштейну и их оператору Эдуарду Тиссе изучить европейскую и американскую работу со звуком во время заграничной поездки. «Зная о нашей предстоящей поездке в Америку, — пишет Александров в своей статье 1939 года “Великий друг советской кинематографии”, — Иосиф Виссарионович сказал нам: “Детально изучите звуковое кино. Это очень важно для нас. <...> Когда наши герои обретут речь, сила воздействия кинопроизведений станет огромной”» [Александров 1939: 23][27].

Ранний звуковой контрапункт

В 1930 году началось производство первых советских звуковых фильмов, в том числе «Плана великих работ» А. М. Роома, а к 1931 году на советских экранах появились первые художественные звуковые фильмы. Их появление не столько ознаменовало конец немого кино как явления: на самом деле, немые фильмы продолжали демонстрироваться в советских кинотеатрах (а звуковые картины — выпускаться в «немых» версиях) на протяжении еще почти десятилетия из-за отсутствия звуковых кинотеатров на территории страны. Тем не менее, производство первых звуковых фильмов положило конец *эре немого кино*, поскольку эксперименты по большей части теперь происходили не в области изображения, а в области звука[28]. Джей Лейда высказал

---

[27] Разумеется, в мемуарах, написанных в 1970-е годы, Александров не упоминает разговор со Сталиным о звуке и просто пишет: «...В конце 1928 года, по рекомендации и по представлению наркома просвещения А. В. Луначарского, наш “триумвират” — Эйзенштейн, замечательный художник-оператор Эдуард Тиссэ и я — выехали в длительную заграничную командировку» [Александров 1975: 37] (многоточие в оригинале).

[28] Янгблад приходит ровно к обратному заключению, подчеркивая, что «условности и эстетика звукового кинематографа сопротивлялись переменам <...> эра немого кино не завершилась с приходом звука» [Youngblood 1985: 225].

предположение, что из-за более длительного переходного периода советские кинематографисты смогли избежать многих ошибок, которые допускались киностудиями в других странах (таких как повальное увлечение «100% разговорными» фильмами), а Тагер и Шорин смогли избежать ошибок, допущенных иностранными звукорежиссерами (например, попыток разработать технологию записи звука на пластинки) [Leyda 1960: 278]. Можно пойти дальше и сказать, что из-за более длительного переходного периода у советских режиссеров появилась возможность экспериментировать со звуком в той степени, которая была недоступна кинематографистам в США и Европе, ограниченным рамками требований коммерческого кинематографа. В результате в СССР были сняты замечательные фильмы, отражающие как хаос, вызванный новым звуковым аппаратом, так и связанные с ним возможности — фильмы, которые были совершенно не похожи на те, что создавались в других странах.

В своем манифесте звукового кино 1928 года, «Будущее звуковой фильмы. Заявка», Эйзенштейн, Пудовкин и Александров горячо одобряли появление звукового кино и первоначальный период экспериментов с «фактурой» звука, при этом описывая второй период, который должен был последовать вскоре, как «увядание девственности» [Эйзенштейн и др. 1928]. Отвергнув «говорящие фильмы», в которых «запись звука пойдет в плане натуралистическом, точно совпадая с движением на экране и создавая некоторую “иллюзию” говорящих людей, звучащих предметов и т. д.», этот первый период «сенсаций», хотя и «девственный» сам по себе, приведет к «автоматическому» использованию звука в «высококультурных драмах» и других «сфотографированных представлениях театрального порядка». Простое «приклеивание» звуковых и монтажных кусков увеличило бы «инерцию» фрагментов как таковых и их «самостоятельную» значимость, что противоречило идее монтажа как *сопоставления* кусков фильма. Мы можем отметить, до какой степени на эту заявку кинематографистов влияет понятие материальности / фактуры звука, которое противопоставляется «автоматическому» использованию звука, преобладающему в голливудских «говорящих фильмах»[29]. Чтобы избежать этого «пассивного» подхода к звуку, режиссеры выступали за его «контрапунктическое» использование, то есть его «резкое несовпадение со зрительными образами». Только такой «штурм» кино звуком может вызвать нужные «ощущения»[30], освободив авангардное кино от череды «тупиков», как, например, от потребности в надписях и длительных установочных кадрах для объяснения и определения места действия фильма, прерывающих и замедляющих темп. Звук, используемый в качестве контрапункта и элемента монтажа, являясь «независимой» переменной, в сочетании со зрительным образом сможет гарантировать, что звуковое кино станет еще более мощным средством убеждения и влияния на зрителя.

А. И. Пиотровский, руководитель сценарного отдела «Ленфильма», в своей статье 1929 года в журнале «Жизнь искусства» под заголовком «Тонфильма в порядке дня» [Пиотровский 1929б] также призывал к революционному подходу к звуковому кино. Пиотровский особо подчеркивал, каким образом советское кино должно отличаться от американского и европейского звукового кино, чья эволюция в 1929 году шла в сторону увеличения количества реплик и воспроизведения натуралистических шумов. В частности, он упоминает о «неслыханном, превосходящем все границы» успехе фильма «Поющий шут» и песен Эла Джолсона — «кумира американских и европейских кабаре». Для Пиотровского этот акцент на «сенсационности» (пении и танцах) означал, что звуковое кино отказалось от монтажа и изобразительных приемов более раннего, немого периода. Подобно Эйзенштейну, Пудовкину и Александрову, Пиотровский ратует именно за контраст; он выступает за диалектические возможности конфликта, борьбы и разнообразных сочетаний звука и изображения, а не за то, чтобы звук «пассивно» следовал курсу, установленно-

---

29 Это понятие «автоматического» восприятия, скорее всего, является отсылкой к статье В. Б. Шкловского «Искусство как прием» [Шкловский 1917], которая затем стала первой главой его капитального труда «О теории прозы», впервые опубликованного в 1925 году. О Шкловском и Эйзенштейне см. [Познер 2000].

30 Подробный анализ социалистических чувств в этот период см. в [Widdis 2017].

му изображением. Он последовательно отмечает, что непараллельное построение, сопоставление и расхождение придадут новому звуковому кино политическую и социальную ценность, противопоставив его чисто эстетическим, натуралистическим и реакционным формам американского и европейского звукового кинематографа [Пиотровский 1929б][31].

Тем не менее, как вспоминает об этом периоде в своих мемуарах Александров [Александров 1975], хотя в СССР и шли эксперименты со звуком, в конце 1920-х годов «звуковое кино» еще не стало реальностью. В книге «Эпоха и кино» (1976) Александров подробно описывает момент, когда они с Эйзенштейном впервые узнали о появлении звукового кино на Западе. Прочитав объявление в утренних газетах, взбудораженные возможностями, которые открывает это новшество, Александров и Эйзенштейн столкнулись со столь же взволнованным Пудовкиным, и все трое продолжили говорить, спорить и обсуждать проблему звукового кино до поздней ночи, когда и родилась знаменитая «Заявка» [Александров 1976: 114–116]. Впоследствии «Заявка» воспринималась как выступление теоретиков монтажа *против* звукового кино, но Александров подчеркивает, что ее первая строка («Заветные мечты о звучащем кинематографе сбываются») наиболее точно отразила энтузиазм трех режиссеров по поводу возможностей звукового кино, хотя одновременно они и высказывали тревогу по поводу того, что

---

[31] Эйзенштейн и другие реагировали, в частности, на «ужасные “стопроцентно поющие и говорящие” фильмы», выпускавшиеся Голливудом в первые годы переходного периода. Как отмечает Мэриан Ханна Уинтер, в этих ранних звуковых картинах «качество было принесено в жертву количеству: повторяющиеся музыкальные темы стало просто невыносимо слушать, но зато нормы выработки были выполнены» [Winter 1941: 151–152]. Джон Райли также предполагает, что на появление «Заявки», возможно, повлиял опыт Эйзенштейна на двух его недавних картинах: буквалистское музыкальное сопровождение «Октября» (1927) и «попурри из классиков», которое оркестр Большого театра исполнял во время показа «Броненосца Потемкина» (1926). Сотрудничество Эйзенштейна с австрийским композитором Эдмундом Майзелем над немецкими прокатными версиями этих двух фильмов привело к созданию наиболее радикальных и самых известных партитур к советским немым картинам. См. [Riley 2005: 4–5].

по-настоящему «болтливый» кинематограф может сделать с киноискусством. Он указывает, например, что, когда они писали в «Заявке», что «американцы, изобретя технику звучащего кино, поставили его на первую ступень реального и скорого осуществления», они еще не видели ни одного звукового фильма [Александров 1976: 117]. Только в 1929 году в Берлине Александров, Эйзенштейн и Тиссе смогли впервые увидеть звуковой фильм — новый хит Эла Джолсона «Сонни-бой» (реж. Арчи Мэйо, 1929, США), который произвел на них глубокое впечатление. Александров утверждает, что после просмотра они «не спали всю ночь». Тот факт, что «великий немой» «научился говорить», полностью изменил их принцип работы [Александров 1976: 118].

Интересно, что в своих мемуарах Александров преуменьшает роль, которую в их поездке за границу сыграло знакомство с новой технологией звука, утверждая, что это была поездка, призванная укрепить отношения между СССР и Западом. Однако он упоминает, что во время своего пребывания в Париже они неоднократно беседовали с Рене Клером, когда тот снимал свой первый звуковой фильм «Под крышами Парижа» («Sous les toits de Paris», 1930), и у них также появилась возможность создать свой первый «экспериментальный звуковой фильм», «Сентиментальный романс», в котором они попробовали использовать как синхронный, так и контрапунктный звук, делая звук главенствующим элементом или монтируя его независимо от изображения, «как самостоятельный идейно-смысловой элемент» [Александров 1975: 43]. В «Эпохе и кино» он также упоминает, что Эйзенштейн, находясь в Берлине, сблизился с Джозефом фон Штернбергом, когда тот снимал «Голубого ангела» («Der blaue Engel», 1930). Трое русских были вовлечены в съемки, и с ними часто «советовались». Таким образом, пишет Александров, «эйзенштейновская группа оказалась у колыбели первого немецкого звукового фильма» [Александров 1976: 119].

Но, пожалуй, самым успешным практиком контрапунктной теории звука был Пудовкин, один из авторов «Заявки», хорошо известный в 1920-х годах своим новаторским использованием монтажа в фильмах «Мать» (1926) и «Конец Санкт-Петербурга» (1927). В этих картинах присутствовал связный сюжет, однако использовались многие приемы, которые сделали популярными более «сложные» режиссеры вроде Эйзенштейна и Вертова. В начале 1930-х годов Пудовкин много писал о том, как следует и как не следует использовать звук, и смог применить свои теории на практике в фильме 1933 года «Дезертир»[32]. В интервью американскому фотографу Маргарет Бурк-Уайт в 1930 году Пудовкин заявил, что у звукового кино огромное будущее, но его развитие возможно только в том случае, если звук будет использоваться по-новому: «Звуки и человеческая речь должны использоваться режиссером не как буквальное сопровождение, а для того, чтобы усилить и обогатить звуковой образ на экране». В этих условиях «звуковое кино может стать новым видом искусства, чье будущее развитие не имеет предсказуемых границ» [Bourke-White 1931: 69–70].

Изначально Пудовкин задумал свой фильм 1930 года «Очень хорошо живется» как звуковое кино, в котором изображение и звук должны были сниматься отдельно, а затем монтироваться таким образом, чтобы достичь максимального эффекта. В конечном итоге у него не было возможности озвучить этот фильм, и тот был выпущен в перемонтированной немой версии под названием «Простой случай» (1932)[33]. Тем не менее заметки Пудовкина содержат описание того, что, по его мнению, мог представлять собой звуковой ряд кинокартины. Например, в финальной сцене, когда два главных героя, Машенька и Ланговой, прощаются, Пудовкин предполагал использовать сложный звукозрительный монтаж, в котором шум отправляющегося поезда сочетался бы с кадрами поезда, еще не покинувшего станцию. Иными словами, звук опережал движение поезда, добавляя напряжение и подчеркивая неизбежное расставание героев. Н. М. Иезуитов в биографии Пудовкина, опубликованной в 1937 году, подробно описывает эту сцену:

---

32 Как и Эйзенштейн, и Александров, Пудовкин также смог ознакомиться с техникой звукового кинематографа в Европе, где он лично экспериментировал с новым звуковым кино.

33 Фильм «Очень хорошо живется» был выпущен в декабре 1930 года, но реакция была настолько негативна, что его сняли с экранов буквально через два дня. Более подробно см. в [Sargeant 2000: 143–149].

> Вот как он предполагал построить сцену прощания Машеньки с Ланговым на вокзале перед отъездом героини в деревню. В кадре — неподвижный поезд, стоящий у перрона. Лицо Машеньки видно в окне вагона. «Я что-то хотела тебе сказать», — говорит она Ланговому. В этот момент в звуке поезд трогается и начинается постукивать колесами, в изображении он по-прежнему неподвижен. «Что же, что?» — спрашивает Ланговой под аккомпанемент стучащих вагонов. «Я... забыла...». И эти машенькины слова еле слышны в лихорадочном грохоте колес. Поезд идет полным ходом, мы слышим окончание фразы: «Ты у меня высокого роста...» Тогда звук идущего поезда обрывается. И на экране начинает, выпуская пары, отходить действительный поезд. В этом эпизоде звук забежал вперед изображения. Для чего? Для того, чтобы создать большее напряжение в сцене расставания, чтобы вызвать волнение и беспокойство зрителя за судьбу героини. Главное здесь заключалось в смещении ощущения времени, в результате чего получалось, что времени как бы нет, а осталась та самая последняя секунда, в которую можно уложить переживания месяцев [Иезуитов 1937: 174–175].

По мнению Пудовкина, этот радикальный звукозрительный монтаж должен был усложнить наше представление о времени, создавая ощущение, что его связь «распалась». Как отмечает Эми

Рис. 2. На съемочной площадке первого звукового фильма Всеволода Пудовкина «Очень хорошо живется» («Простой случай»). Съемки на улицах Москвы, 1929 г. Слева направо: ассистент Щипановский, звукорежиссер Леонид Оболенский, оператор Григорий Кабалов и изобретатель Павел Тагер. (Советский экран, № 41, 1929)

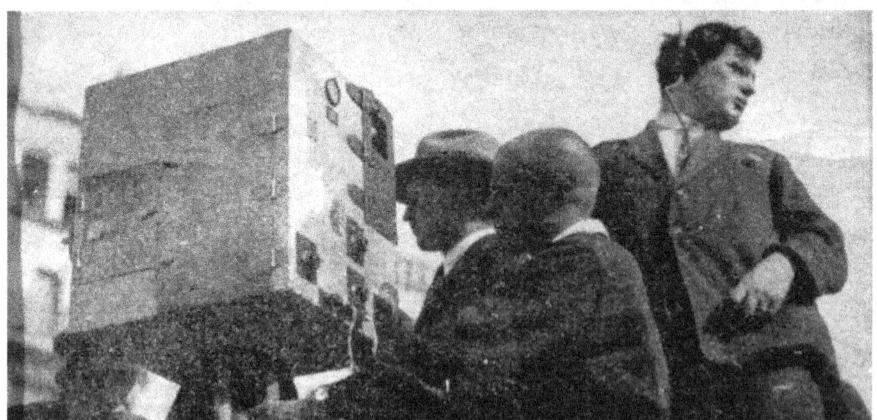

Сарджент, «Простой случай / Очень хорошо живется» развивал концепцию времени, представленную Пудовкиным в статье 1931 года «Время крупным планом», где он описывает приемы остановки и ускорения времени на экране как эквиваленты общих и крупных планов в пространстве [Sargeant 2000: 147–178]. Для наших целей интересно то, что звук для Пудовкина является еще одним приемом (как более быстрое или более медленное вращение ручки камеры во время съемки или быстрый монтаж), с помощью которого время может быть отображено на пленке.

Это радикальное разъединение — то, что Пудовкин называет «двойным ритмом звука и изображения», — воспроизводится в финале его первого звукового фильма «Дезертир» (1933)[34]. Хотя эти два эпизода как нельзя более различны по содержанию (сентиментальная сцена прощания в «Очень хорошо живется» и завершающаяся кровопролитием демонстрация рабочих в «Дезертире»), Пудовкин в обоих случаях делает со звуком нечто похожее, целенаправленно отделяя его от изображения, чтобы предвосхитить будущее событие. В случае с «Дезертиром» этим событием является конечная победа пролетариата, и ее символом в фильме оказывается триумфальный марш, который звучит с экрана, хотя в этот момент фильм недвусмысленно показывает нам поражение рабочих. Контрапунктная / асинхронная музыка здесь работает именно вразрез с изображением, предвещая будущее, в котором немецкий пролетариат окажется победителем. Как объяснял Пудовкин, «марксисты знают, что в каждом поражении рабочих скрыт шаг к победе»; он утверждал, что «музыка в звуковом фильме никогда *не должна быть аккомпанементом.* Она должна держаться своей собственной линии» [Пудовкин 1934: 62; Пудовкин 1974–1977, 1: 161] (курсив оригинала)[35].

---

[34] См. его статью «Двойной ритм звука и изображения» [Пудовкин 1934: 60–65].

[35] Ханс Эйслер сделает то же самое в «Куле Вампе» и тоже как способ взволновать зрителя; в фильме район трущоб показан под аккомпанемент «бодрой, пронзительной» музыки, «контрастирующей со свободной структурой этих сцен, и это работает как шок, намеренно нацеленный на возбуждение сопротивления, а не сентиментального сопереживания». Цит. по: [Sargeant 2000: 152].

В статье 1933 года «Асинхронность как принцип звукового кино» Пудовкин утверждает, что, хотя техническая сторона создания звукового кино может считаться «относительно совершенной, во всяком случае в Америке», там имеется большой разрыв между техническими успехами звука и «его успехами в качестве средства *выражения*». Он утверждает, что «многие теоретические вопросы, ответы на которые нам ясны, на практике все еще разрешаются только самым примитивным образом», и заключает, что «теоретически мы в Советском Союзе опередили Западную Европу и США» [Пудовкин 1974–1977, 1: 158] (курсив оригинала)[36].

«Дезертир» — поразительный пример ранних советских экспериментов со звуком, и в нем затронуты многие темы, к которым я буду возвращаться на протяжении всей книги: тишина и звук; технология звука как «акусметр»; голос власти, исходящий от экрана, а также многоязычие и вопрос языка. Кульминационная сцена «Дезертира» идет полностью на немецком языке, а герой — оратор на митинге, Карл Ренн — «неверно слышит» аплодисменты толпы как выстрелы расстрельной команды. На протяжении всего фильма тишина используется в качестве монтажного элемента, переходя в «мертвую» звуковую дорожку именно там, где мы ожидали бы синхронного звука, чтобы подчеркнуть изображение и звук как два *разных* и *независимых друг от друга* элемента монтажа. Таким образом, Пудовкин избегает того, что воспринимает как злоупотребление «натуралистическим звуком», преобладавшее в западноевропейских и американских фильмах в период, когда зрителей очаровывала новизна возможности «видеть и *слышать*, как хлопает дверь *сама по себе*». «Та роль, которую звук должен играть в кино, гораздо значительнее рабского подражания натурализму; *главное назначение звука — усилить потенциальную выразительность содержания фильма*», — пишет Пудовкин [Пудовкин 1974–1977, 1: 158].

---

[36] Эта работа, как и «Проблема ритма в моем первом звуковом фильме», была включена в переработанное издание «Техники кино» («Film Techniques»). Обе статьи были написаны специально для этого английского издания и «англизированы» Мэри Ситон и Айвором Монтегю.

> Я думаю, что звуковой фильм подойдет ближе к подлинно музыкальному ритму, чем когда-либо подходил немой. Этот ритм должен устанавливаться не только от движения актера и предметов на экране, но также — что имеет для нас важнейшее значение на сегодняшний день — от точного монтирования звука и организации кусков звуковой записи в отчетливом контрапункте с фильмом [Пудовкин 1974–1977, 1: 165][37].

Как считает Кристин Томпсон, такие факторы, как отсутствие в этот решающий момент Эйзенштейна в СССР, а также позднее развитие звуковых технологий и навязанная доктрина социалистического реализма (начиная с 1934 года), сформировали у нас такое понимание этого переходного периода, которому свойственно ощущение относительного бездействия в течение 1931–1933 годов [Thompson 1980: 116]. Но если присмотреться, мы обнаружим, что в этот период советские кинематографисты активно искали решений проблемы звука в кино, как теоретических, так и практических, более того, по словам Томпсон, они «в значительной степени подготовились, благодаря своему глубокому пониманию теории кино, к принятию звука как еще одного монтажного элемента» [Thompson 1980: 117]. В то же время они понимали, что звук имеет потенциал воздействовать на движущееся изображение как некая сила, разрушая, подрывая или усиливая изобразительные эффекты кино. Звук был для них не просто дополнением к движущемуся изображению — скорее дополнением в смысле, как его понимает Деррида: той самой «несущественной добавкой», которая, дополняя нечто, что завершено и полно само по себе, обнаруживает его изначальный недостаток [Деррида 2000: 291–319].

Более того, параллельно с разработкой звукозаписывающей аппаратуры группа советских изобретателей экспериментировала также с другими видами технологии «звука на пленке», в ча-

---

37 Статья «Проблема ритма в моем первом звуковом фильме». Подробный анализ ранних советских звуковых фильмов и использования ими контрапунктного звука см. в основополагающем эссе Кристин Томпсон [Thompson 1980].

стности с «графическим» или «рисованным» звуком. Как предполагает Андрей Смирнов, этот новый способ синтезирования звука из света был разработан как прямое следствие недавно изобретенной технологии записи звука на пленке, «которая сделала возможным доступ к звуку в виде видимого графического следа в форме, которую можно было исследовать и которой можно было манипулировать» [Smirnov 2013: 175][38]. Среди первых советских звуковых фильмов был «План великих работ», созданный в Центральной лаборатории проводной связи Шорина в Ленинграде в 1929 году. В группу, работавшую над этим фильмом, входили художник, книжный иллюстратор и мультипликатор М. М. Цехановский, руководитель бригады композиторов А. М. Авраамов и конструктор Е. А. Шолпо, который уже работал над новой техникой создания «механического оркестра» [Smirnov 2013: 175]. Рисование непосредственно на кинопленке открыло новые возможности не только для изображения, но и для звуковой дорожки. И хотя особенно известен в этой области канадский аниматор Норман Макларен, именно советские пионеры графического звука внесли наиболее значительный вклад в изобретение и развитие этой техники, также известной как «организованный», «рисованный», «бумажный», «мультипликационный», «синтетический» или «искусственный звук»[39].

Как показывает Н. А. Изволов, Авраамов, используя стандартную технику мультипликации того времени, стал первым, кто создал рисованный звук. Он продемонстрировал результаты своих экспериментов на совещании по звуковому кино в Москве осенью 1930 года[40]. В анонимной статье газеты «Кино» в 1931 году это изобретение описывается следующим образом:

---

38 См. также [Смирнов 2020: 197–240].

39 Еще один превосходный анализ рисованного / мультипликационного звука см. в [James 1986].

40 20 февраля 1930 года Авраамов упомянул об этой новой технике в своей лекции для звуковой группы АРРК. В октябре 1930 года новый прием был описан Е. Вейсенбергом в статье «Мультипликация звука» [Авраамов 1939; Цехановский 1930]. О советских экспериментах с рисованным звуком см. [Изволов 1992; Smirnov 2011; Smirnov 2013].

> Композитор Арсений Авраамов производит в научно-исследовательском киноинституте интересные опыты по созданию рисованной музыки. Вместо того, чтобы заносить звуки на кинопленку с обычным звуковым способом через микрофон и фотоэлемент, он просто рисует на бумаге геометрические фигуры и затем снимает их на звуковую полоску кинопленки. После этого пленку пропускают, как обычную фильму, на звуковом кинопроекторе. Звуковая полоска, воспринимаемая фотоэлементом и передаваемая через усилитель на репродуктор, оказывается содержащей известную музыкальную запись, которую по тембру и звучаниям нельзя отнести ни к одному из существующих музыкальных инструментов[41].

Каждый из трех других создателей рисованного звука изобрел свое собственное оригинальное устройство, предназначенное для облегчения рисования звука на пленке. Как отмечает Смирнов, к 1936 году существовало несколько основных относительно схожих тенденций графического звука в России: «рисованный (орнаментальный) звук», который получался посредством покадровой съемки нарисованных звуковых волн на мультстанке, когда финальная звуковая дорожка имела «трансверсальную» форму (Авраамов, ранний Янковский); «бумажный звук» также с «трансверсальной» звуковой дорожкой (Николай Воинов); «автоматизированный бумажный звук» со звуковыми дорожками как в транверсальной, так и в «интенсивной» форме (Шолпо, Г. Римский-Корсаков); метод «синтонов», основанный на идее спектрального анализа, декомпозиции и ресинтеза звука и разработанный в 1932–1935 годах учеником Авраамова, молодым художником и акустиком Борисом Янковским [Smirnov 2011]. В то же самое время очень похожие опыты проводились в Германии: Рудольфом Пфеннингером в Мюнхене и несколько позже аниматором и режиссером Оскаром Фишингером в Берлине. Среди исследователей, работавших с графическим звуком после Второй мировой войны, были знаменитый режиссер Норман Макларен

---

[41] Рисованная музыка // Кино. 1931. № 68. С. 4.

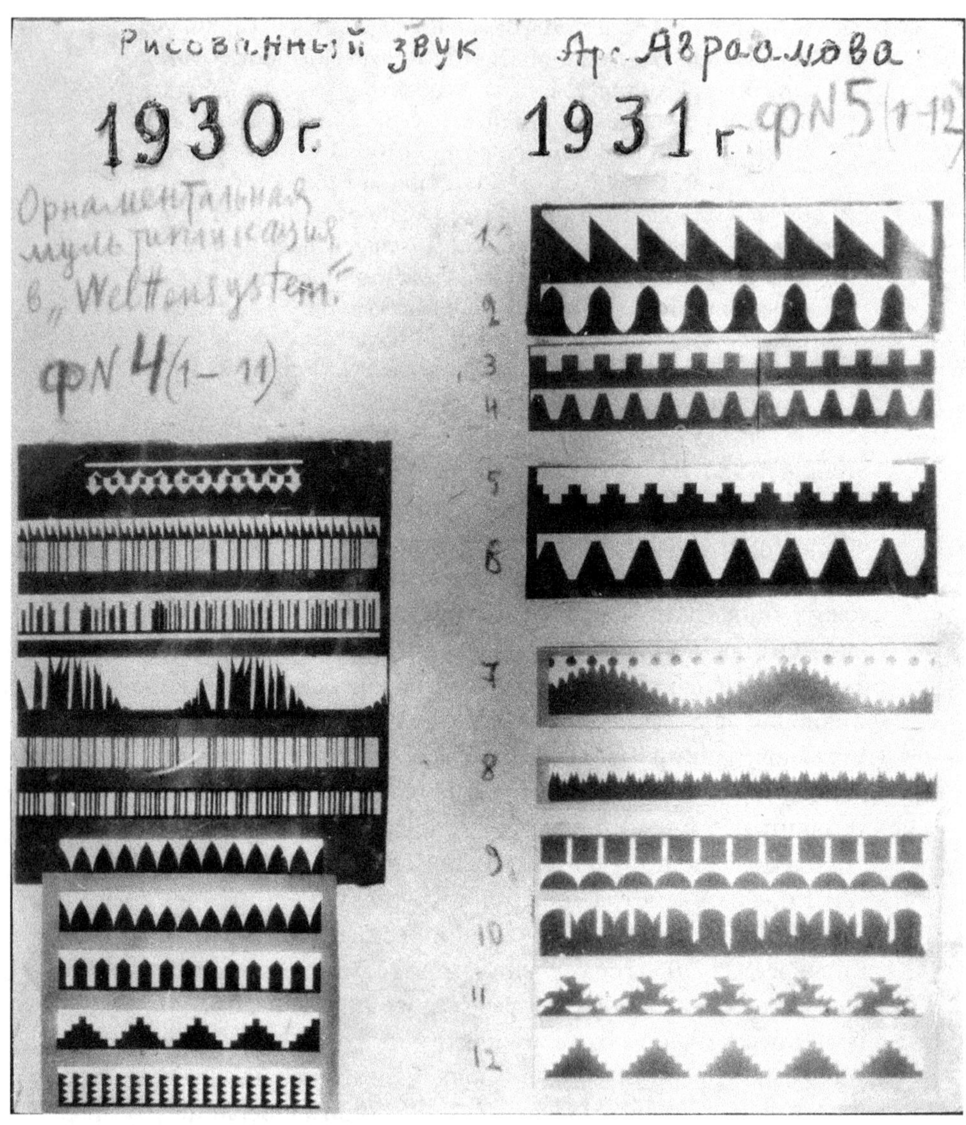

Рис. 3. Эксперименты А. М. Авраамова с нарисованным звуком. (Любезно предоставлено Андреем Смирновым)

(Канада) и композитор и изобретатель Дафна Орам (Великобритания). К сожалению, как отмечает Изволов, большинство работ советских изобретателей рисованного звука не сохранились до наших дней[42].

В своих дебатах о грядущем звуковом кино в конце двадцатых годов советские кинематографисты, теоретики и идеологи делали акцент на ином наборе вопросов, чем те, что волновали американскую киноиндустрию. Критики разделились на тех, кто видел в звуковом кино продолжение авангардного революционного кинематографа (определявшего кино как прежде всего продукт технологического процесса и монтажа), и тех, кто, напротив, видел в нем возможность создать «кинематографию миллионов» — кино, которое напрямую обращалось бы к массам. Конечный результат — конец авангарда и приход социалистического реализма — проявился в ранних фильмах переходного периода в виде акцента на публичном обращении, на технологии звука, которая делала видимым и слышимым введение голоса в ткань фильма (голоса почти всегда недиегетического, часто отмеченного как нечеловеческий) . В ранних советских звуковых фильмах взаимосвязь между кино и властью сознательно подчеркивается с помощью новой звуковой технологии, которая подается как бесчеловечное требование ответить на призыв государства. Как пишет российский историк кино Е. Я. Марголит, многие конкретные решения по использованию звука, принимавшиеся в раннем советском кино (примерно с 1930–1932 годов), были связаны с тем фактом, что, в отличие от западноевропейского и американского кинематографа, в СССР звук сначала появился в документальном кино. Например, можно указать на

---

[42] «Эксперименты Авраамова хранились у него дома и были случайно уничтожены. Изобретения Янковского так и не вышли из стадии лабораторных экспериментов и, возможно, существовали в единственном экземпляре. Фильмам Воинова повезло куда больше. Некоторые из них были выпущены на экран и существуют в нескольких копиях. Четыре из них сохранились в российских киноархивах. Лучше всего, возможно, сохранился архив Шолпо. Несколько десятков его фильмов, а также фрагменты картин других изобретателей, были впервые показаны на фестивале анимационного кино в Утрехте в ноябре 2008 года» [Izvolov 2014: 26].

«немногословие» советских звуковых фильмов первой половины 1930-х годов и преобладание в них индустриальных шумов над человеческой речью. Радио является одним из «важных персонажей» в фильме «Энтузиазм: Симфония Донбасса» Дзиги Вертова (1930) или в документальном антивоенном агитпропфильме «Возможно, завтра» (1931) Дмитрия Дальского и Людмилы Снежинской [Марголит 2012: 131].

В ранних советских звуковых фильмах бросается в глаза количество громкоговорителей, радио, граммофонов и других устройств для воспроизведения звука, которые подчеркивают способность звукового кино обращаться к зрителю напрямую. В отличие от голливудского кинематографа, который стремился к точной записи человеческого голоса, раннее советское звуковое кино отдавало предпочтение именно «голосу техники» (промышленности и механизмов). Пиотровский особо подчеркивал, что советский метод создания звуковых фильмов должен в значительной степени опираться на шумы и другие виды «негармонизованных звучаний», что в результате даст более выразительную звуковую дорожку с новыми для слуха звуками. На второе по важности место для звукового кино он предлагает поставить музыку и песню, и лишь на *третье место* — человеческую речь (хотя, по его мнению, даже здесь мы должны отдавать предпочтение не-речи — в форме «эмоциональных вскриков, возгласов, острых интонаций, а отнюдь не в форме смысловых диалогов» [Пиотровский 1929б: 5]). Как отмечает Сабина Хэнсген, ссылаясь на поэта-футуриста Алексея Крученых, русский футуризм также представлял звук в кино в первую очередь как шум, а заумь как истинный язык кино [Хэнсген 2006: 355]. Для Крученых, чьи представления о шуме в кино оказали непосредственное влияние на Вертова, новыми звездами звукового кино должны были стать самолеты, поезда и другие технические изобретения и «трюки». «И когда великий немой заговорит, его речь — шум машин, визг и лязг железа — естественно будет заумная!» [Крученых 1923: 12]. Именно это и пытался сделать Вертов в своем первом звуковом фильме, отдавая предпочтение индустриальному шуму над человеческой речью.

Многие советские кинематографисты, впервые работавшие со звуковой аппаратурой, пытались уловить и записать звуки советской промышленности. Вертов снимал в угольных шахтах Донбасса, а Шуб получила задание задокументировать строительство Днепрогэс в своем первом документальном звуковом фильме «К. Ш. Э.» («Комсомол — шеф электрификации»). Точно так же и А. В. Мачерет, и А. П. Довженко сняли свои первые звуковые художественные фильмы на Днепрострое. «Дела и люди» Мачерета и «Иван» Довженко, законченные в 1932 году, — это «производственные» фильмы, в которых основное внимание уделяется образам и звукам тяжелой промышленности — одному из ключевых элементов первой пятилетки. В каждом случае звуки огромных строек Советского Союза подавляют его граждан, заглушая человеческую речь. В «Иване» это происходит буквально: за сценой, показывающей несчастный случай на стройке и смерть одного из рабочих, следует полное отключение звука. То, что до этого было какофонией оркестровой партитуры и индустриального шума (свист поездов, звуки молотов и т. д.), в момент аварии полностью пропадает. Человеческий крик резко прерывается и заменяется звуком паровозного свистка, в то время как на уровне изображения после кадра, показывавшего место аварии, следует резкий переход к кадру уходящего вдаль поезда. Остальная часть сцены происходит в полной тишине, пока тело рабочего выносят и помещают перед фабричной стеной, а мать сгибается над телом своего сына. В этот момент звук возвращается, но теперь он звучит угрожающе, как чистый промышленный шум, поскольку завод снова оживает. Мы понимаем, что мать, которая выглядит маленькой и незначительной по сравнению с кранами, двигателями и экскаваторами на этой стройке, не имеет голоса. Даже когда она пытается говорить с руководителем завода об аварии, она не обладает даром речи, способным конкурировать с «голосом» тяжелой промышленности. Точно так же, как отмечает Эмма Уиддис, Мачерет решает «проблему» голоса в звуковом кино с помощью главного героя, который не может говорить. Вместо этого в фильме используется весь набор иных форм звуковой техники: машины грохочут и щелкают, сверла скрипят, гравий шумно скатывается на землю. «Синхронизация» между звуком и изобразительным материалом используется как средство антропоморфизации промышленного оборудования. В «Делах и людях» «машины говорят более красноречиво», чем главный герой [Widdis 2014: 103].

Но, вероятно, именно роль радио / громкоговорителя в ранних советских звуковых фильмах наиболее эффективно переносит дар речи от человеческого к нечеловеческому субъекту. Как заметил Стивен Ловелл, в России с начала 1920-х годов «устная речь получает новые формы усиления, как буквально (в виде громкоговорителей, установленных в общественных местах городов), так и метафорически (в форме радиовещания)». Радио «обеспечило возможность транслировать голос власти на каждое рабочее место и в каждую коммунальную квартиру СССР и показывать советским людям, как именно нужно “говорить по-большевистски”» [Lovell 2013: 80]. А Марголит подчеркивает, что распространенное мнение, согласно которому раннее звуковое кино должно было напоминать перенесенный на пленку театр, неприменимо к первым советским звуковым фильмам, поскольку «природа слова тут принципиально иная». Для Марголита ближайшая аналогия здесь — не театр, а радио, «причем опять-таки радио в его специфическом советском варианте». 1 мая 1921 года установленные на площадях Казани рупоры «наподобие граммофонных труб» начали передавать тексты некоторых газетных статей, и это стало преимущественным способом вхождения радио в советский обиход. «Рупор на верхушке высокого столба (и его более интимный аналог — тарелка радио на стене жилища, обычно под потолком), доводящий до сознания аудитории основные указания власти, уже одним своим положением сакрализовал официальное Слово. Понятие “голос свыше” буквализовывалось, материализовывалось в навязчиво доступной каждому форме». С приходом звука в кино, пишет Марголит, это Слово «оформилось в виде теней, звучащих с большого полотна экрана, обращающихся к залу, расположенному под этим экраном» [Марголит 2012: 86].

Наиболее отчетливо мы видим это в «Одной» Григория Козинцева и Леонида Трауберга (1931), где изобретение новой звуковой технологии находит воплощение в громкоговорителе, который посреди пустой площади обращается непосредственно к героине; но мы также обнаруживаем это и в «Иване» Довженко, где голос из громкоговорителя преследует персонажа по всей деревне, перечисляя его недостатки; и в «Дезертире» Пудовкина, где аналогичный голос отдает приказы и распоряжения рабочим во время обеденного перерыва, выступая с «призывом» работать усерднее. Будучи само показано как технология транслирования звука (с помощью громкоговорителя), это обращение также становится возможным благодаря технологии — технологии синхронного звука, позволяющей нам *слышать*, а не только видеть и читать послания фильма.

Здесь полезно вспомнить идею Мишеля Шиона об «акусметре» — бестелесном голосе, чье «неимение источника» предполагает «параноидальную и часто навязчивую паноптическую фантазию <...> полного овладения пространством с помощью зрения». Эта идея позволяет лучше понять повсеместное распространение громкоговорителя (или радио, телефона, граммофона, лозунгов и других форм прямого обращения) в фильмах переходного периода [Chion 1999: 24]. Для Шиона акусметр — это не просто комментатор, он должен быть одновременно включен в фильм и исключен из него. Он должен, «хотя бы немного, но оставаться *одной ногой в изображении*, в пространстве фильма; он должен назойливо присутствовать в промежуточных областях, которые не являются ни центральной зоной кинематографической сцены, ни авансценой; в месте, у которого нет названия, но которое кино постоянно задействует». У него четыре способности: «способность быть везде, видеть все, знать все и иметь полную власть. Другими словами: вездесущность, всеохватность, всеведение и всесилие». Такие средства массовой информации, как телефон и радио, «которые посылают акусматические голоса в пространство и позволяют им одновременно быть и здесь, и там, часто служат носителями этой вездесущности» [Chion 1999: 24] (курсив оригинала).

В ранних советских звуковых фильмах звуковые технологии фигурируют как акусметр, игнорируя человеческий субъект в пользу голоса, говорящего как изнутри, так и *извне* фильма. Более того, для раннего советского звукового кино акусметр — это не просто «бестелесный голос, отсутствие источника которого предполагает параноидальную и часто навязчивую паноптическую фантазию о тотальном овладении пространством посредством зрения», но также и *слуха*. Ранний советский звуковой кинематограф выделяет как производство, так и восприятие звука, подчеркивая, что немое кино было не только «немым», но и также и «глухим»[43]. «Энтузиазм: Симфония Донбасса» Вертова открывается кадром, в котором радистка надевает наушники и слушает «Последнее воскресенье», «музыку из фильма "Симфония Донбасса"». В первом советском «звуковом фильме» Экка «Путевка в жизнь» мы видим Колю в его уголке слушающим радио в наушниках. «К. Ш. Э.» Шуб (1932) начинается с записи радиопрограммы, и дикторы повторяют одну и ту же речь на нескольких языках, в то время как операторы телефонной связи соединяют друг с другом отдаленные части страны с помощью еще одной формы акусметра[44]. Это выдвижение на первый план

[43] Как подчеркивает Шион, «мог ли кто-нибудь по праву назвать этот кинематограф немым? Ведь он всегда сопровождался музыкой, с самого начала — с самого первого показа братьев Люмьер в парижском "Гран кафе", — не говоря о тех звуковых эффектах, которые создавались вживую в некоторых кинотеатрах. Были также и комментаторы, которые вольно интерпретировали надписи, которые публика не могла читать, так как многие зрители были неграмотны, а большинство не могло справиться с титрами на иностранных языках. Еще меньше фильмы заслуживали определения "немые", если под этим мы должны понимать, что их персонажи не разговаривали. Напротив, персонажи фильмов были весьма говорливы. <...> Так что дело не в том, что персонажи были немы, но скорее в том, что фильмы были к ним глухи. Вот причина использования термина "глухое кино" для тех картин, которые ставили зрителя в положение глухого человека по отношению к изображаемому действию» [Chion 1999: 7–8].

[44] Как показывает Ловелл, радио было выгодно большевикам сразу с нескольких точек зрения: оно делало возможным почти мгновенное распространение политизированной информации на огромные расстояния; оно выглядело весьма перспективным в качестве организатора масс, достигая куда большего количества людей, чем мог это сделать оратор; и наконец, оно было воплощением современности: «Оно ускорит прогресс от тьмы к свету, от невежества к просвещению». Как отмечает Ловелл, «бородатый мужик в наушниках был одним из символов 1920-х годов» [Lovell 2011: 592]. Об истории развития радиовещания в СССР см. [Lovell 2015].

технологий производства звука и акта прослушивания (радио, граммофона или громкоговорителя) — неотъемлемая часть нового голоса советского кино, непосредственно обращенного к зрителю. Радио и громкоговоритель появляются в ранних советских звуковых фильмах как бестелесные сущности, говорящие «голосом власти» и почти во всех случаях прямо выражающие идеологический посыл государства.

От авангарда к социалистическому реализму

Для советской кинопромышленности значение перехода от немого кино к «говорящему» не сводилось лишь к важности технологической синхронизации звука и изображения. Как писал кинокритик И. В. Соколов в своей рецензии на «Вторую программу тонфильм» в 1930 году:

> Наши кинематографисты весь прошлый год односторонне увлекались технологией звукового аппарата, вернее, элементарной электро- и радиотехники и мечтали превратиться в микстов — звуковых оформителей (без знания лампового усиления и электроакустики). Голая техника заслонила вопросы идеологии, вопросы содержания и формы тонфильмы <...> Сейчас в звуковом кино происходит борьба между техникой и содержанием плюс формой. В искусстве подмена содержания и формы голой техникой есть наиболее крайний формализм, узкий техницизм <...> Прошел год, но до сих пор звуковое кино еще не вышло из стадии «эксперимента ради эксперимента» [Соколов 1930].

С одной стороны, звук требовал основательного переосмысления кинематографических приемов, в том числе монтажа с его быстрым чередованием кадров и диалектическим построением. С другой стороны, для СССР это совпало с масштабными переменами, направленными сверху вниз, поскольку советская кинопромышленность оказалась полностью перестроена и получила новые идеологические директивы, которые стало легче воплощать в жизнь в силу централизации правительства под руководством единого органа управления. Эти перемены наиболее ярко проявились в отказе от «формализма» и «эксперимента ради эксперимента», как выражается Соколов, в разработке принципов социалистического реализма (который в 1934 году был объявлен официальной доктриной всего советского искусства) и в фильмах 1930-х годов. Поскольку появление звука совпало с историческим моментом культурной революции, звук в советском кино помог кинопромышленности проложить путь к соцреализму, к идеологической программе, которая жестко контролировала, что можно и что нельзя показывать на экране, а также что можно и что нельзя с него слышать.

К 1932 году культурная революция привела к централизации всех видов искусства и формированию монолитных художественных союзов (писателей, кинематографистов, художников, композиторов и т. п.). В 1930 году «Совкино» — организация, которая с 1924 года отвечала за производство, прокат и импорт фильмов на территории РСФСР, — была ликвидирована и заменена «Союзкино» во главе с Б. З. Шумяцким, «главной задачей которого стало развитие советской кинопромышленности именно как промышленности». По словам Д. Лейды,

> ...незнание Шумяцким природы искусства и психологии художников, возможно, послужило лучшей рекомендацией для его назначения на эту работу. Два самых ярых защитника места и роли художника в социалистической кинопромышленности отсутствовали: Маяковский был мертв, а Эйзенштейн находился в Мексике [Leyda 1960: 278].

«Союзкино» получило большую власть над национальными студиями, что отражало новые задачи централизации. Оно стало единственным органом по кинопроизводству и контролю над фильмами, снятыми в СССР.

Реорганизация и централизация кинопромышленности привели не только к внутренней нестабильности, но и к введению новых бюрократических административных единиц, отвечающих за цензуру и контроль. Сценарии, как и готовые фильмы, теперь проверялись множеством различных организаций, чьи полномочия пересекались и противоречили друг другу. В разные годы сценарии должны были обсуждаться партийной организацией студии, членами ОДСК (Общества друзей советского кино), АРРК (Ассоциации работников революционной кинематографии), ГУФК (Главного управления фотокинопромышленности), профсоюзами и комсомолом до того, как они будут допущены к производству. Начиная с 1934 года, почти каждый номер журнала «Советское кино» включал сценарии, опубликованные для того, чтобы способствовать их общественному обсуждению. В 1937 году властями были созданы специальные комиссии из представителей партии и общественных организаций. Порой для участия в обсуждениях приглашали отдельных рабочих или профсоюзы. Комсомол требовал оценки и обсуждения всех сценариев, касавшихся проблем молодежи. Такой уровень контроля стал в значительной степени причиной острой нехватки сценариев, которая одолевала советскую кинопромышленность в 1930-е годы. Это также означало, что даже те фильмы, которые были одобрены на уровне сценария, могли не пройти стадию производства или, будучи завершенными, быть не выпущены на экран. Например, «Конвейер смерти» Ивана Пырьева (1933) за три года переделывался 14 раз. Из 130 картин, запланированных на 1935 год, всего 45 были завершены (46 из 165 в 1936 году и 24 из 62 в 1937 году) [Тейлор 1989: 61]. Более того, по оценкам исследователей, около трети завершенных фильмов ни разу не были показаны на экране[45].

«Перестройка» (как это называли в то время) и централизация кинопромышленности были лишь немногими из масштабных изменений, ознаменовавших переход от 1920-х годов к 1930-м. Не менее важными событиями были появление звукового кино и утверждение доктрины социалистического реализма как единственного метода советского искусства. В августе 1934 года

---

[45] Подробный анализ см. в [Kenez 2001: 129–130]. Детальную историю советского кинопроизводства в сталинский период см. в [Белодубровская 2020].

в Москве состоялся Первый съезд советских писателей, на котором бесчисленные делегации колхозников, рабочих, пионеров, солдат и читательских клубов устремились выступить с заявлениями, прочитать послания дружбы, заявить свои требования или высказать мнение по вопросам литературы и эстетики. 1500 членов нового Союза советских писателей представляли литературу 52-х советских национальностей, но главными фигурами на съезде, несомненно, были М. Горький, занимавший кресло председателя, и А. А. Жданов, секретарь ЦК, вместе с Н. И. Бухариным и К. Б. Радеком. Съезд утвердил социалистический реализм как официальный метод советского искусства, особо подчеркнув, что художественные произведения должны отражать социалистическую «идейность, народность и партийность». По определению Жданова, соцреализм требует от художника «правдивого, исторически конкретного изображения действительности в ее революционном развитии», то есть не жизни как она есть, а такой, какой она должна быть и будет [Первый всесоюзный съезд 1934: 716]. Фильм «Чапаев» (1934), который посмотрели миллионы зрителей, возможно, лучше всего воплотил дух социалистического реализма. «Вся страна смотрит “Чапаева”», — гласил заголовок газеты «Правда» от 21 ноября 1934 года. Сталин неоднократно смотрел этот фильм, каждый раз отмечая его актуальность. Зрители приходили в кинотеатры снова и снова, надеясь, что на этот раз легендарный командир Красной армии не погибнет в последней атаке и выйдет в конце фильма живым из воды.

В 1935 году Второе всесоюзное творческое совещание работников советской кинематографии приняло принципы социалистического реализма, установленные для литературы. На самом деле первый сдвиг в идеологии советской кинопромышленности можно отнести еще к Всесоюзному партийному совещанию по кинематографии 1928 года, которое постановило, что советское кино должно принять «форму, понятную миллионам» [Ольховый 1929: 438]. С этого момента советским фильмам надлежало быть в первую очередь развлекательными; в отличие от своих авангардных предшественников, они должны были иметь простой сюжет и организованы вокруг последовательной сюжетной линии. Более того, новый руководитель централизованной кинопромышленности Шумяцкий писал в 1933 году:

> Нам нужны жанры, пронизанные оптимизмом, мобилизующими эмоциями: бодростью, жизнерадостностью, смехом. Жанры, дающие максимальные возможности для показа лучших большевистских традиций — непримиримости к оппортунизму, выдержки, инициативы, сноровки и большевистской масштабности работ [Шумяцкий 1933: 1][46].

К 1935 году в Советском Союзе было снято два звуковых фильма, которые мгновенно стали классикой социалистического реализма — фильм о Гражданской войне «Чапаев» и музыкальная комедия «Веселые ребята» (реж. Г. Александров, 1934). И хотя Советский Союз на протяжении 1930-х годов продолжал выпускать немые версии художественных фильмов, эпоха авангардных экспериментов, а также эпоха немого кино подошли к концу. Два больших киносовещания 1928 и 1935 годов ознаменовали начало и конец переходного периода — как технологического, так и идеологического. О конце свидетельствовала и публикация в 1935 году книги Шумяцкого «Кинематография миллионов», в которой была сформулирована программа сталинского кинематографа. Но до выхода этой программы в СССР была снята горстка фильмов, использовавших разные жанры, стили, приемы и языки, которые не укладывались ни в более ранние модели советского монтажа эпохи немого кино, ни в грядущий кинематограф соцреализма. Таким образом, раннее советское звуковое кино открывало «альтернативное будущее звукового кино», в котором слух не подчиняется визуальному, а используется для извлечения внутренних эффектов киноязыка [47].

---

46 Цит. по: [Тейлор 1989: 55].

47 Перефразируя [Richards 2013: 64]. Ричардс здесь имеет в виду «Восход солнца» Ф. Мурнау, где использовалась новая система записи звука на пластинке системы «Фокс Мувитон», благодаря которой «Восход солнца» стал одним из первых полнометражных фильмов с синхронизированным музыкальным сопровождением и звуковыми эффектами.

В данной работе советское звуковое кино анализируется в качестве «нового аппарата», если воспользоваться терминологией Иена Кристи. Нас интересует, как звуковые технологии изменили отношения между кино и зрителем благодаря отказу от «внутренней речи» и подстановке на ее место слышимого слова, исходящего напрямую с экрана. Хотя в ней и учитывается исторический и теоретический контекст перехода к звуку, данная книга прежде всего посвящена отдельным картинам или группам картин, которые вместе составляют некий «канон» раннего советского звукового кино. В число этих фильмов входят как знаменитые работы, так и менее известные примеры; как документальные ленты, так и новое советское музыкальное кино; как авангардные, так и соцреалистические проекты. В каждом случае основное внимание уделяется тому, как отдельные фильмы и режиссеры с помощью новых звуковых технологий сознательно показывают взаимоотношения между кино и властью.

Дискуссия начинается с «первого» советского звукового фильма — «Одна» Козинцева и Трауберга. Вышедший на экран 10 октября 1931 года фильм содержал лишь одну реплику, но его звуковая дорожка включала как музыку, так и шумы: оркестровую партитуру Шостаковича, песню «Какая хорошая будет жизнь!», завывание ветра и ритуальное пение деревенского шамана. Что еще более важно, в «Одной» использовался внедиегетический, иллюстративный, контрапунктный звук, призванный показать возможности новых технологий: будильники, радио, трамваи, громкоговорители, пишущие машинки, телефоны — эти многочисленные механические объекты звучат в фильме, заглушая слова героини. На всем протяжении картины к нам постоянно оказываются обращены требования государства, передаваемые с помощью новой звуковой технологии: громкоговорители, пишущие машинки, радио и телефон сообщают содержание «призывов, лозунгов, кодексов, приказов и указов». В этой первой главе я прослеживаю, как новая технология синхронного звука позволяет нам впервые не просто увидеть, но и услышать идеологическое послание нового Советского государства.

Во второй главе исследуется понятие осязаемого или тактильного (то, что Дженнифер Баркер назвала «тактильным взглядом») в его отношении к раннему советскому документальному звуковому кино и, в частности, к «Энтузиазму: Симфонии Донбасса» Вертова (завершен в ноябре 1930 года; выпущен 1 апреля 1931 года) и «К. Ш. Э.» Шуб («Комсомол — шеф электрификации», 1932). Как и Вертов, Шуб выступала за «подлинность» в неигровом кино, и существует четкая связь между «Энтузиазмом» 1930 года и «К. Ш. Э.». Оба фильма пытаются показать — средствами документального кино с одной стороны, и с помощью новых звуковых технологий — с другой, крупнейшие промышленные проекты первой сталинской пятилетки: угольные шахты Донбасса и завершение строительства первой советской гидроэлектростанции на Днепре. Оба фильма также подчеркивают и делают слышимым новый *звуковой* аппарат, чтобы передать материальность звука и показать средства его производства и воспроизведения. Во второй главе я прослеживаю путь от желания Вертова записывать новые, никогда ранее не слышанные документальные звуки до экспериментов Шуб, с помощью которых она представляет нам звук как форму осязательного, то есть как органическое, *тактильное* искусство, выводящее нас за пределы настойчиво-изобразительного языка кино.

В третьей главе рассматривается роль музыки (и музыкальной комедии) в возникновении советского звукового кино, прежде всего через анализ «Гармони» И. А. Савченко (выпущенной в 1934 году и снятой со всех советских и зарубежных экранов в 1936 году). Основанный на стихотворении поэта-комсомольца Александра Жарова, этот фильм самым прямым образом отвечал на призыв делать «кинематографию миллионов», представляя собой легкую музыкальную комедию, наполненную пением и танцами. Создавая «Гармонь», Савченко отказался от условностей немого кино, где музыка являлась лишь оркестровым сопровождением, чтобы добиться соединения изобразительной и музыкальной форм высказывания. Формально «Гармонь» схожа с оперой: ее сюжет раскрывается исключительно через диалоги, которые исполняются под музыкальный аккомпанемент. Музыкальное сопровождение фильма — это непрерывная партитура, ритм которой пронизывает развитие сюжета. В отличие от стандартного голливудского мюзикла или сталинской музыкальной комедии, в «Гармони» нет разрыва между повествованием и музыкальными номерами. Нигде в фильме мы не выходим из-под влияния музыки, каждый звук (включая реплики) и каждое движение (включая работу) подчинены определенному ритму и темпу. В качестве первой, хотя и не самой известной сталинской музыкальной комедии, «Гармонь» является связующим звеном между двумя разными видами «утопии»: соцреалистической «действительностью в ее революционном развитии» и «чувством утопии», порожденным мюзиклом.

В четвертой главе рассматриваются два первых звуковых фильма Довженко — «Иван» (1932) и «Аэроград» (1935), а также «Последние крестоносцы» (1933, реж. С. Долидзе и В. Швелидзе) и «Возвращение Нейтана Беккера» (1932, реж. Б. В. Шпис и Р. М. Мильман) — как серия откликов на меняющийся политический, идеологический и языковой ландшафт СССР. В этой главе путем рассмотрения случаев многоязычия в ранних советских звуковых фильмах (особенно в картинах, снятых за пределами двух основных студий Москвы и Ленинграда) исследуется, каким образом характеризующаяся акцентом, а также иностранная, нерусская, и иная «остраненная» речь участвует в построении нового Советского государства. И хотя после 1933 года Довженко снимал все свои фильмы на русском языке и в Москве, его первый звуковой фильм, как и его более ранние новаторские немые ленты, был снят на Украине и на украинском языке — что стало одним из ключевых элементов его восприятия. Поскольку звук пришел в советское кино в то время, когда в СССР еще приветствовались национальные языки и культуры, и до того, как дубляж стал широкодоступной технологией, новый звуковой аппарат на короткое время открыл возможность создания многоязычного кино, недоступного для других, одноязычных стран.

В пятой главе я рассматриваю синхронные и асинхронные приемы работы со звуком в фильме Вертова 1934 года «Три песни о Ленине» (перемонтирован в 1938 году, а затем еще раз в 1970 году) и сопротивление режиссера навязыванию единичного, недиалогического голоса. Первоначальное стремление Вертова уравнять все звуки (делая весь звук «документальным» и отвергая идею студийной записи) в «Трех песнях о Ленине» уступает место фетишистскому желанию воспроизвести голос Ленина в кино. В этом фильме зрители слышат запись голоса Ленина, проецируемую поверх кадров его выступлений и соединенную с материалом, снятым на его похоронах; но им также предлагается несколько примеров синхронной записи, таких как интервью с ударниками труда, представленные нам без монтажа как «живая», непрерывная речь. В этом фильме Ленин (чей свободно парящий голос оторван от его выставленного для торжественного прощания тела) выступает как чистый символ власти, а его бестелесный голос контрастирует с синхронной, прерывистой, запинающейся речью рабочих. Анализ разных версий «Трех песен о Ленине», как звуковых, так и немых, позволяет увидеть, как именно идеология накладывается на материал фильма с помощью звуковой технологии.

Книга завершается краткой историей первого советского стопроцентно звукового фильма, «Путевки в жизнь» Экка (1931) и обзором первых четырех лет существования советского звукового кино, который сделал Шумяцкий в книге 1935 года «Кинематография миллионов». Анализ этих источников показывает, каким образом звук вовлекается в развитие метода социалистического реализма, делая «голос техники» синонимом «голоса власти». В своей книге Шумяцкий призывает к созданию единого звукозрительного пространства без расхождения между звуком и изображением, повторяя уже ставшую стандартной критику звуковых фильмов ранней и переходной эпохи (как в СССР, так и за рубежом), в которых эксперименты со звуком и различные шумы подавляли зрителей, еще не привыкших слушать фильмы. По мере того, как звуковая технология совершенствовалась, а звуковые фильмы все больше распространялись, начинала цениться интеграция звука и изображения, связность и «естественность». И хотя история перехода к звуковому кино у каждой национальной киноиндустрии своя, универсальность конечного результата этого перехода — монтаж в голливудском стиле, приоритет диалога, недиегетическая музыка, использующаяся для «сшивания» дыр в кинематографическом повествовании, реализм и единое звукозрительное пространство — означает, что уже к концу 1930-х кинематограф начинает выглядеть и звучать одинаково во всем мире.

Глава 1

Голос техники и конец советского немого кино. «Одна» Григория Козинцева и Леонида Трауберга

Рабочий сценарий первого советского звукового кино — фильма «Одна» Григория Козинцева и Леонида Трауберга (1931), — датированный 1930 годом, включает в себя следующий вычеркнутый фрагмент, обращенный к зрителю:

> Взгляните на пролетающий с красной звездой на боку аэроплан.
> Прислушайтесь к звуку моторов.
> Глазами последуйте за летящей стрелой.
> Почувствуйте тяжесть взлетевшей в пространство махины.
> Когда-нибудь государство переработает вас в своем моторе, устремит вперед вместе с собою или задавит неумолимою тяжестью[1].

«Одна» повествует о двадцатилетней учительнице, Елене Кузьминой (которую играет актриса ФЭКСов Елена Кузьмина[2]),

---

[1] РГАЛИ. Ф. 966. Оп. 2. Ед. хр. 347. Л. 41.

[2] Вместе с С. И. Юткевичем и Г. К. Крыжицким Козинцев и Трауберг организовали и руководили Фабрикой эксцентрического актера (ФЭКС, 1921–1929). ФЭКСы сотрудничали, среди прочих, с Ю. Н. Тыняновым (писатель, сценарист), А. Н. Москвиным (оператор), Е. А. Кузьминой (актриса), С. А. Герасимовым (актер и режиссер), И. Н. Вусковичем (художник) и Д. Д. Шостаковичем (композитор). В начале своего существования ФЭКС был основной платформой для настроенных на эксперимент актеров, режиссеров и художников и находился под сильным влиянием театрального режиссера В. Э. Мейерхольда и поэта В. В. Маяковского.

которую едва не приводит к гибели направление руководить школой в селе на Алтае. Из ледяной пустыни Кузьмину спасают и переправляют самолетом обратно в город (в этой первоначальной версии — в Москву), где ее жизнь спасает операция, в ходе которой она лишается четырех пальцев на ногах. Вычеркнутое обращение к зрителю появляется в тот момент, когда мы видим, как самолет, отправленный на помощь Кузьминой, пролетает над безлюдными степями Сибири.

Козинцев и Трауберг начали работу над «Одной» в июне 1929 года, вдохновившись газетной заметкой о школьной учительнице, которую спасли от неминуемой смерти с помощью самолета. Самолет служит символом технического прогресса и успехов Советского государства. Он противопоставлен не только отсталости алтайской деревни, но и уязвимости человеческого тела, которое он призван спасти, принося цивилизацию и неостановимое стремление к будущему в отдаленный уголок Сибири. И в то же время неотвратимый ход истории, прогресса и развития технологии отмечен в этом первом варианте сценария явной тревогой. «Берегись!» — говорит вычеркнутый текст сценария зрителю, нечеловеческая машина государства переработает вас в своем моторе, устремит вперед вместе с собою или задавит неумолимою тяжестью.

Будильник

Первый звуковой фильм Козинцева и Трауберга открывается крупным планом прикроватного будильника, который начинает громко звенеть, едва экран выходит из затемнения. От циферблата часов мы переходим к крупному плану лица спящей молодой женщины — женщины, которая не хочет реагировать на настойчивый звон будильника и вместо этого всеми способами пытается вернуться ко сну. Она отворачивается от будильника, пытается его выключить, бросает в него подушку, — но в конце концов она вынуждена ответить на его призыв, встать с постели и начать день.

Эта вступительная сцена — аллегория всего фильма в целом, так как в центре сюжета фильма «Одна» молодая женщина, которая, несмотря на свое первоначальное нежелание, повинуется зову государства, посылающего ее работать учительницей в отдаленный уголок Сибири. Снятый на натуре в Ленинграде[3] и на Алтае, фильм рассказывает историю недавней выпускницы педагогического института, ожидающей своего первого направления на работу. Она влюблена в красивого физкультурника Петю (Петр Соболевский) и уже строит планы на прекрасную жизнь в Ленинграде со своим женихом. Вместо этого она получает распределение преподавать в глухой алтайской деревне, никак не соответствующей ее мечтаниям о личном счастье в большом городе. Она пытается отказаться от направления, но муки совести заставляют принять его, взяв с собой на место новой работы будильник и фотографию жениха.

Но открывающий фильм звук будильника работает как аллегория и в другом смысле. «Одна» была запущена в производство в июне 1929 года, и к октябрю 1930 года режиссеры Козинцев и Трауберг уже использовали только что появившуюся технологию записи звука на пленке, отвечая на вызовы времени: запрос на развлекательный жанр, дух индустриализации и культурной революции, сопровождавшие первый пятилетний план. С самого начала задуманный как звуковой[4], фильм «Одна» был одной из картин, ставших реакцией на новую потребность в «говорящих» фильмах. Он прокладывал дорогу к «кинематографии миллионов» (по выражению Шумяцкого) и к рождению социалистического реализма[5]. Звонок будильника, который мы слышим

---

3 В первоначальных вариантах сценария действие первой половины фильма происходит в Москве. См.: РГАЛИ. Ф. 966. Оп. 2. Ед. хр. 347; Ф. 3016. Оп. 1. Ед. хр. 2; Ф. 2639. Оп. 1. Ед. хр. 59.

4 И Н. М. Зоркая, и Я. Л. Бутовский утверждают, что фильм *с самого начала* задумывался звуковым. См. [Зоркая 2005б; Бутовский 2006]. «Летопись российского кино, 1930–1945» указывает 3 октября 1930 года в качестве даты, когда Козинцев и Трауберг начали работать над звуковой версией «Одной» [Дерябин 2007: 53].

5 Резолюция производственного совещания работников «Совкино» в декабре 1928 года гласила, что «обязательным условием каждой экспериментальной работы» должно быть «художественное выражение, понятное миллионам». Цит. по: [Рокотов 1928: 1]. В 1935 году Шумяцкий использовал фразу «кинематография миллионов» для описания основной задачи советского кино. См. [Шумяцкий 1935].

в начале фильма, служил сигналом к пробуждению не только для героини фильма, но и для его зрителей. Он ознаменовал переход от тишины к звуку, впервые привнеся новаторскую технологию записи звука в пространство советского кинематографа. По словам историка кино Н. М. Зоркой, первый кадр фильма «Одна» произвел в кинотеатрах фурор: «Люди радовались, смеялись» [Зоркая 2005a: 182].

«Одна» Козинцева и Трауберга занимает промежуточное положение между немым и звуковым кино, опираясь на технологическое новаторство звукозаписи для того, чтобы транслировать свой идеологический посыл [Leaming 1980: 130]. В своих мемуарах Козинцев назвал звонок будильника «настойчивым призывом»: это не просто зов или лозунг, не просто военный призыв или зов судьбы, но и «ленинский призыв». Сначала будильник, а затем звуки из открытого окна, включая пение птиц, шум дорожного движения и звуки шарманки, прерывают сон Кузьминой, разрушая тишину ее маленькой отдельной комнаты своим столь пуб-

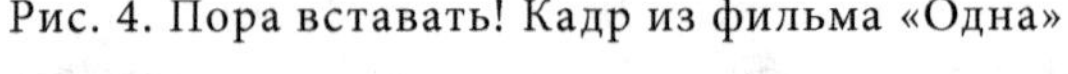
Рис. 4. Пора вставать! Кадр из фильма «Одна»

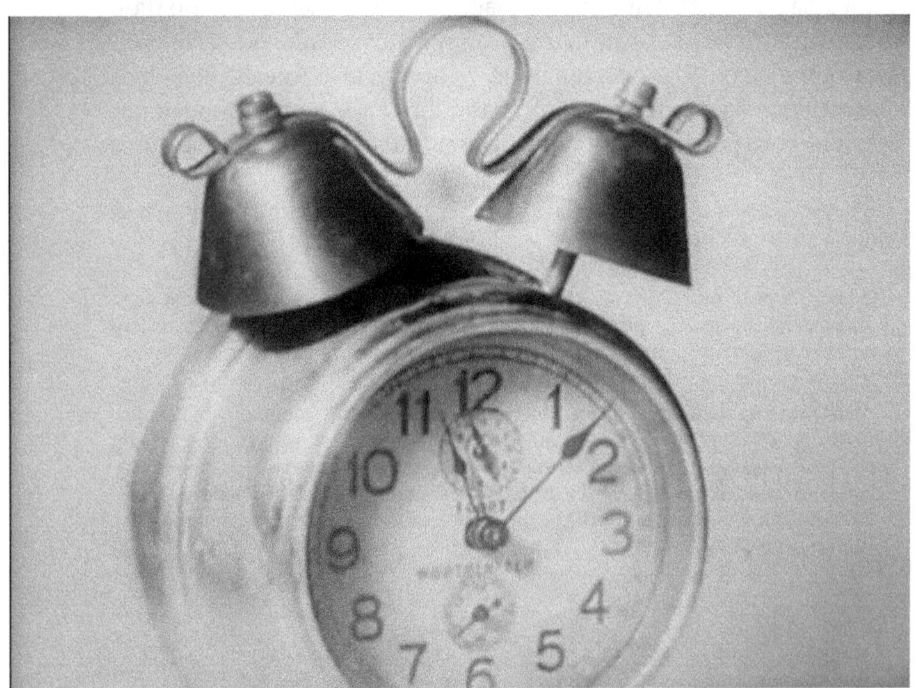

личным звоном. И в самом деле, на протяжении первой части фильма к Кузьминой постоянно оказываются обращены требования государства, передаваемые с помощью различных видов техники: громкоговоритель, пишущие машинки, радио и телефон передают «призывы и лозунги, сводки, приказы, постановления» [Козинцев 1982–1986, 1: 195]. Более того, мы улавливаем здесь обнажение кинематографического приема: так же как и к героине, к нам, зрителям, обращается новая технология. Вместе с Кузьминой мы учимся принимать свою новую роль слушателей, а не только зрителей, как раньше. В фильме (и в рабочих вариантах сценария) мы видим слово «ты», написанное крупными буквами на стенах, плакатах, листовках. Таким образом, фильм сознательно обращается к зрителю — его «звуковые эффекты» должны вызывать отклик *в нас*.

Козинцев и Трауберг начали работу в июне 1929 года, и к октябрю 1930 года фильм «Одна» был в ряду первых советских звуковых фильмов наравне с «Энтузиазмом: Симфонией Донбасса» Вертова, «Златыми горами» Юткевича и «Путевкой в жизнь» Экка — все они вышли на экран в 1931 году. В отличие от «Златых гор» или «Путевки в жизнь», в «Одной» не использовался диалог, «натуралистическая» музыка или смех. В законченный фильм вошла только одна синхронная реплика, в остальном же он опирался на экстрадиегетический звук, включая музыку Шостаковича, песню «Какая хорошая будет жизнь!», вой ветра и ритуальное пение деревенского шамана[6]. Шостакович, до этого написавший для Козинцева и Трауберга музыку к «Новому Вавилону» (1929), полностью поменял свой подход к сочинению партитуры для кинофильма, создав небольшие произведения, которые можно было легко обрезать, изменять и переставлять местами.

---

[6] Описывая ранние голливудские звуковые фильмы, Рашна Вадия Ричардс отмечает то, как фильмы переходного периода переключались между «фоновой» музыкой немого кино и «полной синхронизацией» звукового. Как указывал Джон Белтон, «частично разговорные фильмы имеют свойство распадаться на отдельные элементы на глазах у зрителя (и на его ушах), постоянно возвращаясь к тишине и затем обратно к синхронизированному звуку». См. [Richards 2013: 59; Belton 1999: 228].

Джон Райли называет «Одну» с ее «калейдоскопической фонограммой» — изобретательной смесью музыки, звуковых эффектов и речи — «одним из самых новаторских ранних звуковых фильмов» [Riley 2005: 13–14].

И действительно, в интервью 1935 года актер Сергей Герасимов, который играл в фильме председателя сельсовета, делал упор на двойственную природу «Одной», утверждая, что, хотя его роль была «в чистом виде» немой и хотя звуки его храпа были добавлены в ходе озвучивания, тем не менее работа над фильмом, по его мнению, в целом происходила на новом уровне звукового кинематографа. «[Р]оль эта была не звуковой ролью, — говорил он. — Конечно это была немая роль в чистом виде. Даже храп был озвучен при помощи имитатора Кржановского. И все-таки для меня это была работа целиком на уровне чрезвычайно осложнившегося и поумневшего звукового кинематографа»[7]. Или, как это выразила Д. Янгблад,

> ...первый «звуковой» фильм Григория Козинцева и Леонида Трауберга «Одна» содержит больше тишины, чем «Златые горы», но в меньшей степени, чем тот, является немым фильмом. <...> Хотя в нем очень мало реплик, с точки зрения изображения это намного более звуковой фильм, чем большинство других картин того времени. Операторская работа реалистична, почти документальна по стилю, большая часть ее — на натуре; кадры длинные; монтажные переходы между ними плавные. Большая часть звука была добавлена позже и нереалистична (бубнящие голоса, клацающие пишущие машинки), но музыка Шостаковича скорее иллюстративна, чем «натуралистична» (как, например, пение), что было более чем обычно в этих ранних фильмах [Youngblood 1985: 226–227].

Приближаясь по своему экспериментальному духу к «Симфонии Донбасса» Вертова, «Одна» опиралась на экстрадиегетический, иллюстративный, почти контрапунктный звук для переда-

---

[7] РГАЛИ. Ф. 2639. Оп. 1. Ед. хр. 59. Л. 34 об. (Лицо советского киноактера: Е. Кузьмина и С. Герасимов. Кинофотоиздат, 1935). Цит. по: [Лицо 1935: 118].

чи возможностей новой технологии: будильники, радио, трамваи, громкоговорители, пишущие машинки, телефоны — все эти вещи производят в «Одной» звуки, создавая помехи для слов героини или заглушая их[8]. Как и в «Иване» Довженко или в «Делах и людях» Мачерета (оба фильма выпущены в 1932 году), в «Одной» технологический объект занимает привилегированное положение по отношению к человеческому субъекту. То, что начиналось как история об учительнице, затерянной в Центральной Азии, преобразуется в сюжет о новом голосе техники.

Важный аспект восприятия «Одной» именно как *звукового* фильма состоит в аллегоричности перехода от «великого немого» к синхронному звуку, выраженной, например, в открывающем его звоне будильника. Однако аллегория перехода обладает и другим смыслом — это переход от авангардистского экспериментирования к условностям соцреализма. Уделяя внимание деталям трансформации промышленности (конференциям, чисткам, реорганизациям и централизации), большинство описаний перехода советской кинопромышленности к звуку не указывают на идеологические последствия этого перехода — то, каким образом появление синхронного звука совпало с поворотом советской кинематографии от киноавангарда двадцатых годов к кино соцреализма тридцатых, а также то, в какой-то мере появление звука сделало этот поворот возможным[9]. Использование звука в «Одной» демонстрирует идеологическое значение процесса обретения кинематографом «голоса», состоящее в возможности впервые услышать «голос власти», раздающийся с экрана напрямую[10].

---

8 Радек критикует в своей рецензии от 23 апреля 1931 года «Две фильмы» и «Энтузиазм», и «Одну» [Радек 1931]. О звуковом контрапункте в раннем советском звуковом кино, включая «Одну», см. [Thompson 1980].

9 См., например, [Kenez 1992; Youngblood 1985; Zorkaya 1989]. См. также [Зоркая 2005а].

10 Эта тема затрагивалась в нескольких статьях о фильме «Одна». См. [Нусинова 1991; Зоркая 2005б; Хэнсген 2006]. В частности, Е. М. Стишова утверждает, что в «Одной» мы можем увидеть «работу аппарата подавления» (цит. по: [Зоркая 2005б]). Я особенно благодарна ей за привлечение моего внимания к этому фильму.

Как и в США и Западной Европе, переход советской кинопромышленности от немого кино к звуковому был значим одновременно технологически и экономически; но он также, и, возможно, в первую очередь, был важен с точки зрения идеологии и эстетики. Приход звука потребовал коренного пересмотра кинематографических приемов (что было особенно очевидно в области актерской игры, где стиль, основанный на жестах, уступил место более натуралистичному) и, в частности, ограничения или полного исчезновения быстрого монтажа и диалектических конструкций. Более того, для советской кинопромышленности это чисто техническое новшество также совпало с продолжающимся культурным кризисом и существенными политическими изменениями. Кинопромышленность была полностью реорганизована и получила новые идеологические директивы, которые было легче выполнить, потому что кинопромышленность в целом теперь оказалась централизована и подчинена единому управляющему органу.

Первая полуофициальная конференция, посвященная обсуждению недостатков студии «Совкино» — акционерного общества по производству и прокату фильмов, — прошла в октябре 1927 года. На этой конференции, организованной ОДСК (Обществом друзей советского кино) и комсомолом, было подчеркнуто, сколь незаменимую роль надлежало сыграть кино в культурной революции первой пятилетки (1928–1932), а также была высказана озабоченность текущими недостатками советской кинопромышленности. В результате партия пообещала уделить кинематографу больше внимания. На Первом всесоюзном партийном киносовещании, которое состоялось в Москве в марте 1928 года, внимание было сконцентрировано на проблемах советской кинопромышленности, включая ее неспособность производить массовое кино, популяризовать кино в деревне, стать самоокупаемой отраслью и достичь компромисса между нуждами идеологии и коммерческой прибыли. В январе 1929 года, следуя рекомендациям особой комиссии, ЦК ВКП(б) выпустил постановление о реорганизации и централизации кинопромышленности и чистке кадров. Чистки в кинопроизводстве начались в июне и завершились в августе 1929 года, а затем снова развернулись в полную мощь к весне 1930 года [Youngblood 1985: 189]. В соответствии с духом секретности «Совкино» было ликвидировано без привлечения особого внимания, и на его месте в феврале 1930 года появилось «Союзкино», созданное согласно указу Совнаркома об организации единого всесоюзного органа по управлению кино- и фотопромышленностью. В ноябре 1930 года его руководителем был назначен Шумяцкий. Звуковое кино родилось в то же самое время. И хотя эстетический и идеологический уход от разнообразной киноиндустрии двадцатых годов стал наиболее заметным в разработке принципов социалистического реализма (объявленного официальным методом советского искусства в 1934 году) в фильмах тридцатых годов, определенный сдвиг уже заметен в фильмах переходного периода, пытавшихся говорить новым «голосом техники» и использовать новую технологию звука для постановки вопросов о власти, языке, национальной идентичности и взаимоотношениях между государством и его субъектами.

Вероятно, ни в одной другой стране первоначальная реакция ведущих кинематографистов и критиков, направленная *против* звукового кино, не была столь масштабной, как в СССР[11]. Технология звука ограничивала свободу, с которой можно было монтировать фильм, требуя звуковой и, соответственно, изобразительной последовательности там, где немое кино этого не требовало. Более того, конструирование смысла уже нельзя было

[11] Так называемая «Звуковая заявка» Эйзенштейна, Пудовкина и Александрова 1928 года часто рассматривается как враждебная по отношению к приходу звука (первая публикация на русском языке — [Эйзенштейн и др. 1928]). Так, например, Джон Райли отмечает в своей монографии, посвященной анализу работы в кино Шостаковича: «В своей “Звуковой заявке” Эйзенштейн, Пудовкин и Александров отвергали реалистический звук, предлагая создание “контрапункта” между ним и изображением. <...> Музыкальный контрапункт соединяет в себе два или более *независимых* голоса, но здесь основным элементом должно было стать изображение, а фонограмма должна была либо дополнительно его характеризовать, либо устанавливать по отношению к нему “резкий контраст”» [Riley 2005: 4] (выделено в оригинале).

оставить на откуп зрителю, который бы его «собирал» и осознавал. Производство этого смысла сдвинется от того, что критик-формалист Б. М. Эйхенбаум в сборнике «Поэтика кино» (1927) назвал «внутренней речью» зрителя, к слышимому слову, обращенному к зрителю с экрана напрямую [Эйхенбаум 1927]. В своей статье «Проблемы киностилистики» Эйхенбаум считает отсутствие слышимого слова центральным организующим принципом немого кино, способствующим развитию внутренней речи. Он пишет:

> Изобретение киноаппарата сделало возможным выключение основной доминанты театрального синкретизма, слышимого слова, и замену его другой доминантой — видимым в деталях движением. <...> Кинозритель находится в совершенно новых условиях восприятия, обратных процессу чтения: от предмета, от видимого движения — к его осмыслению, к построению внутренней речи. Успех кино отчасти связан именно с этим новым типом мозговой работы, в обиходе не развивающимся. <...> Кинокультура противостоит как знак эпохи культуре слова, книжной и театральной, которая господствовала в прошлом веке. Кинозритель ищет отдыха от слова — он хочет только видеть и угадывать [Эйхенбаум 1927: 24–25][12].

В своих мемуарах Эйзенштейн сходным образом описывает интеллектуальный труд, совершаемый в процессе просмотра фильмов. Он представляет себе просмотр фильма как процесс мысленного собирания вместе «осколков целого», уточняя, что понимание фильма требует от зрителя умения собирать воедино различные детали, мелькающие перед его глазами, в ощущение единого целого. Эта тяжелая умственная работа и составляет

---

[12] Бела Балаш также пишет о говорящем фильме как о «“неестественной форме искусства” — как если бы живописец предпочел писать картины без использования цвета» [Balázs 1970: 71–82]. Как отмечает Янгблад, Эйхенбаум и Тынянов (чья статья «Об основах кино» также появилась в сборнике «Поэтика кино» в 1927 году) были одними из самых резких критиков новой технологии звукового кино [Youngblood 1985: 223].

сущность интеллектуального монтажа — ментальной сборки отдельных изображений в осмысленное целое, умения «видеть и угадывать» язык кино. Становится очевидно, что приход в кино звука — слышимого слова — навсегда изменил положение зрителя по отношению к фильму и переместил пространство производства смысла от зрителя обратно к самому фильму [Эйзенштейн 1997: 36].

Независимо от того, задумывали ли Козинцев и Трауберг фильм «Одна» как звуковое кино изначально, появление в нем звука начало формировать структуру фильма, уводя сюжет от истории «человеческой жертвы» к истории о технике. Технология звука изменила взаимоотношения между фильмом и зрителем, позволив избавиться от «внутренней речи» и заменить ее слышимым словом, которое раздавалось напрямую с экрана. Звуковое кино дало возможность слышать голос Другого, обращенный к аудитории. Кинозритель больше не будет «видеть и угадывать» бесконечное многообразие смыслов из языка фильма: смысл потеряет свою многозначность, утверждая единичность произнесенного слова над множественностью движущегося изображения. Новый голос кино «окликал» зрителя с экрана, превращая субъекта советской власти в своего адресата.

Громкоговоритель

В начале фильма Кузьмина представлена наивной и слегка глуповатой женщиной, чьи мечты об ожидающей ее счастливой жизни находят воплощение в устаревшей и идеологически опасной любви к вещам: вместе со своим женихом Петей она любуется на красивые витрины с чайными сервизами и современной мебелью, мечтая о будущей жизни в прекрасном городе, полном объектов желания (одним из которых является и Петя). Подобно эффекту звонка будильника, ее приводит в чувство направление на работу; она должна оставить Ленинград и счастливое будущее, состоящее из прилежных учеников, замужества и материальных благ, ради преподавания в удаленной алтайской деревне в глуши сибирских степей[13]. Этот призыв выражен двумя способами. Сперва он приходит в форме письма — ее направления, которое она получает вместе с дипломом; затем — в форме громкоговорителя в центре пустой площади, голос из которого обращается к прохожим: «Товарищи! Сегодня решается судьба не одного, не сотен, а миллионов людей. В этот момент перед каждым стоит вопрос: Что ты сделал? Что ты делаешь? Что ты будешь делать?» Отвечая на обращение громкоговорителя, Кузьмина произносит свою единственную в фильме реплику: «Я буду жаловаться!»[14]

Мы можем увидеть в этой сцене не только комический или драматический эффект (комизм Кузьминой, наивно отвечающей техническому аппарату, или экзистенциальный трагизм современного субъекта в технократическом мире), но и взаимосвязь между «внутренней речью» и словом Другого, явленным с помощью новой технологии звукового кино. Как утверждает Авиталь Ронелл в своей«Телефонной книжке», поднимая трубку и отвечая на звонок,

> ...вы говорите да, почти автоматически, внезапно, подчас необратимо. То, что вы берете трубку, означает, что звонок состоялся. Это означает и нечто большее: вы его адресат, вы удовлетворяете его запрос, вы платите дань. <...> Это вопрос ответственности. Кто отвечает на призыв телефона, зов долга, и отчитывается за налоги, которыми тот, по всей видимости, облагает? [Ronell 1989: 2]

Так же, как телефонный звонок у Ронелл, «настойчивый призыв» громкоговорителя — нечто большее, чем просто обращение

---

[13] «Ее одолевает легкий кошмар. Неужели — нет спасенья? И государство, пославшее ее в эту глушь, в эти леса, на этот мороз, не спасет ее?» — РГАЛИ. Ф. 966. Оп. 2. Ед. хр. 347. Л. 37.

[14] Зоркая отмечает, что другие реплики также были записаны, но не вошли в окончательный монтаж фильма — например, реплика «А я поеду!», позже замененная на интертитр, а также неловкая фраза «Он режет на мясо ваших баранов», которую Козинцев заставлял Кузьмину повторять снова и снова. Согласно данным Зоркой, голос Кузьминой в фильме был дублирован М. И. Бабановой [Зоркая 2005б: 148].

к советским гражданам в целом. Находящийся в центре пустой площади, выкрикивающий свое послание независимо от того, есть ли рядом кто-то, чтобы его слушать, громкоговоритель не требует и не заставляет никого отвечать, «принимать звонок» или отзываться на призыв. Но как только ему отвечают — даже отрицательно, даже обещанием жаловаться — этот призыв становится служебным долгом, он взимает налог, он просит вернуть залог. Именно в момент ответа «настойчивый призыв» громкоговорителя превращается из более нейтрального «звонка» к «военному призыву», «ленинскому призыву» и, наконец, к «зову судьбы»[15]. Все субъекты призываются, но только те, кто отвечает на зов, навсегда оказываются перед ним в долгу, всегда платят за вызов. Как пишет Ронелл, «На какой бы стороне телефонной связи вы ни находились, бесплатного звонка не существует. Отсюда — вопросительная интонация того "да", которое обнаруживает, что оплачивает вызов, принимает обвинение» [Ronell 1989: 5].

Зов громкоговорителя — очевидный пример идеологического оклика, определяемого Луи Альтюссером как процесс, с помощью которого идеология конструирует «конкретных индивидуумов в качестве конкретных субъектов» [Альтюссер 2011]. Учитывая производство и воспроизводство субъектов действия власти, в своем эссе 1970 года «Идеология и идеологические аппараты государства» Альтюссер выделяет две функции идеологии: «узнавание» и «непонимание» (фр. *méconnaissance* — ложное опознавание или «непризнавание»). Функция узнавания позволяет субъектам признать «*очевидность* того факта, что они являются субъектами: свободными, этическими и т. д. [с] неизбеж-

---

[15] Это также напоминает о частом использовании слова «призыв» в двадцатые годы. Среди примеров можно обнаружить: фотоснимок Николая Свищова-Паолы «Призыв» (1920-е годы) и фильм Якова Протазанова 1925 года «Его призыв». Еще один пример использования громкоговорителя для передачи «ленинского призыва» можно увидеть в чертеже «Радио-оратора» Густава Клуциса (1922) — проекта уличного громкоговорителя, который предполагалось размещать на городских перекрестках для передачи речи Ленина к пятой годовщине революции.

ной и естественной реакцией в виде крика (вслух или "тихим, тихим голосом совести"): "Это же очевидно! Все так! Это правда!"». Эта функция позволяет нам распознавать себя и других как субъектов и выполнять необходимые ритуалы, составляющие субъективность (мы пожимаем друг другу руки, называем друг друга по имени, носим «уникальные» и индивидуальные имена и т. д.) [Альтюссер 2011] (курсив оригинала).

Однако, как утверждает Альтюссер, функция узнавания «выполняет ритуал», но не дает нам информации о механизмах, с помощью которых идеология «приветствует или интерпеллирует конкретных людей как конкретных субъектов». Идеология, пишет Альтюссер,

> ...«действует», или «функционирует», таким образом, что «вербует» субъектов в среде индивидуумов (она вербует их всех) или «трансформирует» индивидуумов в субъектов (она трансформирует их всех), то есть тем самым образом, который мы называем «*обращением*» (*l'interpellation*) и который можно себе представить в виде самого банального, ежедневного обращения полицейского (или кого-то другого): «Эй, вы, там!».
> Если предположить, что воображаемая теоретическая сцена происходит на улице, окликаемый человек обернется. В результате этого простого разворота своего тела на 180 градусов он становится *субъектом*. Почему? Потому что он признает, что обращение адресовано «именно» ему и что «это обратились *именно к нему*», а не к кому-то другому. Опыт показывает, что практическая коммуникация обращения такова, что обращение практически никогда не минует того, на кого оно направлено: будь это окрик или свисток, окликаемый всегда понимает, что обращаются именно к нему [Альтюссер 2011] (выделено в оригинале).

Обращение или «призыв» производит субъектов из обычных индивидуумов. Неспособность ответить на обращение означало бы оставаться личностью вне субъективной конструкции, не подвергаться идеологической вербовке или призыву большого Другого.

В «Одной» героиня слышит и, что, возможно, более важно, отвечает на «голос власти», который обращается к ней напрямую из громкоговорителя на городской площади. Это обращение, само по себе облеченное в технологическую форму (громкоговоритель), становится возможным также благодаря технологии — технология синхронного звука позволяет нам слышать, а не только видеть / читать послание фильма. Бестелесный мужской голос, раздающийся из громкоговорителя, выполняет свою функцию благодаря способности звукового кино производить эффект «правды» посредством отделения голоса от тела. Подобно функции закадрового голоса в документальных фильмах, голос, не привязанный к конкретному телу, приобретает атрибуты всеведения и всемогущества[16]. «Радикальное отличие голоса от диегезиса», тот факт, что он не производится каким-то телом, которое мы можем *видеть*, позволяет ему обрести сверхчеловеческий или внечеловеческий статус — статус чистого означающего власти [Doane 1980: 42]. И все же, несмотря на сохранение разделения между голосом и телом (голос — это звукозапись, механическое воспроизведение, момент кинематографического чревовещания), кричащий громкоговоритель в «Одной», в отличие от закадрового голоса в документальных фильмах, тем не менее располагает к тому, чтобы мы задавались вопросами: «Кто говорит?», «Когда?», «В какое время?» и «Для кого?»[17].

Для того чтобы начать отвечать на эти вопросы, нужно отметить, что этот свободно парящий голос власти сам по себе может быть чем-то вроде «ленинского призыва», в том смысле, что он регистрирует отсутствующее присутствие вождя, который теперь

---

16 Это, разумеется, противоречит использованию чисто реалистического звука в советском кино, где, как отмечает Янгблад, «зритель всегда должен быть в состоянии определить источник [звука]» [Youngblood 1985: 224]. О понятии «акусматический голос» («*la voix acousmatique*») см. [Chion 1982]; в переводе на английский язык [Chion 1999]; о его использовании в «Одной» см. [Хэнсген 2006: 358–362]; об акусматическом голосе и тоталитаризме см. [Zizek 1992: 126–130] (рус. пер.: [Жижек 1999б]).

17 Об идеологических аспектах закадрового голоса см. [Bonitzer 1975: 22–33]. Цит. по: [Doane 1980: 42].

«живее всех живых». Призрак Ленина обретается не только в поэме Маяковского 1924 года «Владимир Ильич Ленин», в которой поэт оказывается неспособен принять как смерть Ленина, так и собственное продолжающееся существование. Этот призрак настойчиво преследует и героиню фильма «Одна», отзываясь в требованиях, которые государство обращает к своим гражданам — или, вернее, в требованиях, с помощью которых государство производит своих граждан [Маяковский 1957]. Как и голос Маяковского в поэме, который спрашивает: «Да не я один! Да что я лучше, что ли?», Кузьмина задает судьбоносный вопрос: «Разве я — одна?» И хотя мы естественным образом наделяем вопрос Маяковского позитивным смыслом — не только Маяковский, но тысячи и тысячи отдали бы свои жизни (или свои незначительные смерти) за то, чтобы Ленин продолжал жить, — мы тем не менее слышим отзвук этого вопроса в мольбе Кузьминой. Подобно понятию риторического обращения в том виде, как его формулирует Поль де Ман, бестелесный голос («*ленинский* призыв»), раздающийся с экрана, изменяет отношение между живыми и мертвыми. Чтобы Ленин оставался «живее всех живых», Маяковский должен инсценировать собственную смерть (и не он один). Ответом на этот призыв будет «присоединение к мертвым» [Маяковский 1957][18].

Надеясь осуществить собственный «вызов», Кузьмина входит в здание Наркомпроса, чтобы подать жалобу и позвонить Пете. Сначала она не может зайти в телефонную будку, а затем она словно не может выбраться оттуда. Телефонная будка — еще один аппарат, который подчиняет желания героини собственным технологическим требованиям. Хотя мы видим, как она звонит, мы не слышим, что она говорит: стук пишущих машинок и диктующие голоса, записанные на звуковую дорожку, заглушают речь Кузьминой, и хотя мы видим ее отчаянную жестикуляцию,

---

[18] О том, как присутствующее отсутствие Ленина в поэме разрушает обычную бинарную оппозицию жизни и смерти, отмечая точку, где два эти состояния пересекаются, см. [Kujundzic 1997: 113–114]. О риторическом обращении см. [De Man 1984].

мы не слышим ее голоса[19]. Наконец в последнем жесте немого отчаяния Кузьмина прижимает руки и лицо к стеклу телефонной будки, будто пытаясь из нее выбраться. В данном случае она — человеческий субъект, пойманный в ловушку технологий, неспособный быть услышанным, неспособный выйти из устройства, требующего оплаты. Как и вычеркнутый фрагмент сценария («Когда-нибудь государство переработает вас в своем моторе, устремит вперед вместе с собой или задавит неумолимою тяжестью»), эта сцена демонстрирует, каким образом советские субъекты попеременно подвергаются дисциплине и принуждению. Власть государства, «воплощенная» в технических аппаратах, которыми наполнен фильм, не просто производит субъектов — она производит послушных, дисциплинированных субъектов, чье неподчинение может быть истолковано как прямая угроза государству.

Эта угроза становится явной в следующей сцене между героиней и руководительницей отдела народного образования, чьего лица мы не видим, но чьи седые волосы, затянутые на затылке в пучок, должны напоминать нам о жене Ленина Н. К. Крупской[20]. Рабочий сценарий фильма представляет этот момент как прямую конфронтацию между героиней и государством. В своем измученном воображении Кузьмина понимает, что все против нее, что она «одна»: «Государство — против нее. Звонят телефоны, пишутся циркуляры, выезжают мотоциклеты — и все против

---

[19] Эта сцена предвещает чаплинские «Новые времена» (1936), где звуки издает всё, *кроме* людей. Предположение Чаплина заключается в том, что каждый шаг технического прогресса (а звуковое кино является еще одним шагом скорее технологического, чем эстетического развития кинематографа) расширяет наши возможности, но в то же время урезает нашу человечность. Недолгое заточение Кузьминой в телефонной будке, которое не позволяет *ее* голосу достичь ушей зрителей, предполагает похожий взгляд создателей фильма на могущество технологий.

[20] В сценарии женщина в кабинете руководителя отвечает на обращение «Надежда Константиновна» (РГАЛИ, Ф. 966. Оп. 2. Ед. хр. 347. Л. 16). В фильме имя Крупской не упоминается, но мы видим ее серый пучок волос и фотографию Ленина над ее столом.

нее». Женщина (Крупская) воплощает собой возможный выход из ситуации, хоть какое-то человеческое понимание. Вот как завершается эта сцена в сценарии:

> Спокойная женщина с седыми волосами и, может быть, перевязанным горлом, сидит за столом. Почему нужно обратиться к ней? Девушка не знает. Вероятно, потому, что имя ее — Надежда. Вероятно, потому, что <...> — лицо ее бесконечно добро. <...> Женщина с седыми волосами поймет, пожалеет, приголубит[21].

Выслушав жалобу Кузьминой, Крупская предлагает героине выход из ситуации, и мы слышим ее диктующий закадровый голос, наслаивающийся на звук пишущей машинки, пока на экране Кузьмина идет по коридору, держа в руке новое направление на работу. Как и голос из громкоговорителя, бестелесный голос Крупской теперь превращается в голос чистого идеологического требования и даже выговора. В ответ на мечту Кузьминой о том, «какая хорошая будет жизнь», Крупская повторяет ее же фразы: «У Вас — жених. У Вас будет замечательная мебель. Такая хорошая будет жизнь — у Вас», и диктует новый приказ: «Вопреки приказу Наркомата, отдельные техникумы направляют учителей на места в порядке разверстки. На местах нужны учителя, готовые к борьбе, союзники социалистической стройки. Трусы, любители комфорта, враги власти Советов — не нужны на местах, — говорит она. — Поэтому, если возможно, оставьте учительницу Кузьмину, не желающую ехать в Сибирь, здесь».

Этот ответ очевидно демонстрирует, каким образом «обращение» идеологии оказывается не нейтральным актом, но, говоря словами Джудит Батлер, «властью и силой закона вызывать страх в то же самое время, как он предлагает признание — за определенную цену». Батлер пишет, что человек — индивидуум, к которому обращается идеология, — до момента призыва не находится «в состоянии преступления закона»; именно сам призыв утверждает тот или иной акт как нечто преступающее закон. До

---

[21] РГАЛИ. Ф. 966. Оп. 2. Ед. хр. 347. Л. 14–15.

этого призыва индивидуум — не «полностью социальный субъект, не полностью субъективирован, потому что он еще не подвергся выговору» [Butler 1993: 121]. Следуя мысли Батлер, мы можем сказать, что выговор руководительницы («враги власти Советов — не нужны на местах <...> и поэтому...») является неотъемлемой частью запроса громкоговорителя («Что ты сделал? Что ты делаешь? Что ты будешь делать?»). Вместе они образуют идеологическое обращение, которое превращает индивидуума, пока еще не преступившего никакого закона, в советского гражданина, постоянно боящегося нарушить закон, через который он сконструирован. Кузьмина должна или принять свое распределение, или стать «врагом» советской власти и получить от государства совсем иной выговор. И здесь снова важно подчеркнуть, что руководительница, озвучивающая этот выговор, должна напоминать нам вдову Ленина. Само ее присутствие в фильме (она продолжает жить после смерти Ленина, оставаясь болезненным напоминанием об утрате), вместе с портретом на стене, указывает нам на Ленина как неназванный источник бестелесной власти, обращающийся к нам голосом «живого мертвеца»[22].

Именно этот голос — бестелесный голос Большого Другого, голос идеологии, голос записанной, механически воспроизведенной, чревовещательной речи, — становится слышимым с помощью звукового киноаппарата «Одной». В момент, когда героиня второй раз стоит перед громкоговорителем, «по-идиотски» (то есть автоматически и нечеловечески) повторяющим свои лозунги, мы тоже оказываемся адресатами его настойчивого призыва. Повторение напоминает нам, что *мы* до сих пор еще не ответили, что с нас по-прежнему «имеется спрос», что мы по-прежнему надеемся, что Кузьмина *одна* сможет оплатить этот вызов. Голос громкоговорителя обращается к любому, кто выслушает и ответит — как голос, раздающийся с экрана, он обращается и *к нам*

---

[22] Как и в случае с более ранней сценой с громкоговорителем, этот эпизод тематически связан с частичным освобождением от телесной оболочки в виде закадрового голоса, одновременно привязанного и не привязаного к телу, которое мы видим. О Ленине как о «живом мертвеце» советской культуры см. также [Жижек 1999а].

со своим требованием, которое невозможно выполнить[23]. Но бестелесный голос власти делает нечто большее, чем преображает героиню из индивидуума в субъекта; он также преображает ее из существа, обладающего желаниями (мечтающего о счастливом будущем), в существо, побуждаемое «влечением», — психоаналитической категорией, определяемой механическим, маниакальным абсолютно неутолимым требованием , обращенным к миру[24]. Из женщины, желающей получить *вещи* — прилежных учеников, чайные сервизы, современную мебель, мужа, — она превращается в инструмент производства советских граждан.

Враждебное белое безмолвие

Покидая солнечные улицы Ленинграда, снятые белым по белому, практически без контраста, Кузьмина приезжает в безлюдную алтайскую степь, тоже белую, но пугающую своей жутковатой нечеловеческой белизной. На въезде в деревню ее встречает висящая над деревенскими воротами шкура недавно освежеванной лошади вместе с головой и обнаженными зубами. Ее назначение — отгонять злых духов — в фильме понимается как отсталая, древняя мощь деревни, укорененной в шаманских ритуалах и доиндустриальной цивилизации. Кузьмина приезжает на Алтай с определенным багажом: из ее дорожной сумки появляются фотография Пети, будильник, глобус, а также мечта о том, как она будет учить детей чудесам техники. Но ее работа в деревне нелегка — местный бай заставляет детей пасти баранов вместо

---

23 Черновик сценария «Одной» 1930 года завершается следующим обращением к зрителям: «И она смешалась — с толпой. Вместе с толпою — она идет — на аппарат. И на аппарат, на зрительный зал идут простые слова: мы победили — раз! <...> Что же делаешь ты?» (РГАЛИ. Ф. 966. Оп. 2. Ед. хр. 347. Л. 44). Аппарат продолжает воспроизводить настойчивый призыв государства.

24 То есть действуя под влиянием не обычного желания или стремления, но непреодолимой тяги, которую Фрейд назвал «инстинктом» или «влечением» (нем. «Der Trieb»), которое существует и действует вне воли субъекта. См. [Фрейд 1992].

того, чтобы ходить в школу, и продает этих баранов на убой, лишая деревню единственного источника пропитания, а председатель местного сельсовета Герасимов отказывается помочь вернуть детей в класс или спасти баранов от убоя. Со временем мы видим, как Кузьмина превращается из индивидуума, к которому обращается голос идеологии — *в сам* этот голос. Не только благодаря своей работе учительницей, но также из-за постоянного вмешательства в дела деревни — дела, которые, по мнению бая и Герасимова, не должны ее касаться: Кузьмина становится голосом Советского государства, выражающим его идеологические послания.

Звук играет здесь ключевую роль: песня «Какая хорошая будет жизнь!» сопровождает Кузьмину, пока она наблюдает за спящим Герасимовым и его беспомощной женой; эта ироническая звуковая деталь как бы подчеркивает ее предшествующее наивное (и опасно антисоветское) состояние. Сам Герасимов тоже получает собственную музыкальную тему — «глиссандо тромбона, означающее его разгильдяйство и неприятие советской мысли» [Riley 2005: 14][25]. Устав слушать его храп, Кузьмина пытается разбудить спящего Герасимова, и звук ее голоса сменяется уже знакомым звоном будильника. Кузьмина сама становится техникой, которую до этого пыталась игнорировать. В другой момент, когда она мечтает о том, как расскажет деревенским детям о чудесах техники, ее жизнерадостная фантазия (показанная под энергичную музыку) прерывается пугающим и жутким пением деревенского шамана, а в изобразительный ряд снова вклинивается крупный план дохлой лошади. Это лошадиное «пение» служит напоминанием о том, что дохлая лошадь является символом глубоко укоренившихся антисоветских сил. Подозрительно живая и неживая одновременно, узнаваемая и в то же время отчужденная от зрителя из-за своей радикально иной формы, лошадь — символ враждебного мира далекого Алтая, окружившего Кузьмину своей чужеродной белизной.

---

[25] В своем превосходном в других отношениях анализе Райли заменяет в этой сцене Герасимова на бая.

Если новая технология звука используется в «Одной» для передачи идеологических сообщений фильма (включая, помимо прочего, голос власти, исходящий непосредственно с экрана), то изобразительное пространство фильма, знаменитое своими съемками «белым по белому», выполненными оператором А. Н. Москвиным, высказывает аналогичную тревогу по поводу технологий государства. В своих предыдущих фильмах, созданных в сотрудничестве с Козинцевым и Траубергом, Москвин использовал тень и полусвет, лучи прожекторов и ночные съемки для того, чтобы передать ощущение нереальности, нестабильности, путаницы и обмана[26]. Во время работы над «Шинелью» (1926) Москвин также ввел в обиход «субъективную камеру», то есть камеру, которая фиксировала события не с беспристрастной позиции незаинтересованного свидетеля, а с точки зрения персонажа, передавая его настроения, снимая не только то, *что* герои видят, но и то, *как* они это видят[27]. Это было особенно важно для такого фильма, как «Шинель», где «реальность» Акакия Акакиевича приобретает фантасмагорическое, гротескное, субъективное измерение, в котором его преследуют вещи, пугают тени и поражают видения. Здесь строгий порядок имперской России безжалостно обрушивается на маленького человека, и это чувство подавляющей власти в сценарном переложении «Шинели» Тынянова сочетается с образом «трупа российской действительности».

В «Одной» Москвин также использует ограниченную тоновую палитру, чтобы подчеркнуть лишенный естественности мир современного советского города. В данном случае, однако, он показывает не мир тьмы, а, напротив, мир света. В начальных кадрах солнечных улиц Ленинграда — с белой одеждой, белыми

---

[26] См., например, «Чертово колесо» (1926) и «Шинель» (1926).

[27] Несмотря на изобретение (около 1914 года) операторской тележки (долли), в большинстве советских фильмов, снятых в первой половине двадцатых годов, камера оставалась неподвижной, неким пассивным наблюдателем или регистратором событий — тем, что Ф. Г. Гукасян в своем введении к сборнику «Кинооператор Андрей Москвин» назвала «бесстрастием кинокамеры» [Гукасян 1971].

трамваями, белыми цветами, белыми ступеньками, белыми вещами за стеклом — он убирает контраст, создавая обесцвеченный экран, чтобы показать радостное, бесконфликтное существование. Как подчеркивает Ф. Г. Гукасян, в «Одной» Москвин строит свои композиции «белым по белому» в то время, когда большинство операторов старались убрать все белое из своих кадров (из-за свойств тогдашней кинопленки белое на экране казалось чересчур ярким) и вместо этого использовали желтый цвет для создания на экране эффекта белого. Москвин, напротив, использовал много оттенков белого и особым образом обработанную пленку, чтобы создать насыщенность чисто белого экрана [Гукасян 1971: 65]. Легко заметить, что и здесь эта ограниченная цветовая палитра служит определенной идеологической задаче: во-первых, она подчеркивает радостную сущность нового советского мира — это мир яркий, светлый, наполненный воздухом, весной, цветами и любовью. Во-вторых (и, возможно, в противовес первому), она также подчеркивает «легкомысленность» героини, соблазняемой удовольствиями этой «счастливой жизни», что дополняется музыкальным рефреном песни «Какая хорошая будет жизнь!», в котором мы не можем не слышать иронии.

Более того, то ощущение подавляющей и сокрушительной мощи государства, которое Гукасян с легкостью выделяет в «Шинели», присутствует также и в «Одной». Несмотря на их диаметрально противоположные цветовые схемы и их исторически (и, следовательно, идеологически) противоположные установки, «Шинель» выступает своеобразным контекстом для «Одной», поскольку оба являются фильмами о маленьком человеке, жестоко подавляемом безжалостной мощью государства. Обратите внимание, например, на кадр, в котором тень невидимого здания Наркомпроса закрывает половину экрана и блокирует свет в тот момент, когда героиня получает свое распределение. Мы можем увидеть в этой тени результат работы субъективной камеры, отражающей внутреннее состояние Кузьминой, когда все ее надежды внезапно разбиваются приказом, посылающим ее на Алтай. Но мы также можем увидеть в этом более общий намек на работу механизмов советской власти. Когда Кузьмина получает свое распределение, экран делится на две части: длинная нависающая тень государственного здания закрывает половину экрана по диагонали, уменьшая белое пространство и оставляя Кузьмину на границе между тьмою и светом. Эта игра между тенью и светом, между чисто белым ландшафтом и накрывшей его временной темнотой предвещает зловеще белый пейзаж Алтая с черными облаками, которые проносятся над ним.

Ограниченная радостная цветовая схема ленинградского эпизода резко контрастирует со вторым местом натурных съемок фильма: Алтаем в Западной Сибири[28]. Здесь обесцвеченная палитра (абсолютно белый снег на фоне абсолютно белого неба) служит для создания ощущения ужаса, особенно начиная с момента, когда эта белизна оказывается нарушена черной тенью. Со всех сторон героиню окружают странные и пугающие звуки этого «*отчужденного*» пейзажа — вой сибирского ветра, завывания деревенского шамана, выполняющего погребальный ритуал, незнакомые механические звуки деревенской жизни[29]. Из этой обстановки, столь явно контрастирующей с предшествующими ленинградскими сценами, наполненными быстро движущимися трамваями и людьми, становится ясно, что Алтай представляет собой нечто находящееся «за пределами» цивилизации, пейзаж «реального» в терминологии Лакана. Более того, это место смерти.

Сюжет второй половины фильма построен вокруг конфликта между Кузьминой и местной властью: баем, владеющим землею и баранами, а следовательно, детьми, которых собирается учить Кузьмина; представителем городского совета, чье знаменитое первое появление на экране и медленное полирование своих

---

[28] Республика Алтай расположена в центре Азии, на пересечении сибирской тайги, казахских степей и монгольских полупустынь. Однако Козинцев, Трауберг и Москвин сняли потерянный кульминационный эпизод гибели героини на озере Байкал, так как оно служило для этой сцены более яркой натурой.

[29] Часть жутких звуков «Одной» возникла из-за включения Шостаковичем в фонограмму терменвокса. См. [Glinsky 2000: 253]. Подробнее об использовании терменвокса в раннем советском звуковом кино см. главу вторую.

сапог сразу показывает его лень и разложение. Этот конфликт доходит до своей кульминации в эпизоде почти неминуемой смерти учительницы в заснеженной степи. Утерянная шестая часть фильма, уничтоженная пожаром на «Ленфильме» во время ленинградской блокады, содержала эпизод, в котором Кузьмина чуть не умирает в ледяной сибирской степи. В этом пропущенном эпизоде Кузьмина покинута всеми посреди занесенной снегом равнины, окруженной «холодным и враждебным белым безмолвием»[30]. Эта сцена демонстрирует (или должна была демонстрировать) абсолютный ужас чисто белого ландшафта, показанный в своей крайней бесчеловечности. Козинцев пишет в своих мемуарах:

> Пейзаж в сцене гибели учительницы должен был приобрести трагический характер. Мы снимали на покрытом льдом Байкале. В продолжение многих дней мы часами выжидали, когда солнце выходит и прячется за тучами, — Москвин снимал в эти короткие мгновения (обычно при такой погоде съемки отменялись из-за неустойчивости освещения); накапливались кадры — гигантские тени, как черные крылья, проносились по замерзшему озеру, преследуя девушку [Козинцев 1982–1986, 1: 196].

Это описание можно сопоставить с его более поздними воспоминаниями об условиях съемки на Алтае в целом:

> Много лет назад мы с Москвиным снимали для «Одной» замерзший, безлюдный Байкал, огромную плоскость льда — нам нужно было угрюмое, древнее молчание. А на экране, как назло, получался веселый сахарный снег, зимний курорт. Пришлось не раз менять угол зрения объектива, светофильтры, сорта пленки, чтобы получить нужный характер [Козинцев 1982–1986, 4: 89].

Замерзшие берега озера Байкал, где снималась утерянная шестая часть, и героиня, засыпанная снегом, полностью погло-

---

30 «Одна», видеокассета. Russian Screen Classics, 2002.

щенная окружающей ее белизной, показывают природу в ее наиболее жутком и нечеловеческом виде. В конце фильма самолет, посланный Наркоматом (и который жители деревни называют «мертвой птицей»), прибывает в деревню, спасая Кузьмину от верной смерти. В последнем кадре мы видим недвижимую, с руками, забинтованными до локтей, Кузьмину и самолет, пролетающий над шкурой мертвой лошади, который уносит умирающую учительницу прочь от Алтая.

Конец фильма — ключ для его прочтения как аллегории механизмов работы государственной власти — это конечный результат ответа на идеологический призыв, последняя попытка Кузьминой отплатить государству собственной жизнью за свою «субъективность». Экономическая метафора (долг и его оплата), предложенная выше, продолжает действовать и во второй, алтайской части «Одной». Ответив на призыв государства, Кузьмина продолжает оплачивать этот вызов — причем как ранние варианты сценария, так и сам фильм описывают этот процесс в сугубо экономических терминах. В сценарии 1930 года Кузьмина получает зарплату (17 рублей 34 копейки), как только приезжает в деревню. Эта зарплата выписывается ей еще до прибытия, и она ощущает ее в своем кармане «не только как деньги. Как символ». Символический статус этой зарплаты подчеркивает, что это аванс, долг, который нужно вернуть, деньги, которые в конечном итоге будут компенсированы государству. Рассуждая о неизбежности смерти Кузьминой, оставленной на произвол судьбы, Герасимов предполагает, что она будет похоронена «за общественный счет». В сценарии эти механизмы платежа и долга были еще более очевидны: «Ее спасти нелегко. Она умрет. Государству же лучше. В ведомости на выдачу зарплаты за эти полмесяца против фамилии штатной учительницы Елены Кузьминой будет пустое место. Деньги пойдут в доход государства»[31]. Что еще более существенно, ее выздоровление (включенное в сценарий, но не в фильм) также обозначено как оплата, но теперь в физическом смысле, и ее собственным телом. Чтобы

---

[31] РГАЛИ. Ф. 966. Оп. 2. Ед. хр. 347. Л. 38.

спасти ее жизнь, хирурги ампутируют ей четыре пальца на ногах, но так как «десять минус четыре равно шести», сценарий намекает, что Кузьмина отдала лишь малую часть себя за возможность воссоединиться с коллективом, вернуться, как выразит это другой положительный герой, «в строй и к жизни»[32].

Более того, образ изувеченной и умирающей героини (лежащей в кровати, с руками, забинтованными по локоть, и крепко держащей тряпичную куклу) синхронизирован со звуками телеграфа, передающего сообщения во все уголки СССР. Тот же громкоговоритель, который спрашивал Кузьмину, что она будет делать, теперь возвещает о ее неминуемой смерти. «Слушайте, слушайте! — кричит он. — На Алтае умирает учительница Кузьмина! Только немедленная операция может спасти ее!» В центре городской площади, но теперь окруженный толпой людей, громкоговоритель провозглашает имя Кузьминой и описывает ход ее болезни, напоминая нам о последних днях Ленина[33]. О ее состоянии сообщают по радио, печатают в листовках, передают по телеграфу. Она стала частью механизированного воспроизведения власти, слышимой в этом фильме благодаря новой звуковой технологии[34].

В своих мемуарах Козинцев отмечает, что противопоставление изображения и звука в «Одной» создавало диалог между главной

---

[32] Финал романа Н. А. Островского «Как закалялась сталь» (1932–1934) звучит так: «Сердце учащенно билось. Вот она, заветная мечта, ставшая действительностью! Разорвано железное кольцо, и он опять — уже с новым оружием — возвращался в строй и к жизни» [Островский 1955: 325].

[33] Я имею в виду «бюллетень» Ленина — таблицу, которая была помещена на здание возле его дома и сообщала о его состоянии: температуре, давлении и настроении. Мы видим его анимированную версию в «Ленинской кинонравде» Дзиги Вертова («Киноправда» № 21, 1925).

[34] Как отмечает Райли, несмотря на то что фильм избегает использования сихронизированной речи, он включает различимые голоса, которые его создатели считали «важным элементом» картины. Райли пишет: «...они часто появляются за кадром, но это может придавать им нечто божественное: монтажное переключение между ленинградскими уличными громкоговорителями и Алтаем наполняет всю страну целиком новостями о спасении Кузьминой» [Riley 2005: 14].

героиней и «бездушной силой» [Козинцев 1982–1986, 1: 197]. Эта бездушная сила — прежде всего звук ледяной степи за пределами юрты героини, в которой она живет и преподает. Этот звук становится воплощением той не подвластной пониманию, нечеловеческой реальности, встречающей Кузьмину, когда та впервые приезжает в деревню, в образе освежеванной лошади. Но в то же время это и звук голоса власти — неестественной и обезличенной, — которая обращается к Кузьминой как к субъекту и требует ответа. Умирающая, с забинтованными руками и отмерзшими пальцами, Кузьмина продолжает учить деревенских детей. Ее последние слова — «Я скоро вернусь», дающиеся интертитром, подтверждают тот факт, что преданность делу Советов уже не может быть исчерпана, что обязательство дано и оно должно воспроизводиться снова и снова, даже больными, увечными или иным образом страдающими телами. Прижавшаяся лицом к окошку самолета Кузьмина выглядит как какое-то видение, еще одно воплощение сталинских «живых мертвецов» — и ее заявление, что она скоро вернется, как и знаменитое «I'll be back!» Терминатора, звучит скорее как угроза, чем как обещание. Это последнее слово существа, побуждаемого «влечением» и лишенного желания, продолжающего отвечать на зов советской идеологии[35].

Самолет

«Одна» Козинцева и Трауберга, начинаясь со звона будильника и звуков, наполняющих спальню героини и нарушающих ее сон, завершается эпизодом ее спасения с помощью еще одного

---

[35] Именно в этом состоит в психоанализе разница между «желанием» и «влечением»; как определяет это Жижек, «жуть этой фигуры [Терминатора] состоит именно в том, что она действует как запрограммированный автомат, который, даже когда от него остается только безногий железный скелет, упорствует в своем требовании и продолжает преследовать жертву без тени колебания. Терминатор — это воплощение влечения, лишенного желания» [Zizek 1992: 22]. См. также [Жижек 1999б:].

технического устройства: самолета, посланного государством. В своих мемуарах Козинцев жаловался, что «последние части фильма совсем не удались» и что тема помощи государства была «отвлеченной, схематической»:

> <...> Лозунги, передаваемые по радио; надписи-призывы о помощи замерзшей учительнице; самолет, символически пролетающий над лошадиной шкурой; сверкания пропеллера и песни акына о прекрасной жизни — все это было безжизненным. Без человеческих глаз экран казался плоским, а зрелищные кадры — недостойными [Козинцев 1982–1986, 1: 198][36].

Финал фильма представляет собой серию кадров взлетающего самолета (большей частью его крутящегося пропеллера) и крупные планы лиц жителей алтайской деревни, машущих шапками, имитируя движение пропеллера. Этот финал говорит о преображении человеческого в механическое и демонстрирует способность государства создавать безжизненных, механизированных субъектов.

Как отмечала Кристин Томпсон, «Одна» берет за основу прием Пудовкина, вставку чистых кусков пленки (ракордов) — в данном случае белых, — и использует этот прием в сочетании со звуком для создания эмоционального эффекта. Жители деревни одобрительно реагируют на обещание Кузьминой вернуться, и темп монтажа постепенно увеличивается. Торжественная музыка Шостаковича продолжает играть по мере того, как напряжение нарастает и ведет к эмоциональной кульминации, пока, наконец, «отдельные кадры самолета, снятого с точки снизу, не начинают перемежаться с отдельными кусками белой пленки на протяжении примерно 30 кадров, заканчиваясь тогда, когда самолет

---

[36] Можно особо отметить, в частности, последний вывод Козинцева о человеческих глазах и «зрелищных кадрах»: будучи оператором «света», Москвин был также известен своими кадрами сверкающих глаз (это особенно очевидно в «Иване Грозном», реж. С. Эйзенштейн, 1944, 1958), а их отсутствие здесь также можно прочесть как знак дегуманизации.

разворачивается на взлет» [Thompson 1980: 132]. Для Томпсон монтаж и музыка объединяются здесь в сильнейшее чувство триумфа в момент завершения фильма (как бы компенсируя предшествующую мрачность изображения современной жизни), но нам бы хотелось здесь подчеркнуть и кое-что другое.

Козинцев, возможно, прав в том, что конечное впечатление, которое производит финал фильма — именно «безжизненность», поскольку он завершается кадрами черного металлического самолета и его яростно крутящегося пропеллера. Последние кадры фильма говорят о советской субъективности и советской технологии именно через свою «отвлеченность» — бездушность и дегуманизацию. Как можно заключить из вычеркнутого фрагмента сценария, если мы проследим глазами за летящей стрелой и почувствуем вес тяжелой машины, то мы тоже сможем ощутить, что когда-нибудь государство задавит и нас своей неумолимой тяжестью. Заключенная внутрь очередного аппарата (и в смысле механического прибора, и в смысле «машины государства») — что напоминает более ранний эпизод внутри телефонной будки — с лицом, прижатым к стеклу, Кузьмина становится призрачным воплощением сталинской субъективности.

Вычеркнутое в сценарии 1930 года предостережение оставляет в фильме свой след в форме тревоги по поводу технологической мощи и действий государства. На первый взгляд «Одна» кажется фильмом, стоящим на пути к соцреализму: он светлый, яркий, снят «белым по белому» и без контрастов — в противовес игре теней, тьмы и полусвета, обычных для ранних фильмов Козинцева, Трауберга и Москвина. И все же ограниченная цветовая палитра здесь также говорит не только о «зоне пустоты» (истинно невидимом «белом на белом, которое невозможно заснять»[37]), но также, вероятно, о некотором сопротивлении со стороны

---

[37] Говоря о Клоде Оллье и фильмах Микеланджело Антониони, Жиль Делёз называет «зону пустоты» — «белое на белом, которое невозможно заснять» — «истинно невидимой» [Делез 2004: 60]. (В русском переводе (Б. Скуратова под научной редактурой О. Аронсона) последний фрагмент звучит как «эта зона, собственно говоря, невидима». — *Прим. пер.*)

кинематографистов новым идеологическим директивам государства. Находясь в пространстве между немым кино и звуком, фильм «Одна» впервые делает слышимой чужеродную речь, слово Другого, напрямую раздающееся с экрана. В «Одной» технология записи звука наделяет голосом власть и в то же время фиксирует беспокойство по поводу технологий и операций государства, которые производят из героини советского субъекта. Эта тревога и лежит в основе последнего авангардного немого и первого советского звукового фильма Козинцева и Трауберга[38].

[38] Как говорит Козинцев в письме актеру Борису Чиркову в 1933 году, как только вопрос о постановке фильма «Большевик» был разрешен положительно, они (Козинцев и Трауберг) «выехали в Ленинград для участия в борьбе за социалистический реализм» [Козинцев 1995: 113].

Глава 2

Материальность звука. «Энтузиазм: Симфония Донбасса» Дзиги Вертова и «К. Ш. Э.» Эсфирь Шуб

В середине фильма Дзиги Вертова «Шагай, Совет!» (1926) можно увидеть примечательный эпизод: по радио и громкоговорителю транслируют выборы, но все их участники — машины. Мы видим, как перед зданием городского совета собираются автобусы, вместо оратора выступает громкоговоритель, вместо аплодисментов звучат автомобильные гудки; автомобили и автобусы, гудки и громкоговорители «приветствуют нас» «от имени» Московского совета. Как отмечает Юрий Цивьян,

> То, что начиналось как заказ действующего Московского совета на создание рекламного фильма, который показал бы все хорошее, что совет сделал для своего города, Вертов преобразил в нечто совершенно иное: кинематографический эксперимент, эмоциональный фильм — это что угодно, только не картина, которая поможет Моссовету быть переизбранным. В конце концов Моссовет отказался признать «Шагай, Совет!» и кинотеатры в значительной степени его бойкотировали. Можно представить себе беспокойство, которое должны были испытать власти, когда увидели, во что оказалась превращена их предвыборная агитация. Людей не видно; только автобусы, машины и другие транспортные средства собрались на площади, чтобы послушать

> громкоговоритель: одно механическое устройство разговаривает с другими механическими устройствами об оружии и инструментах[1].

Хотя это еще немой фильм, «Шагай, Совет!» опирается на изображение и ритмический монтаж для передачи идеи звука; машины разговаривают с машинами, «которые слушают (мотив конусов), смотрят (мотив окружностей) и аплодируют (гудки и пульсация)» [Malitsky 2013: 155–156]. Но более всего заслуживает здесь внимания то, что источниками звука и, еще важнее, голоса являются исключительно машины.

Исследователь документального кино Билл Николс считает, что «нигде в мире приход звука в документальное кино не соответствует точно моменту прихода звука в игровой кинематограф» [Nichols 2016: 74]. Однако в случае с советским кино эти два перехода произошли одновременно, и документальное кино при этом шло впереди игрового в самом процессе введения звука и различных способах его использования. Как отмечал Е. Я. Марголит, производство звуковых картин в СССР было напрямую связано с производством неигровых агитпропфильмов, а не с художественными лентами, как в случае США и Западной Европы [Марголит 2012: 131]. Историки кино, заключает Марголит, до настоящего момента обращали «мало внимания на беспрецедентный факт: в отличие от традиций кинематографии в других странах, советское звуковое кино начинается с производства не художественных, а неигровых фильмов» [Марголит 2012: 84]. Это означало, что методы и задачи документальных (неигровых) картин, включая особое внимание к возможности слушать и слышать технику, были перенесены в игровое кино.

В этой главе мы рассмотрим, как двое наиболее значимых советских документалистов — Дзига Вертов и Эсфирь Шуб — попеременно пытаются освоить новые технологии звукозаписи

---

1 [Tsivian Y.] Dziga Vertov and the Soviet Avant-Garde. Вступительная статья к ретроспективе в Гарвардском киноархиве (март-апрель 2008 года), на основе текстов из каталога Фестиваля немого кино в Порденоне (Le giornate del cinema muto).

и продемонстрировать их возможности, стараясь в то же время остаться верными своим идеям о документальном или неигровом кино. Более того, делая в своих первых звуковых фильмах акцент на звук, Вертов и Шуб одновременно подчеркивают *материальность* кино и способность звука выйти за пределы экрана и физически (а не просто метафорически) затронуть зрителя. В обоих случаях за этим процессом стоит идея производства советских граждан как субъектов советской власти, к которым обращаются напрямую с помощью новой звуковой технологии, но дело здесь не только идеологии. Вертова и Шуб интересуют *осязательные* (*haptic*) возможности нового звукового кино, то, чего мы не можем видеть, но что можем ощутить с помощью слуха и осязания.

В предисловии к своей книге 2000 года «Кожа кино» Лора Маркс отмечает, что метафора, предложенная в названии, позволяет подчеркнуть возможность фильма «означать посредством своей материальности, посредством контакта между воспринимающим и объектом репрезентации» [Marks 2000: XI]. По мнению Маркс, раннее кино, межнациональное кино, авангардное и экспериментальное кино — любое, которое сделано на периферии господствующих кинематографических институций, — стремится вывести на передний план материальную природу фильма, в то время как «классическое» сюжетное кино старается избегать обнажения кинематографического приема. Так работают, например, титры, появляющиеся на поверхности первого кадра фильма Михаэля Ханеке «Скрытое» («Caché», 2005) и закрывающие собой действие, происходящее на экране, вынуждая нас сосредоточиться не на том, что изображено в кадре, а на его поверхностном слое, на «кожаной» оболочке фильма. Но, возможно, наилучшим образом то, что теория кино называет «осязательным», передает начальная сцена из фильма Киры Муратовой «Мелодия для шарманки» (2009), где из затемненного кадра на экране возникает заиндевелое окно поезда с постепенно появляющимся и исчезающим отпечатком детской ладони. Здесь упор явно делается на материальной поверхности изображения. Рука, оставляющая мимолетный отпечаток на морозном стекле, свидетельствует о природе кинематографического следа, его материальности с одной стороны (здесь понимаемой как прикосновение, поверхность, узнавание / осознание фактуры), и нематериальности (недолговечность образа, зыбкость его связи со всем, что оказывается на пленке) — с другой. Другими словами, Муратова показывает нам здесь одновременное создание и уничтожение материальности.

На фоне активного сращивания звука и образа, голоса и текста — т. е. на фоне попыток современных цифровых технологий стереть различия, сложившиеся между разными видами киноматериальности, — крайне полезно вернуться к тому моменту развития кинематографа, в котором материальная природа кино все еще воспринималась как зона контакта между зрителем и объектом, представленным на экране. Я имею в виду период становления звукового кино, когда, по словам Фридриха Киттлера, «слух и зрение [впервые] стали автономными» [Kittler 1999: 3]. В этой главе будет рассмотрено понятие осязательного в его отношении к раннему советскому документальному кино и в особенности к «Энтузиазму: Симфонии Донбасса» (1930) Вертова и «К. Ш. Э.» («Комсомол — шеф электрификации», 1932) Шуб, а также то, как звук, взаимодействуя со зрителем непосредственно и совершенно новым образом, придает кино материальную форму.

«Энтузиазм: Симфония Донбасса»

Подходы Дзиги Вертова и Эсфирь Шуб к документальному кино в 1920-е годы воспринимались как противоположные: концепция «жизни врасплох» Вертова критиковалась за «субъективность», в то время как монтажное кино Шуб, состоявшее преимущественно из архивных кадров, ставилось в пример как объективное. Несмотря на эти различия, «Энтузиазм» и «К. Ш. Э.» тесно связаны друг с другом. В обеих лентах предпринимается попытка отразить с помощью документального кино и новых звуковых технологий один из крупнейших промышленных проектов первой сталинской пятилетки: возведение первой советской гидроэлектростанции на Днепре. Оба фильма подчеркнуто акцентируют появление новой — звуковой — аппаратуры кино, которая делает возможным как передачу материальности звучания, так и репрезентацию средств производства и воспроизводства звука. Начиная с вертовских попыток документализации звука и заканчивая экспериментами Шуб, в которых звук обретал форму осязательного, я попытаюсь реконструировать некую траекторию, в соответствии с которой организация слуха с помощью технологий звукозаписи позволила звуку стать органической частью кинокомпозиции.

Вертов начал свою карьеру в киноискусстве с экспериментов со звуком. Александр Лемберг вспоминает, как во время его первой встречи с Вертовым в московском «кафе поэтов» тот рассказывал ему о своих опытах со звукозаписью. При помощи патефона он пытался записывать и редактировать звуки улиц и заводов. В разговоре с Лембергом Вертов пришел к выводу о том, что кинематограф представляет больше возможностей для осуществления его мечты о фиксации реальности. Лемберг, оператор хроники, согласился обучить Вертова основам кинодела [Лемберг 1968][2].

Но интерес Вертова к звуку возник до этого раннего разговора с Лембергом. Еще в школьные годы Вертов придумал «Лабораторию слуха», попытку перевести звуки — причем именно *индустриальные* звуки — на вербальный язык:

> ...во время каникул. Недалеко от озера Ильмень. Там был лесопильный завод, который принадлежал крупному помещику Славянинову. На этом заводе я назначал свидания знакомой девушке. Ей очень трудно было приходить вовремя (незаметно убегать из дому), и мне приходилось часами ждать ее. Эти часы были посвящены слушанию завода. Я попытался описать слышимый завод так, как слышит его слепой. Вначале я записывал словами, а потом сделал попытку записать все шумы буквами.

---

2 См. также [Feldman 1984].

> Недостатком этой системы было то, что, во-первых, существующая азбука была недостаточна для записи тех звуков, которые слышишь на лесопильном заводе. Во-вторых, кроме звучания гласных и согласных букв, были еще слышимы разные мелодии, мотивы. Их следовало бы записывать какими-нибудь нотными знаками. Но соответствующих нотных знаков для записи природных звуков не существовало. Я пришел к убеждению, что существующими в моем распоряжении средствами могу добиться только звукоподражания. Но не могу проанализировать как следует слышимый завод или слышимый водопад. <...> Затруднительное положение заключалось в том, что не было такого прибора, при помощи которого я мог эти звуки записать и проанализировать, поэтому временно оставил свои попытки. Ушел опять в работу по организации слов.
>
> Работая над организацией слов, мне удалось уничтожить ту противоположность, которая в нашем понимании, в нашем восприятии существует между прозой и поэзией. <...> Некоторые из этих произведений, которые мне казались более или менее доступными для широкой аудитории, я пытался вслух читать. Более сложные вещи, которые требовали долгого и внимательного чтения, я писал на больших желтых плакатах. Эти плакаты вывешивал по городу. Сам их расклеивал.
>
> Называлась эта моя работа и комната, в которой я работал, «Лаборатория слуха» [Вертов 2004–2008, 2: 293–294][3].

Таким образом, в творчестве Вертова в каком-то смысле не было момента, когда изображение занимало бы привилегированное положение само по себе — скорее, технология звукозаписи еще не догнала то, что он всегда представлял себе в кино. Уже в 1925 году он развивает концепции «киноправды» и «радиоправды», подчеркивая, что «придется уже говорить о записи слышимых фактов» [Вертов 2004–2008, 2: 99][4].«Техника быстро шагает вперед, — писал он. — Уже изобретен метод передачи изображений по радио. Кроме того, найден способ записи слуховых явлений на

---

[3] «Как родился и развивался Кино-глаз».

[4] «Радиоглаз».

кинопленку. В ближайшее время человек сможет записанные радиокиноаппаратом зрительные и слуховые явления передавать по радио всему миру» [Вертов 2004–2008, 2: 100]. «“Радиоухо”, — пишет он в 1931 году, — это смычка науки с радиотехникой <...>. “Радиоглаз” (“киноглаз” плюс “радиоухо”) — возможность организованно видеть и слышать весь мир»[5].

Еще чаще, чем остальные режиссеры советского монтажного кино, Вертов опирался на ритмический монтаж и музыкальную структуру для передачи представления о звуке в немом кино. «Уже в своих первых заявлениях по поводу грядущего, тогда еще не изобретенного звукового кино, — писал Вертов в 1929 году, — киноки (теперь “радиоки”) определяли свой путь как путь от “Кино-глаза” к “Радио-глазу”, то есть к *слышимому и передаваемому по радио “Кино-глазу”*». Он утверждал, что задача киноков не ограничивалась борьбой за неигровое кино; они «готовились одновременно и к тому, чтобы во всеоружии встретить ожидаемый киноками переход на работу в плане “Радио-глаза”, в плане неигрового звукового кино». Он писал, что в «Шестой части мира» титры уже были заменены «контрапунктически построенной слово-радио-темой». А его «Одиннадцатый», по его словам, был «сконструирован уже как видимо-слышимая кино-вещь, то есть смонтирован не только в зрительном, но и в звуковом отношении». Вертов заключал, что «теоретические и практические работы киноков-радиоков (не в пример застигнутой врасплох игровой кинематографии) опередили свои технические возможности и давно уже ждут своей *запоздавшей* (по отношению к Кино-глазу) технической базы для звукового кино и телевидения» [Вертов 2004–2008, 2: 408–412][6].

Для Вертова «живой» звук должен был стать естественным сопровождением «живого» кадра. Именно это мы и наблюдаем в «Энтузиазме», законченном Вертовым в ноябре 1930 года

---

5 РГАЛИ. Ф. 2091. Оп. 1. Ед. хр. 91 (Вертов Д. Киноглаз, радиоглаз и так называемый документализм // Вертов: Статьи, заметки 1931–1933).

6 «От “киноглаза” к “радиоглазу”. Из азбуки киноков». (Выделено автором.)

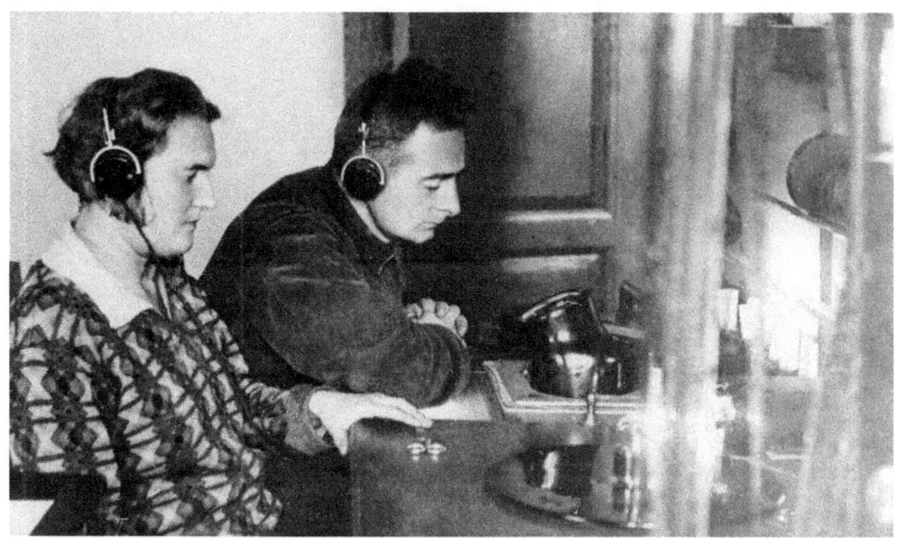

Рис. 5. Вертов и Свилова за монтажным столом (SPUTNIK / Alamy Stock Photo)

и вышедшем на экран первого апреля 1931-го[7]. Звук — не обязательно синхронизированный с картинкой, но непременно записанный на месте съемок, а не в студии, — становится для Вертова столь же значимым элементом кино, как и изображение. В «Энтузиазме» используется как «живой» звук машин, записанный параллельно со съемкой, так и дополнительные звуковые фрагменты, наложенные на изображение во время монтажа. Важно отметить, что Вертова не было в числе подписчиков «Заявки» Эйзенштейна, Пудовкина и Александрова (1928) [Эйзенштейн и др. 1928]. Для Вертова главное различие необходимо было проводить не между синхронным и асинхронным / контрапунктным звуком, а между «подлинными» записанными

[7] Согласно Фельдману, «производство “Симфонии Донбасса” заняло примерно шесть месяцев. Большие проблемы возникли в работе лабораторий “Украинфильма” (новое название ВУФКУ с 1930 года). Это, а также проблемы с монтажно-тонировочным периодом, задержало предварительный показ “Симфонии Донбасса” до 1 ноября 1930 года. Официальная премьера фильма была отложена на еще более значительный срок, до 2 апреля 1931 года. И даже учитывая все это, фильм стал доступен зрителям примерно за два месяца до “Путевки в жизнь” Николая Экка, которая часто считается первой советской звуковой лентой» [Feldman 1979: 13–14].

звуками и «искусственными» звуками, воспроизведенными в студии. Как он выразил в письме в редакцию ленинградской газеты «Кино-фронт» в 1930 году:

> Ни для документальных, ни для игровых звукофильм нисколько не обязательны: ни *совпадение*, ни *несовпадение* видимого со слышимым. Звуковые кадры так же, как и немые кадры, монтируются на равных основаниях, могут монтажно совпадать, могут монтажно не совпадать и переплетаться друг с другом в разных необходимых сочетаниях. Совершенно следует также отбросить нелепую путаницу с делением фильм на разговорные, шумовые или звуковые [Вертов 2004–2008, 2: 195][8].

В «Симфонии Донбасса» Вертов экспериментировал со всевозможными видами звука и всевозможными видами его записи (за исключением имитаций звуков в условиях студии). В отличие от своих коллег, Вертов никогда не испытывал нерешительности при мысли о работе со звуком или с новой звуковой аппаратурой и с головой погрузился в этот проект. Его переписка с ВУФКУ (Всеукраинское фото-кино-управление) о фильме, который впоследствии станет «Симфонией Донбасса», начинается 3 сентября 1929 года. К концу года он разработал подробнейший съемочный план, инструкции и графики съемок, а также идеи для музыкального сопровождения фильма [Feldman 1979: 13]. Как писал в 1982 году советский биограф Вертова Л. М. Рошаль, слово «Энтузиазм» было не просто названием фильма и не относилось только лишь к энтузиазму рабочих Донбасса — оно также описывало отношение Вертова к своему фильму и к новому эксперименту в документальном звуковом кино [Рошаль 1982: 224]. Если бы внутренняя политика в киноиндустрии развивалась иным образом, вертовский «Энтузиазм» стал бы первым советским звуковым фильмом. Однако единственная советская звуковая кинокамера, сконструированная Шориным, сначала была отдана Роому на студию «Союзкино» для съемок картины

---

[8] «Ответы на вопросы (Ленинград, 25 апреля 1930)».

«Пятилетка. План великих работ» (1930), а Вертову пришлось ждать несколько месяцев, прежде чем наконец пришла его очередь работать с новой аппаратурой[9].

Из-за этой задержки киноки снимали без звука сначала в Донбассе с сентября по ноябрь 1929 года, а затем в Ленинграде в январе 1930 года (в Исаакиевском соборе, в первом звуковом кинотеатре и других местах города), в то же самое время участвуя в интенсивном изучении технологии звукозаписи в лаборатории Шорина. После краткого курса звукозаписи по Шорину (включая эксперименты, проводившиеся как в лаборатории, так и на открытом воздухе) группа Вертова снимала документальные звуки и изображения в Ленинграде и его окрестностях до мая 1930 года. Специальный «показ» отдельной фонограммы фильма состоялся в ленинградском Доме кино и продемонстрировал способности звуковой камеры и возможности документальной записи звука[10].

В июне киноки были в Харькове на XI съезде Коммунистической партии Украины (5–15 июня 1930 года) и вскоре после этого отправились в Донбасс, где пробыли до конца июля[11]. Вынужденная задержка в Ленинграде позволила Вертову плотно поработать с Шориным над новой звуковой аппаратурой, что привело к созданию «негрузной» звуковой кинокамеры, которую киноки смогли взять с собой на угольные шахты Донбасса. Оператор Вертова Б. Б. Цейтлин писал в журнале «Кино и жизнь» в мае 1930 года:

> Работа группы в Ленинграде близится к концу. В мае группа переносит свои съемки в Донбасс, где съемка будет производиться исключительно синхронная, на специально подготовляемом в лаборатории т. Шорина передвижном звукосъе-

---

[9] Этот первый советский звуковой фильм не сохранился. В своей статье «Март радиоглаза» (1930) Вертов обвинил Роома в плагиате, утверждая, что большая часть «Плана великих работ» была основана на фрагментах материала из его немого фильма «Одиннадцатый» (1928) и что «Громаду документального “Одиннадцатого” [Роом] втянул в тюремную камеру заглушенного ателье, резал фильму на части и татуировал искусственными игрушечными звуками». См. [Вертов 1930]. См. также [Smirnov 2013: 167].

[10] Более подробно об этом в [Абрамов 1962: 118].

[11] Более подробно об этом см. в [MacKay 2005].

> мочном аппарате «Микст». Аппарат этот, конструируемый работником лаборатории т. Шорина, т. Тимарцевым, по своей комплекции будет настолько удобен и негрузен, что съемку на нем возможно будет производить в самых трудных и неудобных местах [Цейтлин 1930][12].

Передвижная звукосъемочная аппаратура позволила кинокам записывать подлинные звуки города: промышленные шумы в гавани; звуки железной дороги и вокзала, улиц и трамваев; и фрагменты разговоров, марширующих оркестров, толпы на первомайском параде и т. п. Звук в «Симфонии Донбасса» — одновременно «живой» (произведенный людьми и машинами и записанный на месте) и созданный постфактум (измененный и синхронизированный после окончания съемок, то есть добавленный к изображению или использованный вместе с изображением как часть монтажных элементов). Вертов построил фильм как программное четырехчастное симфоническое произведение, в котором лейтмотивы и рефрены развивают музыкальное повествование [Bulgakowa 2008: 143; Smirnov 2013: 167]. Вместо того чтобы воспользоваться специальными инструментами для имитации, т. е. воссоздания звуков, Вертов выработал в этом фильме приемы, которые основывались на монтаже и опирались на изменение скорости записанных звуков в процессе монтажа и озвучания. Таким образом, Вертов мог монтировать фонограмму, «разрезая звуки, закольцовывая их и сочетая их согласно принципам музыкальной композиции» [Smirnov 2013: 167]. Для этого в конце ноября 1929 года вместе с композитором Н. А. Тимофеевым Вертов разработал музыкальную партитуру, которая

---

[12] Аппарат был все же не совсем «негрузен», как отмечает Джон Маккей: «Оказалось, что их тяжелое и неповоротливое звуковое оборудование, в добавление ко всему остальному снаряжению, было необходимо большую часть времени перетаскивать вручную. На первом предварительном показе фильма в Киеве 1 ноября 1930 года Вертов сказал, что звукосъемочный аппарат, который находился в его распоряжении в Донбассе в течение 1 месяца и 10 дней, весил 78 пудов (около 2808 фунтов), что транспорта для него не было и что 80 % работы съемочной группы состояло из “чистого физического труда”» [MacKay 2005].

совмещала шумы и их преображение, искажение и вариацию — предвосхищая почти на два десятилетия эстетику конкретной музыки [MacKay 2005][13].

В своем тексте 1931 года, опубликованном под названием «Обсуждаем первую звуковую фильму “Украинфильм” — “Симфония Донбасса” (Автор о своем фильме)», Вертов оспаривал три основных утверждения специалистов по звуковой аппаратуре и киноработников (как в СССР, так и за границей): что звук можно записывать только в особых условиях звукоизолированной и звуконепроницаемой студии, что на кинопленку нужно записывать только искусственно созданные звуки и что невозможно использовать документальный, и в особенности натурный звук. По словам Вертова, во время съемок «Симфонии Донбасса» киноки не только вынесли звуковую аппаратуру наружу, но и заставили киноаппарат и микрофон «ходить» и даже «бегать», став своего рода «головным ледоколом» для документалистов по всему миру: «...последний решающий месяц нашей звукосъемочной работы происходил в обстановке лязга и грохота, среди огня и железа, в содрогающихся от звуков цехах. Забираясь глубоко под землю, в шахты, снимая с крыш мчащихся поездов, мы окончательно покончили с неподвижностью звукозаписывающего аппарата и *впервые в мире* документально зафиксировали основные звуки индустриального района (звуки шахт, заводов, поездов и т. д.)» [Вертов 1966: 126]. Более существенно было то, что, хотя звуковая съемка в Донбассе была выполнена на переносной аппаратуре и записана на одну дорожку с изображением (а часть съемочного материала оказалась непригодна к использованию по техническим причинам), Вертов тем не менее стремился снять фильм, максимально сложный в своих взаимоотношениях между звуком и изображением, создавая полную нюансов игру между двумя дорожками, в то же время и подчеркивая и новые возможности звукозаписи, и подвергая их рефлексии.

---

13 Смирнов высказывает похожую мысль в своей книге «Sound in Z» (см., напр., [Smirnov 2013: 167]), прослеживая полную историю ранних русских/советских авангардных экспериментов со звуком.

Звук доминировал над изображением, которое было смонтировано таким образом, чтобы оно подходило к фонограмме, а не наоборот.

Как отмечают и Люси Фишер, и Джереми Хикс, такое комплексное использование Вертовым звука в «Симфонии Донбасса» было попыткой обнажить сконструированную природу фильма. Вертов «разрушает натуралистические ожидания от звука, манипулируя им или отделяя его от его источника, для того чтобы напомнить зрителю, что это кино» [Hicks 2007: 76; Fisher 1977–1978: 30]. Синхронный звук — лишь один из способов использования звука в этом фильме; Фишер перечисляет как минимум 15 различных звуковых приемов, которые Вертов применяет только лишь в первой части — от бестелесного звука до наложения, искажения и звукового коллажа [Fisher 1977–1978: 30–31]. Марширующие оркестры сняты с синхронным звуком, так же как и многочисленные промышленные механизмы, включая сирены, копровые лифты, грузовики с углем, дрели, поезда, свистки и молоты — все это записано на натуре и синхронно соединено с изображением. Есть там и новаторское использование звука в синхронно записанных речах, которое предвосхищает первые в советском кино интервью. И все же, как отмечает Хикс, несомненно, наиболее интересное применение звука в этом фильме состоит в повторении и отделении промышленных звуков от их источников и использование их как мотивов; снова и снова мы слышим звуки парового гудка или свистка, производящие крайне странное, сверхъестественное впечатление [Hicks 2007: 76].

В своем литературном сценарии «Симфонии Донбасса» Вертов описывает использование звука в фильме в терминах движения: как «вторжение» или «проникновение» революционных речей, песен и лозунгов в пространство рабочего класса и его машин:

> И, наконец, самое главное замечание.
> Когда в фильме «Энтузиазм» индустриальные звуки Всесоюзной Кочегарки приходят на площадь, входят на улицу и сопровождают своей машинной музыкой гигантские праздничные демонстрации;

> когда, с другой стороны, звуки военных оркестров, звуки демонстраций, переходящие знамена, красные звезды, крики приветствий, боевые лозунги, речи ораторов и т. д. внедряются в звуки машин, в звуки соревнующихся друг с другом цехов;
> когда работа по ликвидации прорыва в Донбассе проходит перед нами как непрерывный «субботник», как «дни индустриализации», как краснозвездный, краснознаменный поход, —
> мы должны смотреть на это не как на недостаток, а как на *серьезный перспективный опыт*[14].

Фонограмма «Симфонии Донбасса» обладает некоей материальной, физической силой; звуки агрессивно давят друг на друга и на сознание зрителей. Фишер отмечает, что

> ...больше всего в первой части «Симфонии Донбасса» поражает ощущение невероятного напряжения, которое существует между звуком и изображением. Звук как бы физически отталкивается от экрана; и взаимоотношения их кажутся магнитами, приставленными друг к другу одинаково заряженными полюсами — физически они разделены, но взаимодействуют через силовые линии [Fisher 1977–1978: 33].

Она указывает, что, разрушая целостность фильма из-за того, что звук и изображение до какой-то степени «взаимоотталкиваются», Вертов все время держит зрителей внутри пространства кинотеатра, «все время ощущающим фонограмму и изобразительный ряд как две раздельные сущности» [Fisher 1977–1978: 27]. Эта агрессивность была особенно заметна в Лондоне во время показа «Симфонии Донбасса» в местном Обществе кино 15 ноября 1931 года, когда Вертов настоял на том, чтобы ему са-

---

14 РГАЛИ. Ф. 2091. Оп. 1. Ед. хр. 35 (Вертов Д. «Энтузиазм». Литературный сценарий. 1929). Впервые опубликован в журнале «Советское искусство» (27 февраля 1931). Здесь цит. по: [Вертов 1966: 127]. Выделено в оригинале, пунктуация оригинала. Хикс высказывает похожее соображение об использовании Вертовым глагола «идти» [Hicks 2007: 75].

мому контролировать проекцию звука, и «прибавлял уровень звука в кульминационные моменты до оглушительной громкости» до тех пор, пока его насильно не вывели из проекционной будки [Leyda 1960: 282; Feldman 1979: 14]. Несмотря на этот инцидент, заставивший Торольда Дикинсона назвать Вертова «самым упрямым кинематографистом всех времен», именно этот лондонский показ, по словам Вертова, позволил ему впервые услышать свой фильм должным образом и получить наиболее ценный отзыв — записку от Чарли Чаплина. Последний назвал фильм одной из самых головокружительных симфоний, что он когда-либо слышал, и предположил, что «профессора должны учиться у [Вертова], а не спорить с ним»[15].

И в то же время выбор Вертовым глаголов движения — входить, внедряться — придает фильму и его фонограмме некую телесность, которая перекликается с другими ссылками в его примечаниях на «живое дыхание» электростанций и заводов, и «голоса машин», которые можно услышать на звуковой дорожке. Звуковой сценарий «Симфонии Донбасса» 1929 года описывает звук тикающих часов в начале фильма как «биение сердца», а «дыхание» фабрики вдалеке — как «бьющееся сердце» и «электрический пульс»[16]. Не только завод и электростанции, но и сам фильм становится телом с пульсом и сердцем и (позже) с плотью и костями — звук, придает ему материальную форму, вырываясь за пределы двухмерной поверхности в кинотеатр и навстречу сознанию зрителя.

Рассуждая об «осязательном» в книге «Тактильный взгляд: Осязание и кинематографический опыт», Дженнифер Баркер отмечает, что, «как живое тело в мире и для мира», кино использует «*формы физического существования* (зрение, слух, физическое движение и движение мысли) в качестве носителя, предмета, сущности своего языка». Таким образом, и сам фильм, и зритель могут оказаться вовлечены в акт пристального вглядывания,

---

[15] Факсимиле в [Абрамов 1962: 14].

[16] РГАЛИ. Ф. 2091. Оп. 1. Ед. хр. 36 (Вертов Д. Звуковой сценарий и схема озвучивания фильма «Энтузиазм: Симфония Донбасса»; 31 декабря 1929 г.).

выражая неуверенность, увлекаясь, испытывая головокружение или волнение, но каждый из них будет отыгрывать эти манеры поведения по-своему, поскольку «технологии», делающие их возможными (например, камера и роговица глаза, зум-объектив и внутреннее ухо), различны — биологические у зрителя и механические у фильма. Зритель и фильм обладают общими способами «бытия, видения и понимания мира», несмотря на их огромные различия как «человека и машины, один из которых состоит из крови и плоти, другая из света и целлулоида» [Barker 2009: 8].

Особенно важным для понимания антропоморфного телесного языка Вертова является описание Баркер «внутренних органов» фильма, состоящих из тех «органов» или структур, которые «обеспечивают его сознательную деятельность, но не находятся, за исключением чрезвычайных обстоятельств, под его непосредственным контролем». Баркер отмечает, что источник электропитания, источник света, перфорация, рамка проектора и другие части механизма обеспечивают движение света и целлулоидной ленты через камеру и проектор «так же, как наши внутренние органы поддерживают движение крови и других жизненно важных жидкостей через наши тела». И так же, как мы обычно не можем контролировать ритм своего сердцебиения или кровообращения, фильм не имеет доступа к таким вещам, за исключением некоторых случаев (например, скорость кинопроекции) и особых обстоятельств, когда кинематографисты-экспериментаторы переключают свое внимание внутрь, размышляя о внутренних механизмах кинематографа. «Как расширяющиеся и сжимающиеся легкие, наполняющееся и опустошающееся сердце, — пишет она, — перфорация и оптические фонограммы являются частью аппарата, который обычно не замечается фильмом и нами самими и который очень редко влияет на развитие сюжета» [Barker 2009: 127]. В «Симфонии Донбасса» как физическое тело фильма (пленка, оптическая фонограмма, перфорация и т. д.), так и его метафорическое тело (сердцебиение, легкие и пульс заводов) привлекают наше внимание; они проникают в наше сознание и физически взаимодействуют с нашими собственными телами, сидящими в кинозале. Для этого физического аспекта зрительского опыта, в котором упор сделан на взаимодействие между зрителем и фильмом, звук функционирует как основной механизм физического восприятия[17].

Современные Вертову критики называли «Симфонию Донбасса» «какофонией» (упрек, который его чрезвычайно возмущал). «Вертов фетишизирует машину, ее звук <...>, — писал Петр Сажин в журнале “Кино-фронт”. — Вертов не дал социалистической симфонии Донбасса. Вертов дал машинную какофонию, он дал грохот, шум, ад»[18]. В другой статье в том же издании утверждалось, что редакция получила письмо за подписью восемнадцати студентов операторского отделения учебного комбината кинофото-техники, которые описывали «Симфонию Донбасса» как хаос звуков и формалистическую бессмыслицу: «...С боков экрана несмолкаемо свистят, хрипят и гнусавят громкоговорители. Хаос звуков металлических конструкций и машинных частей, бешено вертящиеся кадры, формальная бестолочь. Всё это называется — “Симфония Донбасса”»[19]. А Карл Радек в «подвале» в газете «Известия» съязвил: «По моему глубокому убеждению <...> ее было бы правильнее назвать “Какофония Донбасса” и вообще больше не демонстрировать» [Радек 1931: 3].

В ответ Вертов жаловался, что ему приходится иметь дело с «глухой» критикой, и отмечал, что, хотя его картина была «немного покалечена в бою», он тем не менее успешно выполнил то, что пытался сделать: «Победитель, который в бою потерял три пальца на левой и три пальца на правой ноге: разодранный на части, охрипший, покрытый ранами» [Вертов 1931: 2][20]. Как мы видим, этот язык «телесности» появляется не только в текстах самого Вертова, но и в текстах его критиков. Мы можем его на-

---

17 О кинематографе и физическом аффекте, в частности в его связи с работой Сергея Эйзенштейна, см. [Rutherford 2003]. О понятиях ощущения, чувства и осязания см. [Widdis 2017].

18 Сажин П. «Энтузиазм» / Кино-фронт. 1930. 16 ноября. С. 2.

19 «Идеология комнатной болонки» / Кино-фронт. 1930. 16 ноября. С. 2. Многоточие в оригинале.

20 РГАЛИ, Ф. 2091. Оп. 1. Ед. хр. 174. Л. 62.

блюдать, например, в дискуссии после третьего предварительного просмотра «Симфонии Донбасса» в Москве 8 февраля 1931 года: «Заметно, что гастевский подход царит над фильмой: человек является лишь придатком машины. Так как у фильмы нет хребта, она совершенно разваливается, и мы не видим, к чему она ведет»[21]. Так же, как и наблюдения студентов (скорее всего, мнимых) и самого Вертова, эти описания подчеркивают *материальность* фильма: его свист и сопение; его хрипоту и разодранную кожу; его раненое и искалеченное тело.

Провал Вертова (по крайней мере во время премьеры фильма) отчасти был вызван его недооценкой того, что Мишель Шион позже назовет кинематографическим «вокоцентризмом» — приоритетом человеческого голоса над всеми другими звуками в кино. «В настоящих фильмах, для реальных зрителей, — пишет Шион, — не существует *всех звуков в целом, включающих в себя человеческий голос. Есть голоса — и есть всё остальное.* Другими словами, в каждой сведенной фонограмме присутствие человеческого голоса мгновенно устанавливает иерархию восприятия» [Chion 1999: 5] (курсив оригинала). Вокоцентризм Шиона помогает нам прояснить, почему «Симфония Донбасса» оказалась неспособна произвести нужный эффект на зрителей, только начинавших учиться «слышать» фильмы. Как и для многих ведущих советских кинематографистов 1920-х, для Вертова человеческий голос был лишь одним среди многих элементов звукового кино. Вертов хотел, чтобы звук оставался материальным и, до какой-то степени, отдельным от изображения. Образ молодой женщины-радиотелеграфистки, слушающей радио в наушниках в самом начале «Симфонии Донбасса», олицетворяет физическое присутствие звука. Весьма существенно, как предполагает Оксана Булгакова, что дальше в фильме она преобразует услышанные звуки не в изображения, а в скульптуру — в форму, которая тактильна и вещественна [Булгакова 2010: 76]. Сходный прием можно проследить и со звуком фабричного гудка: оторванный на протяжении почти всего фильма от своего источника, этот

---

21 РГАЛИ. Ф. 2091. Оп. 2. Ед. хр. 417. Л. 82.

звук настойчиво напоминает зрителю о том, что, возможно, впервые в жизни он не только смотрит фильм, но и слышит его.

Вертов считал, что из различных видов звука, записанных для фильма, активную, ведущую роль среди общего шума заводов и станков приобретут идеологические речи и лозунги. Как он писал в «Заявлении автора» в 1930 году, «Симфония Донбасса» — это «первый фильм, написанный голосами станков»[22]. Однако из-за многочисленных трудностей, связанных сначала с получением и отладкой нового звукозаписывающего оборудования, а также с показом фильма в кинотеатрах с несовершенной звуковой проекцией, изначально запланированное распределение звуковых уровней в фильме осталось нереализованным[23]. В дневниковой записи 1934–1935 годов Вертов сетовал, что совершил ошибку, «...когда, не выдержав характера, подчинился требованиям дирекции и стал монтировать фильм "Энтузиазм", хотя отлично знал, что весь заснятый человеческий материал по техническим причинам погиб» [Вертов 1966: 187]. Современные ему критики упрекали «Симфонию Донбасса», в частности, в том, что разделение между различными видами записанных на пленку звуков не было в этом фильме выстроено в какую-либо четкую иерархию; радио, речи, музыка, церковные колокола, заводы — все говорили с одинаковой настойчивостью, стирая различия между человеческими и нечеловеческими «голосами». Эту ошибку Вертов попытается исправить в своем следующем фильме, «Три песни о Ленине» (1934).

---

[22] РГАЛИ. Ф. 2091. Оп. 1. Ед. хр. 42 (Вертов Д. Заявление автора (12 февраля 1930)).

[23] По словам А. Амасовича, первоначальный вариант фильма Вертова был длиной 3100 метров. «Союзкино» не выпустило фильм к октябрьским торжествам, но организовало предварительные просмотры фильма: два в Москве и один в Ленинграде (1 ноября 1930 года), прежде чем Вертов занялся его перемонтажом. Длина новой версии составила 1800 метров, и она была выпущена на экран 2 апреля 1931 года. См. РГАЛИ. Ф. 2091. Оп. 1. Ед. хр. 91. Л. 102 (Амасович Ал. Против бестолковщины. Что произошло с «Энтузиазмом»). Согласно сборнику «Репертуарный указатель. Кинорепертуар» (М.: Кинофотоиздат, 1936) первоначальная длина фильма составляла 2600 метров. См. [Feldman 1979: 115].

«К. Ш. Э.» («Комсомол — шеф электрификации»)

Это, разумеется, был не первый случай, когда фильм Вертова подвергся суровой критике[24]. После выхода «Одиннадцатого» (1928) авторы журнала «ЛЕФ» В. Б. Шкловский, О. М. Брик и С. М. Третьяков критиковали вертовский быстрый, «метрический» монтаж коротких кусков и художественную операторскую съемку «жизни врасплох» как искажающую материальную реальность и непонятную массам. В отличие от фильмов Вертова, работы его коллеги (и близкого друга) Эсфирь Шуб пользовались признанием — как пример возрождения подлинности и доступности документального кинематографа, основанного на использовании архивных киноматериалов и длинных монтажных планов. Подход Шуб особенно очевиден в ее картине «Падение династии Романовых», выпущенной в 1927 году и традиционно считающейся первым в мире монтажным документальным фильмом. Следуя за Шуб, критики «ЛЕФа» отстаивали документальные фильмы, собранные в основном из длинных планов, так как они предоставляли зрителю возможность для размышления и анализа. Они утверждали, что такие метод и форма помогут фильму стать в меньшей степени продуктом индивидуального взгляда (в буквальном и переносном смысле), а значит, минимизируют искажение реальности. Использование множества разных операторов для съемки «чернового» материала сделает эти кадры более значимыми для различных слоев зрителей, а длинные планы восстановят документальную подлинность, придавая отдельным изображениям большую достоверность и вес.

Как и многие ранние советские кинематографисты, Шуб начала карьеру в театре в качестве работника Театрального отдела Наркомпроса. До 1917 года она изучала литературу в Москве и много времени проводила в семье писателя Александра Эртеля, тесно связанного с такими видными поэтами, писателями и художниками авангарда, как Владимир Маяковский, Велимир Хлебников, Андрей Белый и Давид Бурлюк. После революции

---

24 См. [Feldman 1979: 11].

Шуб бросила сравнительное литературоведение, чтобы посещать семинар на Московских высших женских курсах, который вели прогрессивные ученые и общественные активисты. В рамках своей театральной работы в Наркомпросе Шуб сотрудничала с Всеволодом Мейерхольдом и Владимиром Маяковским, продолжая поддерживать тесную связь с русским авангардом.

Кинокарьера Шуб началась в 1922 году: в качестве редактора Госкино она отвечала за перемонтаж иностранных фильмов, запланированных к показу в СССР. Именно там она создала свои компиляционные киноленты, наиболее известными из которых стали — «Падение династии Романовых» (1927), «Великий путь» (1927) и «Россия Николая II и Лев Толстой» (1928). В Госкино Шуб перемонтировала около 200 иностранных картин и десять русских полнометражных художественных фильмов. Благодаря своей работе она стала экспертом по монтажу, экспериментируя с композицией и перестановкой фрагментов и создавая новые фильмы на монтажном столе. Так, например, вместе с Эйзенштейном Шуб перемонтировала фильм Фрица Ланга «Доктор Мабузе — игрок» (1922), в котором, по ее словам, им «пришлось заново к перемонтажу придумать и сценарный план, и текст надписей. Исчезло даже название “Доктор Мабузо”. Фильм был назван “Позолоченная гниль”» [Шуб 1972: 75][25]. Признавая, что своей технике она обязана «школе» Вертова, Шуб рассматривала кинематограф через призму конструктивистской техники коллажа, позволявшей выстроить новое повествование на основе имеющихся архивных кадров[26]. Создание качественной компиляции требовало не только стремления к идеологическому и художественному единству, но и учета стилистических, качественных

---

[25] См. также [Petric 1984].

[26] Муж Шуб А. М. Ган был русским авангардным художником-анархистом, теоретиком искусства, графическим дизайнером и ключевой фигурой в послереволюционном развитии конструктивизма. Ган работал вместе с А. М. Родченко и В. Ф. Степановой над манифестом конструктивизма 1922 года и в том же году опубликовал собственную брошюру «Конструктивизм». В 1922 году он также основал первый советский киножурнал «Кино-фот».

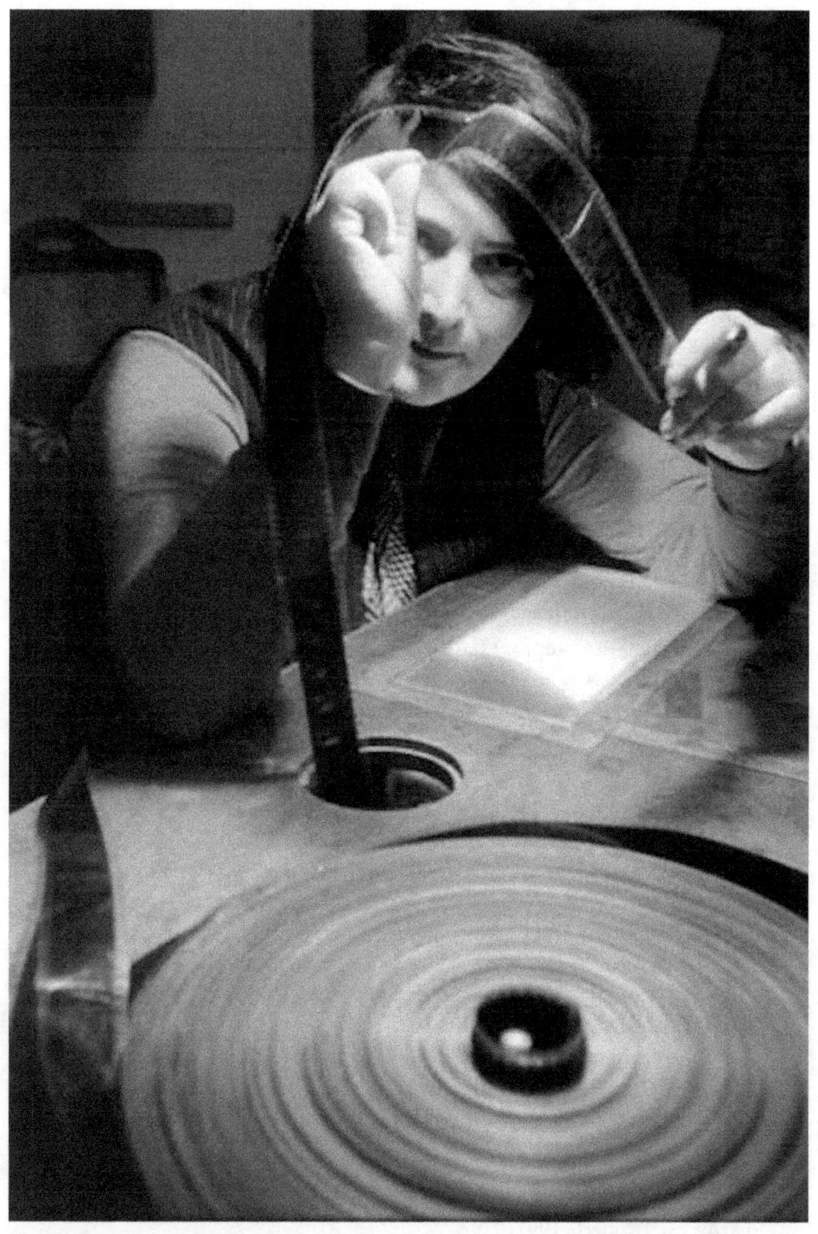

Рис. 6. Эсфирь Шуб за монтажным столом с кинопленкой (из коллекции РГАКФД)

и технических особенностей каждого из фрагментов, т. е. соблюдения единства визуального[27].

Шуб сравнивала свою работу с работой инженера, создающего новое здание или новую машину из имеющихся в наличии деталей. По замечанию Михаила Ямпольского, творения Шуб представляют собой «реальность из вторых рук», своеобразный кинематографический реди-мейд:

> Исходный материал требовал тщательнейшего изучения, чтобы швы между фрагментами становились незаметны. Базовую роль в формальной концепции Шуб играла длительность планов. Лев Кулешов писал: «События нужно показывать так, чтобы их можно было пристально рассмотреть». Именно такое качество он обнаруживал в фильмах Шуб — в противоположность, например, работам Михаила Кауфмана, который «не преодолел своего пристрастия к быстрому монтажу». У Кауфмана «лучшие части слишком коротки — их невозможно должным образом рассмотреть». В 1929 году Шуб сама формулирует главную задачу своего монтажа: «подчеркнуть факт значит не просто продемонстрировать его, но сделать возможным его изучение, а затем и запоминание» [Ямпольский 1991: 139].

Особый акцент на «рассматривании» играет, по мнению Ямпольского, фундаментальную роль:

> Шуб преподносила сырой материал кинохроники как нечто остраненное от зрителя и режиссера, как какой-то неведомый, чуждый, инертный предмет, на который нельзя смотреть без подозрения. Шкловский со свойственной ему выразительностью сформулировал необходимость остранения следующим образом: «Но вот в искусстве нужнее всего сохранять пафос расстояния, не давая себя прикручивать. Нужно сохранять ироническое отношение к своему материалу, нужно не подпускать его к себе. Как в боксе и в фехтовании» [Ямпольский 1991: 163][28].

---

[27] Об этом см. [Roberts 1991].

[28] См. также: [Шкловский 1990: 218].

Говоря об «остранении» и «реальности из вторых рук» в работах Шуб, Ямпольский имеет в виду дистанционные приемы ее первых фильмов. На наш взгляд, ситуация значительно меняется с приходом звука в кинематограф. Шуб в «К. Ш. Э.» не отдаляет, а, наоборот, приближает объекты, заставляя их не только «говорить», но и «танцевать». Ее подход в «К. Ш. Э.» направлен на контакт между воспринимающим и объектом восприятия, между зрителем и фильмом. В «К. Ш. Э.» объекты «говорят» сами за себя, с помощью формы повествования, которая выходит за рамки чисто изобразительного.

Советская школа монтажа восприняла появление звукового кино и первые звуковые опыты на Западе как шаг назад. Шуб вспоминала о просмотре немецких и американских звуковых фильмов в 1929 году в Берлине со смешанным чувством разочарования и оптимизма. Описывая американскую картину «Подводная лодка» (Фрэнк Капра, 1928), где звук был добавлен после окончания съемок, она пишет: «Музыкальное сопровождение, гул матросских голосов, стуки и шумы — *органически не связаны с вещью в целом. Тон* — металличен, оглушителен, не чист» [Шуб 1972: 271][29]. Впрочем, речь не шла о полном провале; скорее — о неверном подходе. Будущее связывалось со звуковым кинематографом: «Мы знаем, что звучащая фильма и радиоэкран дадут неигровой фильме возможность стать действительно наисовершеннейшим орудием международной связи». Так же как и Вертов, Шуб утверждает, что в неигровом кино «самое важное — это прежде всего научиться снимать подлинно звук, тон, голос, шумы и т. д., с такой же предельной выразительностью, с какой мы научились снимать подлинную, не инсценированную, действительную натуру». «Всю свою энергию, — пишет она, — мы хотим направить на то, чтобы овладеть изобретением, заставить его служить нам, не уступая завоеванных позиций немого кино». Мы, говорит Шуб, — «будущие организаторы звука» [Шуб 1972: 269–270][30].

---

29 «Первые впечатления».

30 «К приходу звука в кинематограф». Впервые опубликовано в газете «Кино» в 1929 году.

Звуковой документальный фильм 1932 года «К. Ш. Э.» был первой попыткой Шуб «организовать звук». Шуб получила задание создать этот фильм от ЦК ВЛКСМ. По ее собственным словам, до этого она также предлагала сделать фильм о Магнитогорске (но это задание было отдано другому режиссеру, пообещавшему снять полудокументальный-полуигровой фильм, который в конечном итоге не был завершен). Шуб также запрашивала разрешение создать фильм о строительстве Беломоро-Балтийского канала, которым не смогла заняться, так как была занята съемками «К. Ш. Э.»[31]. В своих мемуарах она описывала работу над звуком в фильме следующим образом:

> Фильм «КШЭ» наряду с фильмами «Встречный», «Дела и люди» и др. — один из первых звуковых фильмов. Он должен был отразить борьбу комсомола за электрификацию народного хозяйства. Я снимала не только синхронные кадры, но и просто звуковые документальные шумы, звуки машин на заводах, шум строек, воды, толпы, эхо, пение птиц, звуки патефона, сливающиеся с шумом воды во время купания американских специалистов на берегу Днепра, и многое другое. Когда фильм был готов, я эти звуки и синхронную запись смонтировала вместе с изобразительным материалом [Шуб 1972: 225][32].

В «К. Ш. Э.» есть как подлинные звуки, записанные на натуре, так и другие виды звукозаписей. Звук здесь скорее работает не как отдельный, независимый элемент по контрасту с изображением (за что ратовали Эйзенштейн и другие в своей «Заявке»). Шуб, по выражению Джереми Хикса, «уважает внутреннюю цельность каждого звука, в его истинной длительности и его связи с происходящим» и соответственно синхронизирует гораздо больше материала, чем это сделал Вертов в «Симфонии Донбасса» [Hicks 2007: 78–79][33].

---

31 См. «Хочу работать» [Шуб 1972: 288].

32 «Крупным планом».

33 Но реже, чем, например, Владимир Ерофеев, который на съемках «Олимпиады искусств» (1930) применил технологию записи звука на кинопленку, существенно ограничив возможности последующего монтажа.

Более того, в «К. Ш. Э.» прямая запись звука и синхронное озвучивание сочетаются с симфонической музыкой, специально написанной для фильма Г. Н. Поповым. На вступительных кадрах мы видим оркестр, исполняющий в студии «увертюру» (которая в 1933 году станет первой частью сюиты Попова[34]) с участием терменвокса, чей необычный механический звук служит противовесом сопрано и тенору солистов. После просмотра «К. Ш. Э.» Эйзенштейн тут же отправил Попову телеграмму, поздравляя его с «великолепной звуко-зрительной творческой победой» [Шуб 1972: 227][35]. В самом начале фильма зритель видит подготовку к записи звука, настройку оркестра, руку, играющую на терменвоксе, и саму звукозапись — все эти кадры подчеркивают материальность кинематографического процесса. Новая звукозаписывающая аппаратура помогает запечатлеть то, что невидимо — то, что и Джон Маккей, и Джошуа Малицки называют «движением энергии» или «движением электроэнергии» — тот электрический заряд, который, собственно, и делает кинематограф возможным [MacKay 2007; Malitsky 2020][36]. Предлагая концепцию «радио-уха» в своей «Симфонии Донбасса», Вертов, однако, оставил за кадром техническую сторону звукозаписи и звуковоспроизведения (в отличие, скажем, от его «Человека с киноаппаратом» (1929), где устройству «киноглаза» уделяется существенное внимание). Шуб в «К. Ш. Э.» поступает ровно наоборот: она начинает фильм с рабочего момента — записи увертюры Попова на Московской звуковой фабрике, делая запись и воспроизведение звука важнейшей частью своего эксперимента[37].

---

[34] Как и Шостакович, его друг и тоже выпускник Ленинградской консерватории Попов был одним из первых энергичных новобранцев в деле создания музыки для советского звукового фильма. «К. Ш. Э.» был первой кинопартитурой, завершенной Поповым. В дальнейшем он будет работать со многими выдающимися советскими режиссерами и за свою карьеру напишет музыку для четырех десятков лент, самой известной из которых является «Чапаев» (реж. Г. и С. Васильевы, 1934). Более подробно см. в [Hass 1998].

[35] «Крупным планом».

[36] О ранних работах Шуб см. [Malitsky 2013: 156–188].

[37] Расположенная на Лесной улице Московская звуковая фабрика в марте 1931 года была слита с двумя другими фабриками «Союзкино» в Московскую объединенную фабрику «Союзкино» имени Десятилетия Октября. В 1934 году студию переименовали в Москинокомбинат, а в 1936 году — в «Мосфильм».

И в самом деле, есть смысл присмотреться поближе к этому начальному эпизоду. «К. Ш. Э.» открывается серией титров, за которыми следует крупный план пленки, заправляемой в проектор. На заднем плане мы слышим звуки голосов и настраивающий инструменты оркестр. Мы видим, как оператор передвигает свой киноаппарат на нужное место (совершая проезд слева направо через весь экран), как один из звукооператоров поправляет потенциометр, а ассистентка Шуб Ната Вачнадзе ждет момента, когда сможет включить звукозаписывающую аппаратуру[38]. Сверхкрупный план руки, вибрирующей в пространстве, синхронно соединен со сверхъестественными звуками музыки и поющим голосом, и лишь следующие несколько кадров проясняют, что именно мы видим и слышим. Переход к среднему плану открывает нам солиста Константина Ковальского, играющего на терменвоксе, и расположенный за ним оркестр, а затем камера отъезжает, и мы видим воронку звукозаписывающего аппарата. Кадр, снятый с крана, завершает этот эпизод, показывая нам вид сверху на студию, где исполняется увертюра Попова; далее следует средний план оператора, смотрящего в визир, но видящего только оптическую фонограмму, на которую записывается эта музыка.

После этого мы возвращаемся к кадрам техники (проектор, пленка, потенциометр), с которых начали, но теперь они показаны в обратном порядке: оператор проезжает экран справа налево, двигаясь в исходную позицию; кинопленка пробегает через рамку проектора и останавливается, а Вачнадзе выключает звукозаписывающую аппаратуру. Камера, снова вернувшись к плану студийного оркестра, снятого с верхней точки, ловит бурные финальные

---

[38] Ната (Нато) Вачнадзе была известной грузинской актрисой, которую Шуб в качестве ассистента режиссера порекомендовал Козинцев. Вачнадзе начала карьеру в немом кино и продолжала работать как актриса в звуковом кино до своей гибели в авиакатастрофе в 1953 году. После работы ассистентом у Шуб она вернулась в Грузию и на экран, сыграв в нескольких первых грузинских звуковых фильмах, включая «Последних крестоносцев» (реж. С. Долидзе и В. Швелидзе, 1933) и «Последний маскарад» М. Э. Чиаурели (1934). Она была одной из первых советских кинозвезд, получивших многочисленные награды, включая звание народной артистки Грузинской ССР и Сталинскую премию. См. [Шуб 1972: 223–227].

звуки увертюры. Медленный наклон камеры кверху, в черное пространство над павильоном, завершает этот пролог, и уже в следующем кадре мы видим ленинский Мавзолей на Красной площади и слышим звон колоколов Спасской башни. Но до того нам показывают любопытную сцену: когда музыка достигает крещендо, мы видим крупный план дирижера в профиль; его крючковатый нос и воодушевленное дирижирование графически совпадают с оптической фонограммой в следующем кадре. Через секунду камера возвращается к Вачнадзе, и мы замечаем, что она смеется, словно понимает шутку.

Шутка здесь, как предположил Малицкий, вполне может заключаться в сходстве между острым носом дирижера и остроугольными линиями фонограммы переменной ширины, но она затрагивает и более широкий вопрос, связанный с этим начальным эпизодом [Malitsky 2020][39]. Этот эпизод «К. Ш. Э.» — не только явный момент обнажения приема, то есть раскрытия работы кинематографического аппарата и труда, необходимого для производства звукового фильма. Пролог в целом и эта серия кадров в частности также прослеживают прямую связь между фильмом и телом, между энергией и звуком, подчеркивая осязательные, физические взаимоотношения нового звукового кино и зрителя. «Видя» анимированные линии фонограммы, Вачнадзе смеется, обозначая то, до какой степени тело фильма и тело зрителя могут считаться «существующими в отношениях аналогии и взаимности» [Barker 2009: 77]. Как отмечает в «Тактильном взгляде» Баркер, тело фильма и тело зрителя, хотя они не являются ни идентичными, ни диаметрально противоположными, неизменно связаны друг с другом: «Они — дополняют друг друга, их мускульное поведение взаимно вдохновляется, имитируется и иногда противится» [Barker 2009: 77].

---

[39] «Поперечная оптическая фонограмма переменной ширины» (как та, что была разработана Шориным и использована в «К. Ш. Э.») делится по длине на две части, одну прозрачную, а другую — непрозрачную, в отличие от «оптической фонограммы переменной плотности» (как та, что была разработана Тагером), которая использует штрихи различной длины, идущие под прямым углом к краю пленки.

Мы видим явное указание на это взаимодействие в начальном эпизоде фильма Шуб, в том, как тело фильма «берет за образец человеческие стили телесного поведения» (в данном случае — экспрессивной манеры исполнения и внешности дирижера), и в том, как тело зрителя, в свою очередь, «зеркально отражает мускульные движения тела фильма» [Barker 2009: 77] (т. е. смех Вачнадзе как физический отклик на имитацию в фонограмме другого человеческого тела). Подобно тому, как более ранние кадры раскрывали невидимое движение энергии между телом исполнителя (Ковальского) и терменвоксом, заключительные кадры пролога также создают аналогию между телом фильма и телом зрителя. Выбор терменвокса здесь не случаен, а, напротив, еще раз подчеркивает взаимосвязь между человеческим телом и другим «телом» — на этот раз не фильма, а инструмента[40]. Терменвокс производит звук посредством электромагнитных помех: металлические антенны воспринимают позицию рук исполнителя, в частности электроемкость между инструментом и телом исполнителя в целом. И хотя на терменвоксе играют без прямого физического контакта, он «очень чувствителен к движениям исполнителя и даже к его эмоциональному состоянию» [Kavina 2012: 187].

Л. С. Термен описывал свое изобретение как «поюще-вокальный инструмент»; Л. Е. Кавина, сама играющая на терменвоксе, называет его «синестетическим инструментом». Мелодия, по ее словам, «становится визуализацией жеста. Пальцы исполнителя манят слушателей взглянуть на них, словно магнит. Наблюдатель словно видит музыку в руках исполнителя» [Kavina 2012: 189, 196]. Выбирая терменвокс, Шуб напоминает нам, что этот инструмент был совсем недавно изобретен в СССР, и то, что в основе работы терменвокса лежит электричество — хотя мы

---

[40] Терменвокс, один из первых электронных инструментов, был изобретен русским физиком и математиком Л. С. Терменом в 1919 году и был запатентован в США в 1928. Инструмент был назван в русской прессе «терменвоксом» («Thereminvox» или «голос Термена»), поскольку, в отличие от многих других электронных инструментов, его звук напоминает человеческий голос. См. [Kavina 2012: 187]. См. также [Glinsky 2000: 26].

и видим движение рук, мы не менее четко видим то, что рука и инструмент не вступают в прямой физический контакт. Как подчеркивает Малицкий, «висящая в воздухе рука не была рукою, ожидающей действия. Она уже все время действовала, все время производила музыку. Это было место производства энергии, а не местоположение потенциальной энергии» [Malitsky 2020]. В «К. Ш. Э.» музыка и звук производятся с помощью электрического поля, присутствие которого мы можем ощущать, но не видеть.

От начальной «увертюры» «К. Ш. Э.» мы переходим к кадрам телефонисток, радиодикторов, говорящих о первой пятилетке (на различных языках помимо русского), певца в студии звукозаписи и к повторяющимся кадрам раструба патефона. Шуб недвусмысленно вступает в диалог с Вертовым, словно доделывая то, что отсутствует в «Симфонии Донбасса» — она подчеркивает появление «инструмента из “плоти и крови”» [Baudry 1974–1975], ставя зрителя лицом к лицу с аппаратом звукового кино. Звуки, безусловно, присутствуют в самых первых кадрах фильма Вертова, но акцентируют они иной процесс — процесс *восприятия* звука (представленный знаменитым крупным планом женщины, которая слушает в наушниках трансляцию симфонии Шостаковича). «Симфония Донбасса» — это фильм о записи звуков социалистического строительства, в нем создается звуковой и изобразительный документ промышленного труда. Хотя это справедливо и по отношению к фильму Шуб, она идет дальше. В «К. Ш. Э.» все устроено так, чтобы продемонстрировать нам инструменты производства и воспроизведения звука, при этом особо подчеркнув роль в производстве звука электричества. Микрофоны, телефоны, патефон, радио — в первом звуковом фильме Шуб снова и снова открывает для нас материальность кинематографического аппарата.

В отличие от «Симфонии Донбасса», где самым запоминающимся звуком (помимо звона церковных колоколов) является отчуждающий индустриальный гул парового гудка, в «К. Ш. Э.» Шуб акцентирует внимание на человеческой речи и музыке. Считается, что она первой в Советском Союзе использовала синхронную звуковую съемку[41], и все речи, которые мы слышим в фильме, на разных языках, включая армянский, английский, французский и немецкий, документально записаны на камеру. Эпизод на Дзорагэс включает синхронную звукозапись известной советско-армянской писательницы М. С. Шагинян (автора романа «Гидроцентраль» (1930–1931), в основе которого лежит ее пребывание на месте строительства гидроэлектростанции на реке Дзорагет в Армении четырьмя годами ранее). Подобно тому, как раньше Шуб полагалась на длинные монтажные куски, на протяжении всего фильма используется преимущественно синхронная звукозапись; эпизоды разворачиваются в своем собственном темпе, речи даны целиком, а танцевальные номера, которых в фильме несколько, показаны во всех подробностях.

Но Шуб идет еще дальше. Она также подчеркивает нечто эфемерное — то, что Джейн Беннетт в своей работе о новом материализме назвала «пульсирующей материей» [Беннет 2018]. В «К. Ш. Э.» Шуб пытается показать нам через зрение и слух, выходя при этом за пределы обоих, природу электричества как некоей силы, как органического звена, связывающего воедино все элементы фильма с одной стороны, и сам фильм с миром, который он представляет на экране, — с другой. Эта органическая связь устанавливается с помощью различных визуальных рифм, соединяющих несоединимые, на первый взгляд, элементы. Более того, сама тема фильма — электричество — и ее ассоциация с Лениным создает невидимую силу, которой объединяются все кинематографические элементы. Речь здесь идет не только о цитате из Ленина, которой открывается фильм, но и о продолжительном плане Красной площади и Мавзолея. Как и в «Трех песнях о Ленине» Вертова (1934), физическое отсутствие Ленина и непреходящая актуальность его наказов, подобно электричеству, пронизывают фильм, выступая одной из многих невидимых сил, скрытых под видимой поверхностью картины.

Длинный план Красной площади позволяет заметить и еще одну важную параллель: визуальное сходство между конструк-

41 См., например: Эсфирь Шуб // Электронная еврейская энциклопедия. URL: http:// www.eleven.co.il/article/14953 (дата обращения: 18.01.2021).

цией Мавзолея и тем, как на экране отражается звуковая дорожка. Ломаные линии оптических фонограмм «переменной ширины» по технологии Шорина повторяются в контурах Мавзолея, созданного А. В. Щусевым, и в знаменах, которые несут демонстранты. Еще один набор визуальных рифм выстраивается между съемочной группой и бригадой рабочих с помощью графического сходства между кадрами: турбина Днепрогэс визуально воспроизводит внешние формы кинокамеры, связывая производство электроэнергии с аппаратом, который запечатлеет его на пленку. Другими словами, Шуб не ограничивается лишь акцентированием внимания на звуке и различных приемах его использования. Напротив, ее интересует «органичность» — органическая связь между изображением и звуком, между телом фильма и человеческим телом, между фильмом и миром.

В своих текстах о «К. Ш. Э.» Шуб снова и снова возвращается к этой идее «органического»: она настаивает на «органической связи» между различными монтажными элементами и эпизодами фильма, но также и на органической связи между ее съемочной группой («бригадой») и строительными бригадами Днепростроя. Она пишет: «На Днепрострое вначале нашу бригаду встретили очень плохо. Мне пришлось преодолевать это, так как работать без органической связи с бригадами и комитетом комсомола было невозможно» [Шуб 1972: 283][42]. Она подчеркивает то, что сама воспринимает как свое «органическое участие в этой [грандиозной] эпохе», но признает в более позднем выступлении, что, хотя отдельные эпизоды как «Сегодня» (1930), так и «К. Ш. Э.» получились блестящими, обоим фильмам недоставало связности «драматургического развития», и этим эпизодам вредило «отсутствие органической, волнующей связи в целом» [Шуб 1972: 284, 285][43]. Такой подход Беннетт и другие называют «органицистским» мышлением: это модель сосуществования, при котором каждая частица послушно служит целому [Беннетт 2018][44].

---

42 «Тема моей речи».

43 «Тема моей речи»; «Хочу делать фильму о женщине» (оба 1933 года).

44 Но см. также [Делез, Гваттари 2010; Massumi 2002].

В «Пульсирующей материи» Беннетт противопоставляет органицистскую, или виталистскую модель модели «ассамбляжа», которую понимает как «возникающие *ad hoc* [по случаю — *лат.*] группы разнородных элементов, пульсирующих материалов любого типа». Для Беннетт, ассамбляжи являются «живыми, пульсирующими конфедерациями, которые способны функционировать даже несмотря на постоянное присутствие энергий, разрушающих их изнутри». Хорошим примером ассамбляжа служит электрическая сеть: «Это материальный кластер заряженных частей (и в самом деле соединенных между собой), которые сохраняют достаточную близость и при этом производят свои отдельные эффекты». Важно то, что элементами такого ассамбляжа, несмотря на то что они включают людей «и их (социальные, правовые, лингвистические) конструкции», также являются «крайне активные и могущественные объекты / явления, лежащие за переделами антропосцены: электроны, деревья, ветер, огонь, электромагнитные поля» [Беннетт 2018: 49].

Цель работы Беннетт состоит в расширении наших представлений об агентности и выходе за пределы человеческого и даже биологического, в том, чтобы освободить агентность от ее исключительной привязки к индивиду, перенося ее за пределы человеческих тел и интерсубъектных взаимодействий, «к витальным материальностям и ассамбляжам людей и не-людей, которые они формируют» [Беннетт 2018: 55]. В главе «Жизнь металла» она ставит следующий вопрос:

> Утверждение, что животные живут биосоциальной, коммуникативной или даже концептуальной жизнью, больше не является таким спорным. Но есть ли жизнь у неорганических тел? Может ли материальность сама по себе быть витальной? <...> Имеет ли жизнь смысл только как одна сторона бинарной системы «жизнь-материя», или существует такая вещь, как минеральная или металлическая жизнь? Есть ли жизнь в понятие «идет дождь»? [Беннетт 2018: 79–80].

Опираясь на идеи Жиля Делеза и Феликса Гваттари, Беннетт определяет понятие жизни как «беспокойную активность, деструктивно-активную силу-присутствие, которая не совпадает до конца с каким-то определенным телом», то, что Делез в «Тысяче плато» называет «материей-*движением*» или «материей-*энергией*» [Беннетт 2018: 81].

Именно такое понятие движения энергии являлось ключевым в фильмах Вертова, посвященных Донбассу[45]. Джон Маккей прослеживает этот элемент киноконструкции в фильме Вертова «Одиннадцатый». По его словам, в «Одиннадцатом» Вертов находит способ показать, что все существующие явления суть «воплощения единой, постоянно находящейся в движении энергии, которая оставляет следы своих воздействий, в то время как сама не может быть показана напрямую» [MacKay 2007: 49]. Для Вертова задача документальной движущейся фотографии состоит в том, чтобы запечатлеть «максимально живо следы энергии»; задача же монтажа, с другой стороны, — «описать траекторию этой энергии, тех преображений, которые она претерпевает, включая формы, которые может обрести еще не проявленная, потенциальная энергия». «Одиннадцатый», таким образом, — это «фильм об энергии, о покорении энергии и о формах, которые принимает энергия и которые можно регистрировать на всех материальных поверхностях»; фильм, в котором «энергетистическая» модель или миф кинематографа находят свое самое полное воплощение [MacKay 2007: 50].

Однако введение звука в «Симфонию Донбасса» не усиливает этого представления об энергии как о силе, которая движет и организует мир. Напротив, звук в фильме Вертова часто работает на противодействии с изображением, напоминая нам, что то, что мы видим на экране, — это конструкт, киноработа, которая настойчиво демонстрирует свое отличие от внешнего мира. В «К. Ш. Э.» Шуб, напротив, подхватывает вертовское «движение энергии» и вступает в прямой диалог с «Симфонией Донбасса», так же как и с другими фильмами Вертова и его полемическими

---

[45] Этот проект достиг кульминации в 1934 году в «Трех песнях о Ленине» Вертова в кадрах запуска Днепрогэс, начало строительства которой он показал в первой части «Одиннадцатого» (1928).

утверждениями о документальном кино[46]. В своих более ранних работах Шуб — мастер чистого монтажа: ее монтажные фильмы собрали из разрозненных частей визуально и идеологически связное повествование, выходящее за рамки (или даже зачастую противоречащее) предполагаемого содержания изображений. Но в «К. Ш. Э.» речь идет о чем-то совершенно другом — о том, что является последствием введения звука. Для Беннетт, электрическая сеть — превосходный пример ассамбляжа. Но в фильме Шуб электричество становится частью органицистского взгляда на мир, где каждый элемент послушно служит целому. Шуб больше не монтирует уже существующие куски пленки. Вместо этого «материя-*движение*» и «материя-*энергия*» оказываются в самом центре «органической связи», которую Шуб строит между различными монтажными элементами своего фильма, между съемочной группой и группой рабочих, между индивидом и коллективом, между документальным фильмом и физической реальностью, которую он пытается запечатлеть.

Эта идея является центральной для показа электричества — ключевой темы ее фильма, задачей которого было запечатлеть постройку Днепровской гидроэлектростанции на Украине, призванной обеспечить электричеством значительную часть страны. Плотина Днепростроя была возведена на пустынном участке земли в сельской местности, чтобы стимулировать индустриализацию. Этот проект восходил еще к плану ГОЭЛРО, принятому в начале 1920-х годов. Плотина и ее строения были спроектированы архитекторами-конструктивистами В. А. Весниным и Н. Д. Колли. Строительство началось в 1927 году, а в октябре 1932 года станция начала вырабатывать электричество. Производившая около 650 мегаватт электростанция стала в тот момент самой крупной в Советском Союзе и одной из крупнейших в мире.

Массовая кампания электрификации, частью которой было строительство Днепрогэс и Дзорагэс, должна была преобразить

---

[46] Л. Н. Джулай видит в фильме Шуб прямой ответ на работу Вертова со звуковым документальным кино в «Симфонии Донбасса». См. [Джулай 2005: 25].

быт во всех уголках Советского Союза одновременно, связав центр с периферией. Электрификация, планы которой разрабатывались в связке с радиофикацией, задумывалась как часть коммуникативной инфраструктуры, объединяющей огромные расстояния как физически, так и символически, создавая то, что Г. М. Кржижановский назвал «электрическим скелетом» линий электропередач[47]. Образ этих линий, покрывающих всю территорию СССР, стал важным символом нового пространственного восприятия страны как целого, спаянного «в единое целое мощной сетью растущих из года в год государственных электропередач» [Кржижановский 1931: 13].

Как подчеркивает Эмма Уиддис, фактическая организация электрической сети была практически второстепенна по сравнению с ее метафорическим весом: «В качестве объединяющей сети электросеть должна была нести не только электрический, но и идеологический заряд». Лампочки Ильича должны были «осветить самые темные уголки Советского Союза», озарив путь к знаниям и принятию советской власти. Знаменитый лозунг Ленина 1920 года «Коммунизм — это есть советская власть плюс электрификация всей страны» четко установил связь между советской идеологией и электрической энергией: обе они работали на «просвещение» страны и обе должны были проникнуть в каждый уголок советского пространства, вне зависимости от их удаленности или труднодоступности [Ленин 1958: 159][48].

Именно поэтому эпизод с терменвоксом так важен для понимания замысла Шуб в «К. Ш. Э.». Термен начал исследования, которые привели к созданию его музыкального инструмента, используя в качестве электрического проводника человеческое тело — его способность накапливать заряд, то есть свойство, известное как «электроемкость». Термена увлекла мысль о том, что электроемкость человеческого тела, находящегося рядом с электрическим контуром, может создавать помехи для контурной емкости, вызывать изменения в параметрах и запускать

---

47 Цит. по: [Widdis 2003: 22].

48 Более подробно об этом см. в [Widdis 2003: 23–27].

сигнальное устройство — нечто вроде простой невидимой охранной сигнализации [Glinsky 2000: 23]. В процессе разработки своего изобретения (в тот момент еще не музыкального) он также осознал, что движения его руки возле электрической цепи распознаются как флуктуации в индукции, отражаясь как изменения высоты тона. По выражению биографа Термена Альберта Глински, «в этом измерителе электрической емкости таилась какая-то музыка, новый способ воспроизводства звуков — может быть, даже инструмент» [Glinsky 2000: 24].

Первоначально Термен назвал свое изобретение «этеротоном», что было отсылкой к эфирным волнам и новой эпохе в радиопередаче. Этот новый аппарат он представил в октябре 1920 года, а его первый публичный концерт и лекция состоялись через месяц перед студентами из группы инженеров-механиков в Физико-техническом институте, где он работал. В 1921 году Термен подал заявку на русский патент для этеротона, а осенью того же года впервые публично выступил вместе со своим инструментом на Восьмом всероссийском электротехническом съезде в Москве и, что более важно, на съезде ГОЭЛРО. Съезд стал форумом для показа новых способов применения электричества, и Термен «с гордостью провел голос своего инструмента через новую технологию — громкоговоритель, только что ставший доступным в России» [Glinsky 2000: 27]. Более того, этот дебют помог Термену получить аудиенцию у Ленина, который увидел в инструменте идеальное средство пропаганды электричества. Спустя всего несколько недель после этой кремлевской встречи «Правда» опубликовала предисловие Ленина к книге И. И. Скворцова-Степанова «Электрификация РСФСР в связи с переходной фазой мирового хозяйства», в которой был представлен ленинский план электрификации, рекламировался терменвокс и транслировалось знаменитое высказывание Ленина 1920 года «Коммунизм — это есть советская власть плюс электрификация всей страны» [Скворцов-Степанов 1922].

Осязание, взаимное воздействие, аналогия — движение энергии между телами и машинами — все это операционные понятия проекта Шуб в «К. Ш. Э.», «органическая» связь между новым звуковым аппаратом, работающим от электричества, и производством электроэнергии, которое он должен наблюдать и запечатлевать. По выражению Малицкого, «электроэнергия — ее производство и круговорот как внутри, так и вне человеческих тел» — является центральной темой первого полнометражного синхронного звукового документального фильма Шуб. Как полагает Малицкий, Шуб обращается к звуку для того, чтобы сделать невидимую передачу энергии и место нахождения потенциальной энергии ощутимыми:

> То, что мы видим в этом первом эпизоде, одновременно является ее основной темой и ее методом. Тема — это энергия (то, что обычно остается невидимым) и ее ощущение, здесь данное в звуке. Ее метод — это регистрация (звук на кинопленке) и амплификация (на весь остальной Советский Союз) [Malitsky 2020].

И все же в «К. Ш. Э.» мы видим иной взгляд на электричество и электрификацию, чем те типичные изображения, которые можно найти в советских фильмах 1920-х годов. Этот взгляд отличается даже от более раннего изображения электричества самой Шуб в фильме 1927 года «Великий путь» в эпизоде под названием «Электрифицируем советскую деревню!». В «Великом пути», как отмечает Уиддис, процесс электрификации был представлен в виде предсказуемой последовательности изображений: «От панорамы деревни (освещенной вечером, как на многих изображениях того времени) камера двигалась все ближе и ближе, к уличным фонарям, а затем следовала за проводом, шедшим в отдельный дом, и входила через освещенное окно в сам этот дом» [Widdis 2003: 27]. В фильме Вертова 1926 года «Шагай, Совет!» мы видим похожую визуальную метафору: электрическая сеть ведет от центра к периферии, от Москвы к маленьким городкам и от них к деревням и, наконец, внутрь крестьянской избы, освещая висящий на стене портрет Ленина — «отца электрификации». Советские фильмы, пропагандирующие могущество электричества (и, соответственно, власть большевиков), обычно показывали и электрические провода, соединяющие опору электропередач с домом в деревне, и крестьянскую семью внутри дома, работающую при электрическом освещении [Widdis 2003: 27].

Вместо этого в «К. Ш. Э.» Шуб показывает нам электричество как музыку, а производство «лампочек Ильича» как вальс. Защищая свой фильм от упреков в бессвязности и формалистском использовании монтажа, она пишет:

> Теперь относительно лампочек. Комсомолка Парамонова из лампового цеха — это совершенно замечательный человек. Парамонова говорит, что мы перегоняем Америку, даем столько-то лампочек, она говорит, что мы овладели техникой, и написала книгу, как делать лампочки. — А теперь, — говорит она мне, — посмотрите, как мы работаем... Именно это мне хотелось показать. Это совершенно потрясающий ритм работы — мелькают руки. Она улыбается, успевает даже говорить. И это так радостно, просто и легко. И вместе с тем это такой целесообразный труд, потому что они свободны, потому что нет часов и надсмотрщиков, потому что они знают, что отвечают за выполнение программы. И эта легкость невольно приводит к тому, что получается вальс. Попов посмотрел это, и получилось, что он написал вальс, который абсолютно смонтировался с этими кусками [Шуб 1972: 284][49].

Эпизод начинается с синхронно записанного интервью с Парамоновой, но быстро сменяется другим планом. От женских рук, работающих с почти прозрачными лампочками, мы переходим к самим этим лампочкам, которые крутятся и вращаются, словно исполняя танец. Мы видим, как стекло лампочки плавится в каплю, напоминая нам, что стекло никогда не бывает полностью твердым телом, а остается отчасти жидким на протяжении всего своего существования[50]. Наконец, по мере того, как камера Шуб

---

49 «Тема моей речи».

50 Стекло не является ни жидким, ни твердым веществом, но «аморфным твердым телом» — то есть находится где-то между двумя агрегатными состояниями. О различном идеологическом использовании стекла в советской культуре см. [Chadaga 2014].

приближается к лампочкам все ближе и ближе, стекло, окружающее филигранные элементы, совершенно растворяется, так что мы видим только сами элементы и, в конечном итоге, одну абстрактную игру света. Камера уходит в расфокус, делая наше зрение нечетким. Этот момент создания *материала* света и энергии (видимого, осязаемого в виде лампочки, в виде стекла) в равной степени является моментом дематериализации кино. В нем присутствует упор и на прозрачность, и на непроницаемость; на стекло как на нечто, что никогда не является полностью твердым, но всегда находится в состоянии изменения и движения. Подобно образу из фильма Муратовой — руке, оставляющей отпечаток на вагонном стекле, — здесь мы имеем стекло (объектив, камера), смотрящее на стекло (электрическая лампочка), которое само производится из чего-то жидкого и плавящегося, что затем приобретает твердую форму. Но Шуб делает здесь и кое-что еще: в последних кадрах эпизода она «плавит» само изображение — все становится просто игрой света, кинематографом, низведенным к своей самой базовой форме: следам светоэнергии, оставленным на кинопленке.

Абсолютное совпадение или идеальная синхронизация между танцующими лампочками и вальсом Попова указывает на то, что Шуб представляла свой фильм как нечто цельное. В своей первой звуковой картине она стремилась не к в контрапунктному / асинсхронному использованию звука и изображения, а к созданию органического целого. В «К. Ш. Э.» намного больше синхронного звука — речей, музыкальных выступлений, радиопрограмм, фонографов, промышленных звуков, записанных на месте, — и даже когда она не использует прямую запись, Шуб все равно синхронизирует звук и изображение, создавая единое аудиовизуальное поле. В эпизоде на Днепрострое, например, кадры бурлящей воды, высвобожденной плотиной, сопровождаются музыкальной партитурой Попова, в которой ноты оркестра имитируют звуки воды.

Поэтому, когда лампочки начинают «вальсировать», создается ощущение, что музыка исходит *от* экрана, а не накладывается на него. Здесь нет направляющего голоса за кадром, нет расхождения между звуком и изображением. Вместо этого мы видим естественную композицию, в которой вещи и люди говорят с экрана «натурально» и «напрямую». Нужно отметить, к примеру, что, хотя мы видим и Сталина, и Калинина на Днепрогэс 10 октября 1932 года, их праздничные речи не включены в фильм. Зато Шуб концентрируется на речах рабочих, комсомольских лидеров, промышленных экспертов — и, разумеется, Шагинян, — произнесенных на нескольких различных языках, без перевода и без пафоса. Даже в знаменитом эпизоде с американским гражданским инженером Хью Купером, мечтающим научиться говорить по-русски, Шуб акцентирует внимание на его шуточных вступительных фразах, подчеркивая проблему перевода. Как отмечает Купер, поскольку он не говорит по-русски, он никогда не узнает, передал ли переводчик его слова верно, но надеется, что слушателям эта речь все равно понравится. Другими словами, в «К. Ш. Э.» отсутствует стандартный документальный «голос» в том значении, в каком это описано Б. Николсом в его книге «Говорить правду с помощью кино»; фильм обращается к зрителю не дидактично и не императивно, он фактически ближе к «подглядыванию» и «подслушиванию», характерному для большинства художественных фильмов [Nichols 2016: 74][51]. Здесь нет идеологического призыва, являющегося отличительной чертой документального кино. Здесь даже нет «деликатно выраженного призыва “подумать об этом”, характерного для поэтического документального кино»[52]. Вместо этого мы взаимодействуем с ним на совершенно другом, сенсорном и физическом, уровне, созданном с помощью игры музыки и света. Более того,

---

[51] По словам Николса, «с приходом звука в конце 1920-х годов голос крепко закрепляется в закадровом комментарии типа “гласа Божьего” (невидимые, но слышимые повествователи, которые ведут нас через конкретную ситуацию с точки зрения фильма)». В частности, см. главы: «Documentary Film and the Coming of Sound». P. 61–73; и «To See the World Anew: Revisiting the Voice of Documentary». P. 74–89.

[52] Николс делает здесь прямую отсылку к теории идеологии Альтюссера. См. [Althusser 1971]. Об Альтюссере и раннем советском звуковом кино см. главу первую.

внимание к рукам и к ритму работы возвращает нас к прологу фильма и терменвоксу. Краткий кадр руки Ковальского, играющего на терменвоксе, даже вклеен в эпизод с танцующими лампочками. Шуб выходит за пределы оптики, ее интересуют осязательные модели восприятия и коммуникации, интересуют ритм, тактильность, а также тело и его взаимодействие с миром через движение и прикосновение.

В «К. Ш. Э.» Шуб пытается показать невидимое средствами видимого и слышимого, дать чувственное воплощение тому, что мы только можем лишь ощущать — свет, тепло, энергию. До какой-то степени это объясняет присутствие музыки в фильме — не только открывающий фильм концерт или «вальс» электрических лампочек, но также и звуки оркестра на марше, матросский танец под гармонь, патефон на пляже, наигрывающий джазовую мелодию, под которую танцуют американцы. Все это — попытки показать присутствие энергии «другим способом»: сформировать осязательное, тактильное восприятие, которое выводит нас за пределы настойчиво визуального языка немого кинематографа. Завершающий эпизод фильма разворачивается в лаборатории по исследованию высокого напряжения, где происходит демонстрация передачи высокого напряжения. Абстрактные формы электропередатчиков смонтированы в довольно быстром темпе и синхронизированы со столь же «быстро» смонтированными звуками электрического резонанса и оркестровой партитуры Попова. Мы слышим хлопки скрестившихся электропроводов и нисходящие хроматические гаммы струнных инструментов — движение энергии, которое экран сделал видимым и слышимым.

Глава 3
«Гомогенно мыслящий субъект», или как советское кино научилось петь. «Гармонь» Игоря Савченко

Как единственный жанр, невозможный в немом кино, мюзиклы были неизбежны.

Ричард Барриос. Песня во тьме: Рождение музыкального фильма [Barrios 2010]

Одна из дискуссий, связанных с появлением звука в кино, была сосредоточена на вопросе о том, как в звуковом кинематографе должна работать музыка. В 1931 году в статье для французского журнала «Plans» композитор Артюр Онеггер заметил:

> Звуковое кино косноязычно. В данный момент музыка и звук всего лишь дополнительно *выделяют* что-то, хотя и чуть более успешно, чем оркестровый аккомпанемент. Звуковое кино займет свое собственное место, когда достигнет *столь крепкого единства между изобразительным и музыкальным выражением одного и того же, что они будут разъяснять и дополнять друг друга на равных*. Этот синтез будет рождением интересного искусства, адресованного одновременно и наравне двум органам чувств [Honegger 1931: 77][1].

---

[1] Цит. по: [Jacobs 2015: 21].

Как отметила Джули Хабберт рассматривая теорию киномузыки Эйзенштейна, на протяжении немого периода теория киномузыки зачастую фокусировалась на идее музыки как иллюстрации кадров. Ее целью являлось добавление чего-то к «настроению» и атмосфере картины на экране с помощью музыкальных стереотипов, «условной радостной или грустной музыки», например, или воспроизведение звука конкретных акустических событий, изображаемых на экране, — таких, как «музыкальное соответствие грозам, поездам, звукам животных и т. д.». Помимо этого, «практика закрепления тем для опознавания тех или иных персонажей, эмоций или событий в фильме и повторения этих тем в манере Вагнера или в качестве лейтмотивов для создания тематического единства» также составляла значительную часть ранних дискуссий о киномузыке [Hubbert 2008: 127]. С другой стороны, звуковое кино, для которого было необходимо, чтобы звук и жест «служили друг другу», не признавало ни традиционной театральной игры, ни манеры игры немого кино, — по словам режиссера Рене Клера, это был «не театр и не кино, но нечто совершенно новое»[2].

Мы можем проследить фрагменты этой дискуссии на страницах советского журнала «Жизнь искусства» за 1929 год, где обсуждалась «кинофикация музыки». Дискуссия была начата А. И. Пиотровским, главой сценарного отдела «Ленфильма», который попытался определить отношение музыки к новому звуковому кино — «тонфильме». Пиотровский считал, что для того, чтобы музыка стала истинно современным искусством (что в его случае означало «революционным искусством» — в противовес буржуазному), она должна преобразиться по аналогии с кинематографом авангарда. Кино, по Пиотровскому, является индустриальным искусством, основанным на двух принципах: «на индустриальной технике, как методе закрепления материала, и на монтаже, как методе его организации». Точно так же и музыка должна стать возможностью «фотографировать звучания мира, независимо от той или иной материальной природы звука».

---

2 См. [Barrios 2010: 44]. Рене Клер цит. по: [Barrios 2010: 67].

«Это означает реконструкцию музыки по принципам кино-искусства» (то есть принципам *монтажа*) — и тогда возможность «собирать на пленке неорганизованные натуралистические куски мировых звучаний» приведет к новому виду искусства: к тонфильме как «чистой новой музыке» [Пиотровский 1929a][3].

Другими словами, музыке было чему поучиться у кино. Для Пиотровского современная музыка находится в состоянии кризиса: обычная ее форма не индустриализирована и потому является отсталой; Пиотровский называет это «кустарной техникой». Этот кризис никак нельзя разрешить путем обращения к музыке народов мира или включения музыки «первобытных примитивных народов», в том числе негритянской музыки. Напротив, он считает, что музыка должна стать «индустриальной» — фотографической записью звуков мира, организованных с помощью монтажа [Пиотровский 1929a]. (В сущности, это то, что Дзига Вертов сделает в «Энтузиазме: Симфонии Донбасса» (1930).)

В статье, подводящей итог дискуссии, С. Грес отбрасывает довод Пиотровского относительно «кинофикации музыки», а также необходимости развивать технологии записи «натуральных звучаний мира» и их организации с помощью монтажа. Тем не менее он соглашается, что часть проблемы неиндустриализированной музыки заключена в ее уникальном, единичном воспроизведении — ее «разовости» и «неповторимости». По словам Греса, даже по радио, чей аппарат вещания «вполне индустриализован», каждый акт исполнения музыкального произведения происходит лишь однажды — и здесь не хватает «механизированного повторения». Выступая против граммофона как мелкобуржуазного изобретения для отдельных комнат, которое, таким образом, обладает малой ценностью для советской массовой культуры и советского общества, Грес подчеркивает его ограниченные возможности также и в смысле громкости и длительности звучания — из-за размеров пластинки, на которой записана музыка. Игла граммофона сделала свое дело,

---

[3] Одна из серии статей в «Жизни искусства», начатой Пиотровским, за которым в дискуссию вступили П. Вульфиус, В. Беляев и С. Грес.

говорит Грес, но следующий шаг — это «звуковая фотография» [Грес 1929: 2].

Предвосхищая Вальтера Беньямина, Грес отмечает, что механическое воспроизведение принесет музыку массам в ее зафиксированном раз и навсегда виде. Одна и та же запись будет помещена в коробку и разослана «всем-всем-всем», по городам и селам, где она будет звучать «неограниченное количество раз без какого-либо художественного ущерба и со всеми необходимыми градациями силы — и в комнате, и в концертном зале, и под открытым небом, — везде, где есть несложный воспроизводящий аппарат и обычные атрибуты радио: усилитель и громкоговоритель» [Грес 1929: 3]. Для Греса звуковой фильм представляет собой именно этот момент индустриализации (механического воспроизведения) музыки, опирающейся на одновременную запись и воспроизведение звуковой дорожки и изображения. Он отмечает «настойчивое стремление "Великого немого" обрести, наконец, дар речи» [Грес 1929: 2], так же как и в целом необходимость в аппарате, который позволил бы синхронную (одновременную) запись и одновременное же воспроизведение «элементов *движения и звука*». Цель всего этого — одновременно «говорящее» и «звучащее» кино.

Проблема кино и музыки затрагивается в этих же номерах «Жизни искусства» и В. М. Богдановым-Березовским в ходе дискуссии вокруг выхода фильма «Новый Вавилон» (режиссеры Г. Козинцев и Л. Трауберг, 1929) [Богданов-Березовский 1929]. Богданов-Березовский отмечает, что впервые музыка создавалась специально для фильма: Шостакович написал оригинальное музыкальное сопровождение для новой работы ФЭКСов. Однако отсутствие необходимой техники для производства синхронного звука, как в записи, так и при воспроизведении, означает, что даже специально написанная музыка остается технически отделенной от него. «[М]ожет ли быть [музыка к "Новому Вавилону"] названа *музыкой кино*? — спрашивает критик, — если демонстрация фильма механизирована, то не должна ли подвергнуться механизации и музыка, сопровождающая показ фильмы на экране? Ведь только этот путь обеспечивает неразрыв ленты от ее музыкальной иллюстрации!» [Богданов-Березовский 1929].

Разочарование ранней киномузыкой частично может объясняется нехваткой синхронизированной и механизированной звуковой аппаратуры, в результате чего (в случае «Нового Вавилона») тщательно разработанная партитура Шостаковича не могла быть адекватно воспроизведена в кинотеатре. Как отмечает Джоан Титус, критики того времени утверждали, что именно музыка Шостаковича послужила причиной неудачи фильма — либо из-за ошибок в копировании, либо из-за нехватки репетиций, что привело к несовпадению с фильмом, либо из-за музыкальной сложности партитуры. Советский музыковед Ю. Я. Вайнкоп писал, что «[и]грают эту музыку повсеместно отвратительно, и справедливость требует отметить, что заботливее остальных к ней отнесся М. В. Владимиров ([дирижер в кинотеатре] "Пикадилли"), добившийся максимума опрятности и выразительности и минимума ошибок и темповой неразберихи» [Вайнкоп 1929; Titus 2004: 52][4]. Другие критики также сообщали, что показы в кинотеатрах Ленинграда и Москвы не имели успеха. Л. О. Арнштам отмечал, как плохо музыка Шостаковича исполнялась в кинотеатрах, и утверждал, что композитор перебегал из одного кинотеатра в другой лишь для того, чтобы обнаружить, что оркестры коверкали его музыку до неузнаваемости [Арнштам 1976: 115–116][5]. Так как ноты раздавались оркестрам кинотеатров лишь за несколько дней до премьеры, у них не было времени на репетиции. Кроме того, эти оркестры не имели привычки исполнять специально подобранную партитуру такого уровня сложности.

И все же, как показывает Титус, возможно, проблема заключалась не в музыке Шостаковича, а технические аспекты были не единственными причинами предполагаемого провала фильма. Новые доводы о «советскости» и доступности кинематографа впервые были применены именно к «Новому Вавилону». В соответствии с директивами Всесоюзного партийного киносовещания 1928 года фильм должен был быть «понятным», и его очевидная

---

[4] См. эту цитату (в несколько измененном виде) также в [Якубов 2004: 545].

[5] Цит. по: [Titus 2004: 52].

модернистская стилистика вызвала противоречивые и часто негативные отклики. Как отмечает Титус,

> рецензенты жаловались, что фильм слишком "формалистский" или "эстетизированный", используя формулы, предвосхищавшие критический дискурс последующих десятилетий. Для критиков, устремленных к новой эпохе понятности и — неминуемо — к социалистическому реализму, это часто означало, что монтаж фильма — слишком быстрый и фрагментарный, а манера съемки и освещение — слишком темные и импрессионистические [Titus 2014: 53][6].

Нужно отметить, что к 1929 году страницы «Жизни искусства», как и других советских киножурналов и газет, были полны фразами о «кризисе советского кино» и очевидной неспособности советских фильмов быть «понятными массам». «Мы называем нашу кинематографию советской, — писал ленинградский режиссер П. П. Петров-Бытов в другой статье в том же журнале. — Имеем ли мы право так ее называть в настоящий момент? По моему мнению, не имеем права». «*У нас нет кинематографии для рабочих и крестьян*», — жалуется он, нет кино, которое говорило бы о быте масс, на что массы отвечают уходом из кинотеатров.

Эти массы — рабочие и крестьяне — являются истинной публикой советского кино, публикой, которую почти совершенно не принимают во внимание радикальные кинематографисты авангарда:

> Что мы дадим крестьянке, думающей своими тяжелыми, неповоротливыми мозгами о муже, ушедшем на заработки в город, о корове, заболевшей в грязном хлеву туберкулезом легких, о голодной лошади, сломавшей ногу, о ребенке, который шевелится под сердцем? Что мы ей дадим? Что предложим? «Новый Вавилон»? «Веселую канарейку»? Какое вавилонское варварство с нашей стороны! Какое тупое паразитическое самодовольство на вершинах культуры! [Петров-Бытов 1929: 8]

---

[6] Подробный разбор ранних киноработ Шостаковича см. в [Titus 2016].

«Для крестьян нам надо создавать простые, реалистические, с простой фабулой и сюжетом картины, — продолжает Петров-Бытов. — <...> Говорить надо родным, задушевным языком о корове, заболевшей туберкулезом, о грязном хлеве, который надо переделать на чистый и светлый, о ребенке, который шевелится около сердца крестьянки, о яслях для ребенка, о хулиганах деревенских, колхозе и т. д. и т. д.» «*Каждая картина должна быть полезной, понятной и родной массам* <...>, — особо выделяет он. — Вокруг нас столько похабщины, грязи, нищеты, грубости и тупоумия», что советское кино должно расковырять эту «грязь» на «куче навозной, которая зовется бытом», чтобы открыть «прекрасную жизнь», спрятанную глубоко внутри [Петров-Бытов 1929: 8] (курсив оригинала).

Таким образом, уже в 1929 году, как отмечают Ричард Тейлор и Иен Кристи, мы можем «обнаружить зерно позднейшей доктрины социалистического реализма», которое определяет этот образ мышления [Taylor, Christie 1994: 247]. В своей статье «Творческие вопросы темплана» в 1933 году новый глава советской кинопромышленности Б. З. Шумяцкий заявлял о необходимости фильмов, «пронизанных оптимизмом, мобилизующих эмоциями: бодростью, жизнерадостностью, смехом» [Шумяцкий 1933: 1][7]. Он призывал сконцентрироваться на трех жанрах: драме, комедии и сказках. «Победивший класс хочет смеяться радостно, — подчеркивал он. — Это его право, и этот радостный советский смех советская кинематография должна дать зрителю» [Шумяцкий 1935: 249]. Из 308 фильмов, созданных в 1930-х годах, 54 были предусмотрены для детей, действие 12 музыкальных комедий разворачивалось на заводах, а еще 17 — в колхозах; по словам Тейлора, создавалось твердое ощущение, что «деревня — это круговорот нескончаемых танцев и пения»[8].

В своих записях кремлевских киносеансов 1934 года Шумяцкий отметил, что Сталина интересовали «легкие» фильмы и он особенно подчеркивал, что «зрителю нужна радость, бодрость, смех.

---

[7] Цит. по: [Тейлор 1989: 55].

[8] Подробнее об этом см. в [Тейлор 1989].

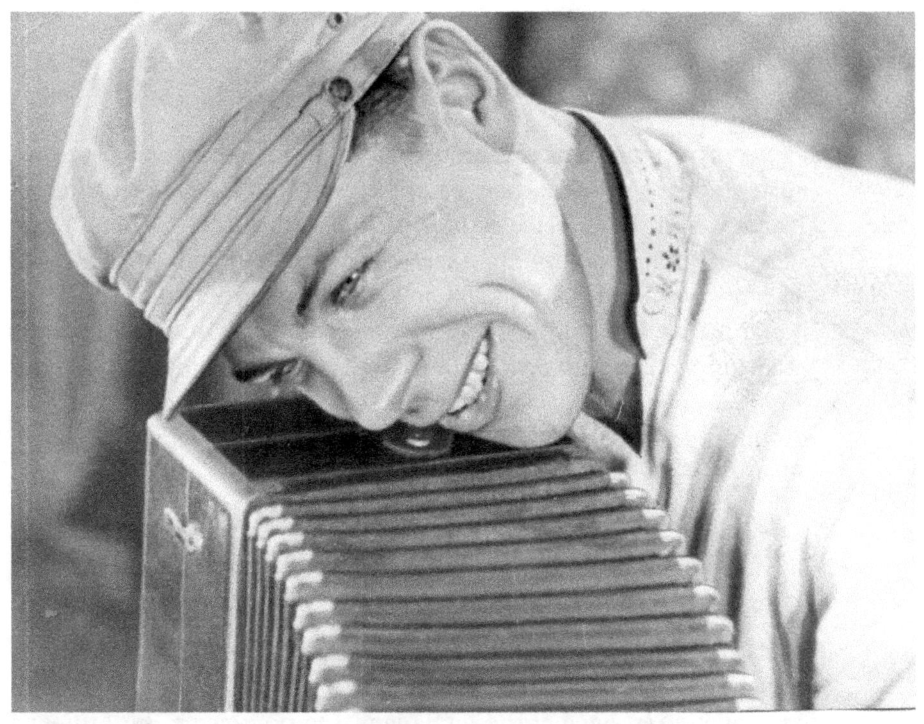

Рис. 7. Тимоша и его верная гармонь («Гармонь», Музей кино)

Он хочет видеть себя в фильмах». Шумяцкий долго пытался объяснить нехватку юмора в советском кино, прежде чем заверить Сталина, что выходящие вскоре фильмы — «Веселые ребята», «Энтузиасты» и «Гармонь» — будут освежающе комичными: «бодрыми» и «радостными». Но просмотр «Гармони» Игоря Савченко в ночь с 9 на 10 июня 1934 года прошел неудачно. Первую часть фильма смотрели в целом с одобрением и шутками, но вторую часть сочли скучной и «фальшивой». Как Сталин спросил через несколько просмотров: «а дряни подобно “Гармони” больше не ставите?» Отчасти ощущение «фальши», согласно кремлевским заметкам Шумяцкого, было вызвано повторением: фильм имеет кольцевую структуру, которую Сталин счел неприятной и ненужной[9]. Для нас же, 90 лет спустя, именно эта

[9] Фильм также показал уборочные работы с использованием лишь ручного труда и полным отсутствием современной механизации села. Полную запись см. [Шумяцкий, Сталин 2002: 294–295].

структура, в частности, превращает данный фильм из легкого комедийного развлечения в пример «идеологического аппарата государства» в терминологии Луи Альтюссера. Полностью механизированная синхронизация звука и изображения создает эффект ловушки, где каждое движение тела жестко сихронизировано с музыкальным сопровождением. Детальный анализ «Гармони» раскрывает то, каким образом звук в советском кино начинает организовывать изобразительное пространство и дисциплинировать тела — как героев *на экране*, так и зрителей *перед экраном*.

Развлечение и утопия

И. А. Савченко (1906–1950) во многом является ключевой фигурой в истории советского кино, и тем не менее его творчество очень мало известно на Западе. Он родился в Виннице, на территории нынешней Украины, но учился в Ленинграде и снимал фильмы в Москве, Киеве и Ашхабаде. На протяжении всей своей карьеры он возвращался к украинским темам — наиболее заметно и зачастую спорно в фильмах «Всадники» (1939), «Богдан Хмельницкий» (1941), «Партизаны в степях Украины» (1942) и «Тарас Шевченко» (вышедшем посмертно в 1951 году). В этой главе нас интересует роль Савченко в появлении советского звукового кино, а именно как режиссера первой советской музыкальной комедии «Гармонь», которая была выпущена в том же году, что и ее более известный собрат — «Веселые ребята» Александрова, но в 1936 году была снята со всех советских и зарубежных экранов[10]. «Гармонь» была основана на поэме поэта-комсомольца Александра Жарова, написанной для того, «чтобы защитить старые деревенские традиции музыки и танцев

---

10 В ответ на запрос В. М. Молотова (председателя Совета народных комиссаров с 1930 по 1941 год) Шумяцкий распорядился снять фильм со всех советских экранов, отозвать все экземпляры из-за рубежа и запретить дальнейшую продажу фильма за границу. См. [Докладная записка 2005].

и времяпрепровождения от изменений, которые принесла коллективизация», — в особенности для того, чтобы гармонь, ассоциировавшаяся с традиционной (и потому отсталой) деревенской жизнью, стала вместо этого инструментом, любимым коммунистической молодежью[11].

Сюжет фильма до крайности прост: короткое лирическое стихотворение, перенесенное на экран, рассказывает историю молодого комсомольца Тимоши, который отвергает гармонь в пользу своей новой партийной работы, но обнаруживает, что он куда более полезен коллективу как гармонист, чем как секретарь сельсовета. Или, как сформулировал содержание фильма советский киновед М. Е. Зак, это «история о Тимоше-комсомольце и о двух его подружках — девушке Марусе и... верной гармони» [Зак и др. 1959: 21].

И тем не менее одновременно с воспеванием радостей музыки гармони фильм показывает это новое «удовольствие» от пения и танцев не как чистую, безудержную радость, а как нечто требующее самоконтроля: юное советское тело дисциплинировано и зажато, его движения скованны и находятся под контролем, в то время как кулацкое тело представлено как расхлябанное, беспутное и неопрятное. Это тело надлежит выдворить из советских рядов (узаконивая коллективизацию, которая «ликвидировала кулаков как класс»), и в фильме Савченко это делается посредством введения музыки. Новая технология звукозаписи подчиняет себе телодвижения персонажей, выступая в качестве внешней силы и подчиняя новые, дисциплинированные советские тела ритму, источник которого находится где-то в другом месте, как внутри (диегетически), так и вовне (экстрадиегетически) по отношению к изображению.

В «Гармони» действуют два различных идеологических механизма. Первый связан с тем, как фильм был принят советскими зрителями, и эта идеология может быть сведена к формуле «мы против них». Кулаки плохие, потому что ленивы, пьют водку,

---

[11] Стихотворение и фильм были адресованы не просто советской молодежи, но конкретно комсомольцам и комсомолкам.

и поют антисоветские песни. Комсомольцы хорошие, потому что водки не пьют, а отдыхают только после целого дня стахановского труда. Это, так сказать, «буквальный» идеологический посыл фильма — тот, который отмечался всеми советскими критиками как во время его выхода, так и позже, вплоть до распада Советского Союза. Второй тип идеологии в фильме, однако, не бросается в глаза сразу (что, согласно Антонио Грамши, и делает его идеологией в первую очередь). Это функционирование самого кино — в данном случае конкретно *звукового* кино — в качестве альтюссеровского идеологического аппарата государства, то есть идеологического инструмента для дисциплинирования советского субъекта. Этот второй тип идеологии связан с производством субъектов и воспроизводством власти не с помощью принуждения, но через образование, дисциплину и, если мы обратимся в данном случае к Мишелю Фуко, через «удовольствие». Как отмечает Альтюссер, репрессивный аппарат государства функционирует в основном через репрессии, и лишь во вторую очередь — через идеологию. Идеологические аппараты государства, с другой стороны, функционируют почти исключительно через идеологию, но они также, во вторую очередь, функционируют посредством репрессии, даже если в конечном итоге — но лишь в конечном итоге — эта репрессивная сила достаточно незаметна и является скорее символической [Альтюссер 2011]. Киномузыка, ритм и четкая синхронизация звука и изображения — вот некоторые из инструментов, с помощью которых этот фильм участвует в идеологическом производстве дисциплинированных советских субъектов.

Голливудский мюзикл, обычно считающийся эскапистским жанром, приобрел такую репутацию благодаря фильмам, созданным в начале 1930-х годов, — благодаря образу Фреда Астера в смокинге и Джинджер Роджерс на высоких каблуках, танцующих сквозь Великую депрессию. Но мюзикл тридцатых был еще и способом реанимировать утраченную американскую мечту, которой пришлось пожертвовать после биржевого краха 1929 года. В своей статье «Некоторые мюзиклы студии “Уорнер” и дух Нового курса» кинокритик Марк Рот предположил, что мюзикл —

это не просто опиум или наркотик, который усыпляет зрителей, побуждая их игнорировать проблемы реального мира (в чем сходится большинство критиков, писавших о мюзиклах как о форме эскапизма). По мысли Рота, мюзикл обезоруживает зрителя, понижая его уровень сопротивления, и таким образом создает благоприятные условия для восприятия идеологических посылов. Для Рота дух Нового курса Рузвельта, например, нашел свое выражение в мюзиклах компании «Уорнер Бразерс» того периода. Такие фильмы, как «42-я улица» (1933) и «Парад в огнях лампы» (1933), демонстрировали дух единства, оптимизма и гордости, который взращивался риторикой администрации Рузвельта в надежде восстановить разбитую американскую мечту [Roth 1977].

В 1930-е годы у Голливуда было два любимых жанра — мюзикл и гангстерский фильм, — популярность которых была связана с крахом американской веры в долговечность американского капитализма. Но если в гангстерском фильме герой должен был «идти своим путем», то в мюзиклах студии «Уорнер» каждый человек был показан как часть взаимозависимой коммуны. Мюзиклы были сосредоточены на постановке шоу-внутри-фильма (типичный прием мюзикла) и включали, помимо прочего, знаменитые своей сложностью музыкальные номера с участием кордебалета, поставленные Басби Беркли, где ряды полуголых девушек одновременно вскидывали ноги или образовывали пирамиды в невероятно эффектных декорациях. (Мы видим похожую условность в «Цирке» (1936) Григория Александрова, который многое заимствует у этих более ранних американских мюзиклов.) В частности, танцевальные номера символизировали важность социального единства и гармонии. Голливудский мюзикл заново утверждал американскую мечту о сплоченности и социальном единстве во время раздора и социальной нестабильности. В частности, как указывает Рот, мюзиклы студии «Уорнер» наделяли режиссера новым уровнем мастерства и контроля; идея, которую несли эти мюзиклы, состояла в том, что для достижения успеха теперь необходимы планирование и совместная работа под руководством единого лидера.

В контексте советского кино и его нового поиска «кино, доступного миллионам», «Гармонь» схожим образом демонстрировала возможности, которые предлагал новый жанр музыкальной комедии. Отдельные рецензенты восхваляли «Гармонь» в качестве «едва ли не первого опыта создания музыкальной кинокомедии, жизнерадостной, чуждой всякому подражанию заграничным кинопереттам, — популярнейшей форме этого жанра за рубежом»[12]. Другие, как критик Х. Н. Херсонский, протестовали против используемого Савченко термина «музыкальная комедия», отмечая, что фильм ближе к романтической поэме, а параметры нового жанра еще не установлены до конца [Херсонский 1934][13]. Советские критики и зрители не использовали термин «мюзикл» из-за его ассоциации с буржуазной культурой (Шумяцкий называл «Гармонь» «первой попыткой музыкальной оперетты»), но одобряли идею музыкальной комедии, показывающей радости коллективной деятельности — сначала пения и танцев, как в «Гармони», «Веселых ребятах» и «Цирке», а в конечном итоге радость коллективного труда, примером которого стали «тракторные мюзиклы» Ивана Пырьева[14]. «Гармонь» запечатлела то, что советский кинокритик Р. Н. Юренев называл «поэтической атмосферой русской деревни», отмечая, что в фильме все «уверенно и ритмично смонтировано в лад музыке С. Потоцкого, широко использовавшего русские песенные, плясовые, частушечные интонации» [Юренев 1980: 6–7].

Фильм начинается с женского хорового пения, и, хотя сначала мы можем не разобрать текст песни, мы понимаем, что слышим народную мелодию, которая отсылает к названию фильма (мы слышим, как хор поет слово «гармонь» в тот момент, когда название появляется на экране). Второй голос — на этот раз солирующий и мужской, но также скорее не поющий, а говорящий речитати-

---

[12] «Гармонь» // Красная газета. 1934. 10 июня. Рецензии на фильм в год его выпуска (1934) см. в РГАЛИ. Ф. 1992. Оп. 1. Ед. хр. 59.

[13] Рабочие версии сценария см. в РГАЛИ. Ф. 1992. Оп. 1. Ед. хр. 56 и 57.

[14] О советских музыкальных фильмах 1930-х годов см. в частности [Taylor 1999; Тейлор 2002; Кларк 2002б; Gillespie 2003; Салис 2012].

вом — декламирует поэму Жарова («Гармонь, гармонь! Родимая сторонка! Поэзия российских деревень!»), которую тут же подхватывает женский хор и повторяет уже в виде песни. Как отметил Ричард Дайер в своей ключевой работе о развлечении и утопии, хор является стандартным приемом мюзикла, и его задача — создание «чувства коллективной утопии», которое стараются произвести мюзиклы (как голливудские, так и советские):

> Два из принимаемых без оговорок описаний индустрии развлечений — как «бегства» и как «исполнения желаний» — указывает на ее главный посыл, а именно на утопичность. Развлечение предлагает образ «чего-то лучшего», куда можно сбежать, или чего-то, что мы очень хотим получить, но чего не дает нам наша будничная жизнь. Альтернативы, надежды, желания — из этого состоит утопия, ощущение, что всё могло бы быть лучше, что существует что-то другое помимо того, что уже имеется; что-то, что можно вообразить и, может быть, воплотить.
> Развлечение, однако, не дает модели утопических миров, как это происходит в классических утопиях Томаса Мора, Уильяма Морриса и других. Скорее, утопия содержится в тех ощущениях, которые развлечение воплощает. Оно показывает, *как ощущалась бы утопия*, а не то, как ее следует организовать. Таким образом, развлечение оперирует на уровне чувственного восприятия, под чем я подразумеваю аффективный код, который в значительной степени является свойственным для определенного вида культурного производства и характеризует его [Dyer 2002: 20].

Или, как формулирует это Е. Я. Марголит, говоря о фильме Савченко, «на экране создается откровенно утопическая реальность, образ грядущей гармонии» [Марголит 1992: 123][15].

Хор подхватывает «частную» поэму, преображая ее в коллективное чувство; но мы также можем отметить, что в этих началь-

---

[15] Марголит подчеркивает созвучность между «гармонью» и «гармонией», которая организует фильм. В нем присутствует несколько музыкальных каламбуров, включая фамилию Тимоши — Дудин, связывающую его с еще одним музыкальным инструментом — дудкой.

ных строках уже есть отличие, гендерное в своей основе: женские голоса поют вместе, мужской голос возникает один. Именно об этом фильм: коллективизм против индивидуализма и производство *правильным образом* дисциплинированного советского субъекта (мужского пола). В этих начальных строчках слышна и вторая идея фильма: противостояние речи и песни. Поэма декламируется, но, как уже упоминалось, в такой манере, которая делает ее исполнение почти музыкальным (то, что в опере называется речитативом). Затем хор превращает ее в музыку, что указывает на преобладание музыкального над вербальным. И действительно, как будет показано в дальнейшем, звуковое пространство фильма — и, в частности, музыка и ритм — доминирует в фильме над изображением, подчиняя визуальные образы фонограмме. Сам Савченко называл свой фильм опереттой, указывая на главенство музыки и песни над речью и репликами [Савченко 1934; Савченко 1946]. Как отмечает Марголит, эта картина «буквально ошеломляет красотой, изысканностью каждого кадра, неистощимой фантазией монтажных стыков, феерической изобретательностью звуковых решений, когда все — и слово, и изображение — подчиняется музыкальному ритму» [Марголит 1992: 121][16].

Это справедливо и для следующего эпизода, в котором девушки окликают друг друга; как отмечает Наташа Друбек-Майер, их «речь» уже поется в до мажоре («“Мару-усь!” — “А-у!” — “Идешь?” — “Иду!”»), придавая диалогу ритмическую структуру [Друбек-Майер 2009: 313][17]. Затем мелодия подхватывается и повторяется хором, который мы слышим в качестве фона («А-у-у!»). И снова, в следующем эпизоде, когда собравшаяся к этому времени группа молодых крестьянок встречает кулака Тоскливого[18] (которого играет сам Савченко), разговор с ним

16 О том, как решались проблемы с ритмом в раннем звуковом кино, см. [Jacobs 2015].

17 См. также [Друбек-Майер 2006].

18 Имя в данном случае является говорящим: именно тоску вызывает кулак и его меланхоличные песни.

быстро превращается в музыкальный номер. В сущности, в «Гармони» нет разрыва между повествованием и музыкальными номерами, характерного для мюзикла. Влияние музыки не оставляет нас ни на секунду: каждый звук (включая диалог) и каждое движение (включая работу) в пространстве фильма подчиняются определенному ритму и каденции. Таким образом, персонажи не то чтобы «разражаются» песней, но скорее не могут не петь. Как отметил Херсонский в 1934 году, «Гармонь» — это «рискованная попытка заставить людей не говорить, а почти все время петь», при этом в окружении реалистического пространства, с березами, деревенскими избами и т. д. [Херсонский 1934]. Характер частушек в этом первом диалоге с Тоскливым, с их заунывным страданием, также ведет прочь от реалистического диалога и в сторону поэзии/песни.

Право запеть

Этот настойчивый упор на преобладании слышимого и в особенности музыкального содержания — один из приемов, которыми фильм обозначает себя в качестве *звукового*, и здесь нам может быть полезно задуматься о том, насколько он соответствует нашим представлениям о мюзикле как жанре — как в его советском, так и в голливудском воплощении[19]. Ричард Барриос указывает на мюзикл как на неминуемое последствие появления синхронного звука; и действительно, если мы взглянем на первые годы после прихода звука в Голливуд, то обнаружим удивительное количество мюзиклов: около 60 было выпущено в 1929 году и еще 60 — в 1930-м.

Как утверждает Хабберт, задачей музыки как аккомпанемента в немую эпоху было прежде всего усиливать впечатление от образов персонажей или географического пространства; тому, как

[19] Среди работ о мюзикле (выходящих далеко за пределы Голливуда 1930-х годов) см. [Feuer 1982; Altman 1988; Cohan 2001; Dickinson 2003; Cohan 2005; Cooke 2010].

музыка может организовывать пространство изобразительного, уделялось мало внимания. Если взять фильм, который принято считать первой звуковой картиной, — «Певца джаза» (1927) Алана Кросленда, мы увидим, как именно музыка становится первостепенным элементом в диегезисе фильма. Картина рассказывает о жизни еврейского парня, который учился на кантора, но хочет петь американский джаз, и ее сила — в музыкальных номерах ее звезды, Эла Джолсона, еврея российского происхождения, который часто выступал в негритянском гриме, подчеркивая как свое отличие от американской культуры, так и свою интеграцию в нее.

В целом в фильме едва наберется пара минут синхронной речи, причем ее большая часть является результатом импровизации. Остальные диалоги даны с помощью интертитров, что было обычной практикой в немом кино. Первое выступление Джолсона, происходящее примерно через 15 минут после начала фильма, включает в себя песню «Грязные руки, грязное лицо», а первая снятая синхронно речь, произносимая Джолсоном перед публикой кабаре и пианистом-аккомпаниатором, следует сразу после этого номера. Его первые слова: «Минуточку, минуточку, вы еще ничего не слышали!» — были чем-то вроде шутки для своих. Эта реплика была частью уже хорошо устоявшегося сценического лексикона Джолсона. Но здесь она совершенно очевидно относится также к новому использованию синхронной звукозаписи, отмечая приход звука в кино. Репортер журнала «Life» Роберт И. Шервуд описывал сцену с диалогом между Джолсоном и Бессерером как «исполненную невероятной важности». Он написал: «Я, по крайней мере, внезапно понял, что мы уже видим вдали конец немой драмы» [Eyman 1997: 141].

Сходным образом фильм Рене Клера «Под крышами Парижа» (1930) играл с идеей музыки как структурирующего элемента. Эта картина в целом построена вокруг повторяющегося исполнения заглавной песни, которую мы слышим на улице, с граммофонной пластинки и т. д. Здесь мы уже видим, как музыка / звук не просто используются для дополнительного подчеркивания настроения, образов персонажей или географического пространства (хотя и для всего этого тоже), но также в качестве организатора повествования. К моменту выхода «М» (1931) Фрица Ланга музыка / голос / звук уже являются основной силой, доминирующей на экране: фильм начинается с показа группы детей, которые играют во дворе берлинского многоквартирного дома и поют песенку о детоубийстве. Это предвещает появление Ханса Бекерта (Петера Лорре), серийного убийцы, охотящегося за детьми. Ключевым здесь является тот факт, что зрители не видят Бекерта до второй половины фильма — его присутствие обозначается с помощью тени, кадров, показывающих лишь часть его тела, и — что для наших целей самое важное — с помощью насвистываемой им мелодии «В пещере горного короля» из Сюиты № 1 («Пер Гюнт») Эдварда Грига. По иронии судьбы сам Петер Лорре свистеть не умел — и на самом деле мы слышим свист самого Ланга. Этот прием использования лейтмотива — ассоциации музыкальной темы с тем или иным персонажем или ситуацией — был позаимствован из оперы и с тех пор стал в кино традиционным. «М» Ланга был одним из первых фильмов, где использовался лейтмотив, который связал «В пещере горного короля» с образом убийцы. На всем протяжении фильма звук этой мелодии дает зрителям понять, что Бекерт неподалеку, таится в том закадровом пространстве — прямо за рамкой кадра, — которое «кино всегда и отрицает, и задействует» [Делез 2004: 559].

В первых советских звуковых фильмах, таких как «Одна» Козинцева и Трауберга или «Путевка в жизнь» Экка (оба — 1931 года), музыка еще играет скорее иллюстративную, чем структурную роль. В «Одной» мы слышим замечательную мелодию Шостаковича «Какая хорошая будет жизнь!», которая делает именно то, что Хабберт описывает применительно к немому кино: она задает настроение и дополняет образ персонажа. Еще более иллюстративна, однако первая песня, которую мы слышим, когда Кузьмина просыпается: «Кончен, кончен техникум...» Слова к ней написал Илья Трауберг, младший брат одного из режиссеров. Здесь текст песни буквально описывает жизнь Кузьминой и перечисляет действия, которые она в этот самый момент совершает: она живет на пятом этаже здания («Я живу наверху большого небоскреба»), сколько докладов ей осталось сдать (два) и даже действия, которые она совершает в ванной («порошком чищу зубы» и т. д.)[20]. В «Гармони» Савченко, с другой стороны, назначение музыки несколько иное: она не иллюстративна, а конструктивна. Она не служит аккомпанементом к изображению, но скорее организует изобразительное пространство.

В фильме Савченко музыка — является *основным* структурирующим элементом. И мы можем даже утверждать, что «Гармонь» вовсе не мюзикл в строгом смысле слова: настоящий мюзикл балансирует между реалистичным повествованием и «фантастическими» музыкальными номерами, а переход от одного к другому (нередко довольно натянутый) является одним из опознавательных знаков мюзикла как жанра, по крайней мере в его голливудском виде[21]. В классическом кино Голливуда музыкальные номера прерывают ход повествования или дают передышку от него. Лора Малви в своем основополагающем эссе «Визуальное удовольствие и нарративный кинематограф» сравнивает изображение женщин на экране с музыкальными номерами, которые временно прерывают повествование: и то и другое появляется как разрыв — внезапные крупные планы женского тела или песенно-танцевальный номер нарушают ход повествования в пользу чистого кинематографического зрелища и визуального удовольствия. Она пишет: «Мейнстримный фильм прекрасно сочетает зрелищность и повествование (обратите, однако, внимание на то, как в мюзиклах номера с пением и танцами прерывают течение диегезиса)» [Mulvey 1989: 19]. Как и черный грим Эла Джолсона в «Певце джаза», музыкальные номера в фильмах — это уловка и несоответствие: они обозначены как нечто иное, прерывание повествования в пользу чистого развлечения.

---

20 См. [Сопин 2007]. Сопин особо отмечает влияние обэриутов как на содержание, так и на изобразительный вид стихотворения Трауберга.

21 «Шербурские зонтики» (*Les Parapluies de Cherbourg*, 1964) Жака Деми, к примеру, не считаются мюзиклом, поскольку все реплики в фильме поются речитативом. Формально «Шербурские зонтики» — это оперетта, в которой песни наряду с репликами служат для развития действия.

Дайер также отмечает «глубоко противоречивую природу видов развлечения». Он пишет:

> В жанрах театра варьете главное противоречие содержится между комедией и музыкальными номерами; в мюзиклах — между повествованием и музыкальными номерами. Но эти противоречия могут быть сведены в одно: между упором на предметную изобразительность и правдоподобие (отсылка к тому, каков этот мир, с учетом конкретного опыта в нем зрителей) и упором на непредметное и «нереальное» (отсылка к тому, что всё могло бы быть лучше). В мюзиклах это противоречие также присутствует на двух других уровнях: внутри музыкальных номеров, между предметным и непредметным, а также внутри непредметного благодаря различиям между источниками производства, вписанным в знаки, из которых оно состоит [Dyer 2002: 27].

Три основных типа мюзикла, по мнению Дайера, это те, в которых четко разделяются повествование и номера (это особенно типично для «закулисного мюзикла»); те, в которых сохраняется разделение между сюжетным повествованием, наполненным жизненными проблемами, и номерами как бегством от них (в этом случае номера «интегрируются» с помощью целого набора приемов: например, широко известный «а сейчас — песня»); и те, в которых устраняется различие между повествованием и номерами, тем самым подразумевая, что мир повествования «также (уже) утопичен» [Dyer 2002: 28].

В «Гармони» нет разрыва между повествованием и музыкальными номерами, и, таким образом, мы постоянно находимся в мире утопии. Это не просто «интегрированный мюзикл», но фильм, в котором музыкальный ритм и каденция доминируют и придают структуру тому, что мы видим на экране[22]. Сам Сав-

---

[22] Как отмечает Тейлор, «хотя термин "мюзикл" не использовался в то время, поскольку считалось, что он напоминает о "буржуазном" Голливуде, и превалировали термины "комедия" или "музыкальная комедия", его можно с уверенностью применить к целому ряду ключевых фильмов этого периода, даже если мы ограничим его применение лишь теми фильмами, которые

ченко писал о проблеме музыкальных номеров, которые едва мотивируются сюжетом, в своей короткой статье «Право запеть» (1934):

> Музыка к фильму вводится обычно бытовая, и ее присутствие стыдливо прикрывается фиговым листком какой-нибудь в подходящий момент зашедшей во двор шарманки или музыкальной соседки, играющей душещипательный вальс. В лучшем случае музыка аккомпанирует какому-либо эпизоду, то есть работает примерно так же, как и в первом случае, но без оправдания источника звука [Савченко 1934: 59].

Необходимость найти оправдание для источника звука в основном была характерна для первых советских экспериментов в звуковом кино. В отличие от их западных коллег, советских кинематографистов интересовала именно возможность сделать источник кинематографического звука видимым с помощью постоянного использования в фильмах производящих звук аппаратов, таких как радио, фонограф и громкоговоритель (например, знаменитое «радиоухо» Вертова из начальных кадров «Симфонии Донбасса»). Савченко хочет добиться противоположного: он хочет, чтобы музыка и звук были введены в саму ткань фильма и стали неотъемлемой частью изображения. Таким образом, даже мгновения тишины являются частью звукового пространства фильма: внезапные обрывы звука «шокируют» персонажей (словно звук отключается и для них), а эпизод, где Тимоша на последних минутах фильма отбивает чечетку, дается нам без музыкального аккомпанемента — как чистый ритм.

В «Гармони» звуковая дорожка структурирует изобразительное пространство. Вслед за Херсонским это отмечалось всеми советскими кинокритиками: форма изобразительного монтажа фильма, по их словам, определялась автономной звуковой дорожкой, где музыка и стихи доминировали над изображением

определяют как “интегрированные мюзиклы” (*integrated musicals*) на Западе» [Taylor 1999: 146].

[см. Друбек-Майер 2009: 321–322]. Как и голос, тело в этом фильме также подчинено особому виду дисциплинарного контроля: оно движется строго в такт музыке. Весь мир фильма структурирован ритмом и звуком, будь он музыкальным или нет. Здесь есть музыкальный размер, есть каденция, есть структура, в которую укладываются все разнообразные звуковые элементы и которая (что еще более важно) регулирует движения, подчиняя их звуку. Мы можем отметить, насколько зажато движется Маруся — подруга Тимоши — в сравнении, например, с танцорами-мужчинами. Ее скованные движения указывают на некую форму телесной дисциплины, которая имеет отношение среди прочего и к гендерным различиям. Девушки гуляют, держа друг друга под руки и формируя неразрывную цепь. Хотя в какой-то степени они различаются по голосам и выражениям лиц, девушки имеют свойство говорить, смеяться и двигаться как одна, в то время как мужчины остаются отдельны и индивидуализированы.

Важно также подчеркнуть кольцевую структуру самого фильма: он завершается теми же стихотворными строчками и теми же образами, с которых начинался. Более того, на протяжении всего фильма всячески акцентируются круговые формы: хоровод вокруг майского дерева, например. Среди прочего мы видим, как Маруся и Тимоша обрывают лепестки ромашек, настойчиво произнося: «Любит — не любит» — в манере, которая более всего напоминает навязчивое повторение. Кольцевая структура, с одной стороны, обладает «природным», фольклорным символизмом — то есть отсылает к цикличной жизни деревни и сельхозработ, тесно связанных со сменой времен года, — но она также намекает на некую западню. В рецензии 1934 года оператор К. Строд писал, что в фильме Савченко форма и содержание до такой степени не имеют между собой ничего общего, что это, видимо, было сделано намеренно. Он отмечает, что фильтры, использованные при съемке на натуре, придают кадрам темный и мрачный оттенок, «беспросветные тона», прямо противоположные их содержанию: счастливой поющей и танцующей советской молодежи. Строд даже называет цвет неба в первом эпизоде «зловещим»[23]. Соответственно, выход из круга влечет для персонажей серьезные последствия и обнаруживает присутствие в воображаемом утопическом пространстве фильма как сил воспитания, так и сил подавления. Таким образом, например, начальный эпизод — «Мару-усь! А-у!» — повторяется в середине фильма, однако на этот раз Маруся отказывается идти с девушками, потому что тайно встречается с Тимошей. Встреча для двух влюбленных заканчивается плохо: они оказываются в одиночестве и чувствуют себя несчастными, отчасти потому, что оторвались от коллектива. (При этом коллектив также страдает: без Тимошиной гармони, которая их объединяла, девушки начинают скучать, томиться и легко поддаются соблазну Тоскливого.)

Центральный конфликт фильма заключается именно в борьбе между изоляцией и интеграцией. Когда Тимоша, каждый день развлекавший советскую деревню своей гармонью, избирается секретарем комсомольской ячейки, он «ликвидирует свою гармонь как класс» и закрывается ото всех в избе, которая служит партийным штабом, чтобы писать бессмысленные лозунги о вреде алкоголя. В результате гармонь попадает в руки кулаков, которые, опьянев от водки и похоти, начинают петь сентиментальные антисоветские песни и приставать к девушкам. Это происходит именно в тот момент, когда Тимоша и Маруся отделяются от коллектива и ссорятся, а когда они прибегают обратно в деревню, то обнаруживают, что ее захватили кулаки. Почти побежденный печальной мелодией Тоскливого, Тимоша выходит из дома с пистолетом, готовый выстрелить, в то время как Маруся призывает: «Стреляй их!» Но Тимоша не стреляет. Вместо этого он отбрасывает наган и берет в руки гармонь. «Их нужно не наганом, а совсем наоборот!» — говорит он. Эта инверсия («совсем наоборот») представляется особенно интересной, поскольку она акцентирует различие между (репрессивным) государственным аппаратом и аппаратом идеологическим. Результат действия любого из них будет один: выдворение Тоскливого из

---

23 РГАЛИ. Ф. 1992. Оп. 1. Ед. хр. 59. Л. 10 (Строд К. Искусство или ремесло? [Вырезка из неуказанного источника]).

деревни и его арест, подразумеваемый в финале фильма. Но здесь действует механизм не принуждающей грубой силы (наган), а, скорее, «естественной» силы (песня).

Кульминация фильма — «песенная дуэль» между соперниками (кулаки против комсомольцев), в которой две радикально отличающиеся мелодии (одна в миноре, другая в мажоре) сливаются в некую полифонию, и главный отрицательный герой, кулак Тоскливый, изгоняется будто бы самой силой Тимошиной песни. В то время как Тимоша возвращается к игре на своей гармони, окруженный плотным кольцом радостной советской молодежи, Тоскливый оказывается на краю деревни, посреди ровно уложенных стогов пшеницы, которые он начинает раскидывать во все стороны, доходя до того, что грызет зубами вязку. М. Зак описывает действия Тоскливого как «пароксизм чувства мести», которое накатывает на него в поле пшеницы: «В исступлении он рвет и топчет колхозный хлеб <...> Хриплые звуки песни-крика сливаются в диком, зверином вое, гулким эхом проносящемся над полями» [Зак и др. 1959: 26]. Пока Тимоша поет о том, как хороша советская деревня, окруженный со всех сторон правильной советской молодежью Тоскливый в одиночестве яростно мечется по полю. Его крик достигает *уха* того, кого мы, по всей видимости, должны воспринимать как воплощение «Сверх-Я»: на экране мы видим крупный план мужского уха, за которым следуют кадры большевика на лошади и еще одного — с ружьем.

«Гомогенно мыслящий субъект»

Помочь проанализировать этот образ нам могут два теоретических понятия. В одном из наиболее любопытных моментов в «“Я” и “Оно”» Фрейд отмечает, что «Я» «имеет “слуховой колпак”» лишь на одной стороне, который «надет на него как бы набекрень»; позже он относит эту же позицию к «Сверх-Я» [Фрейд 1999: 849]. В интерпретации различных исследователей эта параллель между понятием «Сверх-Я» и идеей «слухового колпака» означает, что «Сверх-Я» в первую очередь определяется процессом слушания — именно это и демонстрируется в данном эпизоде[24]. Вторая задействованная здесь теоретическая концепция — это понятие акусметра Мишеля Шиона, которое обладает «способностью быть везде, видеть все, знать все и иметь полную власть» [Chion 1999: 24]. Кто этот человек, этот большевик, способный издалека услышать крик Тоскливого? Откуда он появляется? Так как диегезис фильма не в силах дать нам на это ответ, мы можем лишь предположить, что он представляет собой советскую власть, которая видит и — что особенно важно в этом раннем звуковом фильме — *слышит* все.

Собственно, мы даже можем организовать фильм вокруг трех компонентов психики по Фрейду: «Я», «Супер-Я» и «Оно». Кризис Тимоши в фильме связан с проблемой самоконтроля: уступить своему желанию (будь то развлечение или сексуальное влечение) или трудиться (как в физическом, так и в политическом смысле). Для того чтобы не получить слишком много удовольствия, Тимоша решает отказаться от гармони в пользу жесткого самоконтроля, заставляющего его ограничиться пределами своей избы и рисованием лозунгов о вреде алкоголя. Когда деревенские девушки находят его дома, он объявляет, что с этого момента его следует звать по имени-отчеству — Тимофей Васильевич, — именем, которое приличествует деревенскому руководителю. Но как типичный герой соцреализма Тимоша на самом деле не может перейти с позиции «сына» к позиции «отца»; он не может полностью преодолеть «Тимошу» и стать «Тимофеем Васильевичем»[25]. Место реальной власти отведено в этом фильме образу Партии / руководителя / большевика, воплощенному в конце фильма в фигуре человека на лошади[26]. Тимоше не нужно расстреливать кулаков; более того, он и не имеет права этого сделать. Эта не-

---

[24] См. [Silverman 1988: 98].

[25] О сталинской мифологеме «великой семьи» см. [Clark 1981: 114–115]. Рус. пер.: [Кларк 2002а].

[26] В режиссерском сценарии человек на лошади и человек с ружьем оба названы просто «объездчики» и не дается никакого объяснения, кто они и откуда появляются. См. РГАЛИ. Ф. 1992. Оп. 1. Ед. хр. 57. Л. 80, 82.

способность связана не только с тем, что он является героем музыкальной комедии, а не трагедии (хотя на мгновение, когда он размахивает наганом, он выглядит вполне подходящим для подобной роли). Гораздо важнее то, что такое действие закреплено за настоящим представителем партии. Тимоша должен осознать свое истинное место в советской системе.

В эпизоде, где Тоскливый, в момент полного самозабвения, опьяневший от водки и ярости, разрушает аккуратно собранные стога пшеницы, мы видим работу всех трех психических компонентов Фрейда: пока Тимоша поет о том, как хороша новая советская деревня, Тоскливый, воплощая «Оно» фильма, бушует один в поле (бессознательное, писал Фрейд, не знает слова «нет»). Его крик достигает «уха» «Сверх-Я», которое, как напоминает нам Фрейд, имеет прямую связь с «Оно», минуя «Я». Таким образом, пока Тимоша остается окружен надежным коконом коллектива, опасность для этого коллектива устраняется, и утопия восстанавливается.

Более того, в фильме тело оказывается подчинено определенному виду дисциплинарного контроля: оно скованно движется в ритме музыки. Друбек-Майер считает, что в «Гармони» ритм танца «существует как бы сам по себе»: он связан с инструментальной музыкой лишь постольку, поскольку та выполняет функцию сопровождения танца. «Например, чечетка колхозников дана без музыки. Отчетливо ритмизированный топот танцующих ног также не становится началом музыкальной темы. В звуковом монтаже используется резкий обрыв, который подчеркивает несовместимость звучания музыки и звуков чистого ритма». Таким образом, пишет она, «первичным звукообразующим элементом является не ритмическое, а непосредственно музыкальное начало» [Друбек-Майер 2009: 314–315]. Здесь важно отметить, что, хотя ритм и музыка на самом деле могут быть использованы в фильме для различных целей, то и другое является частью звукового пространства картины, чья главная роль состоит в организации пространства изобразительного. Все разнообразие звуковых элементов определяется с помощью музыкального размера, каденции и структуры, которые регулируют движение, подчиняя его звуку. Если кино в первую очередь искусство движения (*движущиеся картинки*), тогда вопрос взаимоотношения между звуком и движением становится основным для нового звукового кино в целом и для первого советского музыкального фильма в частности.

Прежде чем он снова сможет стать частью коллектива, Тимоше необходимо усвоить урок телесной дисциплины с помощью движения. Чтобы доказать, что его место — в коллективе, Тимоша должен стать более чем гармонистом: он должен войти в круг и станцевать (это действие он сначала отказывается совершать, заявляя, что гармонь его «не пускает плясать»). Чечетка, которую он исполняет без музыки, — чистое упражнение в физической дисциплине. Тимоша должен выбивать ритм, который диктует ему неслышимый / воображаемый источник, — он должен продемонстрировать, что его тело готово встать в строй. Мы можем снова отметить, как скованны его движения в этом эпизоде. Речь здесь идет не о возможности «пуститься в пляс», а скорее о самоконтроле. Женские тела — щеки, губы, руки — в этой сцене становятся музыкальными инструментами, еще раз подчеркивая подчинение тела ритму.

Это дисциплинирование субъекта происходит как на уровне персонажей, так и на уровне зрителей. Так же, как ранняя кинопублика должна была учиться смотреть немые фильмы, публика начала 1930-х годов должна была учиться слушать фильмы звуковые. В частности, как показывают многие ранние советские звуковые фильмы, с приходом звука зрители впервые подверглись воздействию «голоса власти / идеологии», идущего прямо с экрана. Как отметил Н. А. Адуев в 1934 году, сами по себе частушки и бодрая мелодия Тимоши не могут сравниться с грустной песней Тоскливого и, таким образом, никак не могут быть использованы для победы над классовым врагом: симпатии окружающих и зрителей должны быть завоеваны «острым, разящим, уничтожающим большевистским художественным словом» [Адуев 1934][27].

---

[27] Цит. по: РГАЛИ. Ф. 1992. Оп. 1. Ед. хр. 59. Л. 16.

Дисциплинирующие структуры, которые мы наблюдаем в этом фильме, напрямую связаны с тем, что Стивен Хит определил как осуществляемый звуковым кино процесс «гомогенизации» — момент, когда «каждый актер начинает говорить одно и то же», наступающий вместе с приходом звука или с приходом нового звукового режима в кинематограф. Для Хита звуковое кино — это развитие мощного стандарта тела, а также голоса как «закрепления тела в изображении, буквально организованном и определенном в виде речи для понимания тела, людей — действующих лиц и персонажей, — закрепленных в системе повествования и его значений, его единств и развязок». Если в немом кино, по мнению Хита, тело всегда тяготеет к акценту на что-то, к преувеличению, к бурлеску, — то в звуковом кино тело «сглажено»; а голос как средство передачи информации становится «выражением гомогенно мыслящего субъекта — действующего лица и зрителя — фильма» [Heath 1985: 191].

Для советского кино звук будет играть важную роль в распространении социалистического реализма на экране и в создании, как выразился Хит, «однородно-мыслящего субъекта» — *одновременно* действующего лица и зрителя фильма. Хотя *все* звуковое кино, в сущности, напрямую связано с этим процессом гомогенизации, раннее советское звуковое кино делает этот процесс явным. Задачей его является одновременное создание двух различных видов утопии: соцреалистической и кинематографической. Так, например, сталинские музыкальные комедии становятся способом соединить понятие «реальности в ее революционном развитии» с «ощущением утопии», создаваемым мюзиклом. Размышляя о фильмах Григория Александрова и Ивана Пырьева, которые вскоре последуют за жанровым экспериментом с мюзиклом, предпринятым Савченко, Анна Нисневич отмечает, что в этих более поздних музыкальных комедиях музыка — и, в частности, песня — была чем-то гораздо большим, чем просто аккомпанемент; по сути она выполняла несколько идеологических функций: «она воплощала солидарность советского общества, предвещала изобилие исконно советских талантов и выражала счастливый симбиоз поющего человека и того пространства, о котором он пел». Музыка И. О. Дунаевского и тексты песен, написанных для этих фильмов, восхваляли советский народ как «изобильную, стойкую и громадную общественную силу». Выходящие за пределы какого-либо конкретного музыкального стиля, «в высшей степени способные к перефразированию» (то есть всегда готовые к исполнению), эти песни передавали и воспроизводили нечто выходящее за рамки их конкретной музыкальной формы: «мистический, преображающий трепет перед советским единством» [Nisnevich 2014: 194]. «Гармонь» Савченко делает этот процесс утопической гомогенизации явным, подчиняя все движение в фильме единому объединяющему ритму.

Глава 4

Многоязычие и разногласие. «Иван» и «Аэроград» Александра Довженко

В истории раннего советского кинематографа А. П. Довженко, пожалуй, является одним из более необычных режиссеров. Довженко был выходцем из бедной крестьянской семьи, который, несмотря на отсутствие формального кинообразования (до революции и Гражданской войны Довженко служил учителем, а после работал политическим карикатуристом), в возрасте 32 лет внезапно решил стать кинорежиссером. В 1928 году он участвовал в основании Киевской кинофабрики, где посадил яблоневый сад и откуда его вынудили уйти четыре года спустя (после смерти Довженко фабрика получила его имя). Остальную часть жизни он провел в Москве, работая на «Мосфильме» (где также посадил яблоневый сад), — вернуться в родную Украину ему так и не позволили. В начале своей кинокарьеры Довженко снимал великолепные немые фильмы, которые подарили нам потрясающие виды украинской природы, ее рек и полей, людей и животных. В середине карьеры он по прямому указанию Сталина создавал классические фильмы в духе соцреализма и в 1935 году получил орден Ленина. К концу жизни он подвергся нападкам Сталина, когда в фильме «Украина в огне» (1943) попытался говорить о страданиях украинского народа во время Великой

Отечественной войны[1]. Его последний фильм «Поэма о море» (1955–1959) оставался незавершенным на момент его смерти в 1956 году и был закончен его женой, актрисой и режиссером Ю. И. Солнцевой[2].

Некоторые факты жизни Довженко хорошо известны, тогда как другие остаются не до конца ясны. Довженко родился в 1894 году в Соснице, деревне примерно в 100 километрах к северу от Киева. Его родители-крестьяне, несмотря на бедность, были гордыми потомками донских казаков. Олександр был одним из 14 детей в семье, из которых лишь двое дожили до взрослых лет и лишь он один получил законченное образование. В возрасте 16 лет он пошел в Глуховский учительский институт (ныне Глуховский национальный педагогический университет имени Александра Довженко) и после завершения обучения в 1914 году преподавал в высшем начальном училище в Житомире. Ему удалось избежать призыва на Первую мировую войну по состоянию здоровья и поступить в Киевский коммерческий институт на экономический факультет в 1917 году — в год начала революции и трехлетней Гражданской войны на Украине.

И в этот момент различные изложения жизни Довженко расходятся. Согласно его собственной автобиографии и исследованиям Вэнса Кепли, Довженко, как и многие другие украинцы, заигрывал с различными националистическими и социалистическими группировками, но по ходу Гражданской войны неуклонно смещался влево, в конечном итоге полностью посвятив себя

---

1 30 января 1944 года Довженко вместе с четырьмя руководителями Украины и тремя известными писателями был приглашен на заседание Политбюро ЦК ВКП(б) для обсуждения его киновести «Украина в огне», во время которого Сталин произнес длинную речь, обвиняя Довженко в том, что в его киноповести «ревизуется ленинизм». Более подробно см. [Liber 2002: 196–206]. См. также [Yekelchuk 2004]. Речь Сталина была перепечатана в журнале «Искусство кино» [Сталин 1990: 89–95].

2 Ю. Солнцева сняла по сценариям Довженко фильмы «Поэма о море» (1958), «Повесть пламенных лет» (1960) и «Зачарованная Десна» (1964). В 1961 году за работу над «Повестью пламенных лет» была удостоена Приза за лучшую режиссуру на Каннском кинофестивале, став первой женщиной-лауреатом (второй стала София Коппола лишь 56 лет спустя).

большевизму и политическому единству с Россией. Он вступил добровольцем в один из нескольких украинских полков Красной армии и в 1919–1920 годах сражался на Гражданской войне, служа под началом знаменитого командира Красной армии Н. А. Щорса (героя самого популярного фильма Довженко 1930-х годов)[3].

Джордж Либер, однако, излагает эту историю совершенно по-другому. В чрезвычайно сложный период 1917–1919 годов, когда за власть в Украине боролось множество различных групп, националистические симпатии Довженко привели его к прямому конфликту с большевистским движением. В это время он был членом Украинской партии социалистов-революционеров, которая ратовала за автономную республику внутри общей федеральной системы. Согласно данным Либера, Довженко сражался против Красной армии, вступив в коммунистическую партию лишь в апреле 1920 года, после того как был пойман, арестован и побывал за решеткой[4]. После второй встречи со Сталиным в его кремлевском кабинете (22 мая 1935 года) Довженко получил от него граммофон и записи украинской музыки; Довженко воспринял это как знак того, что Сталин знал о его службе в армии Петлюры, о его аресте и приговоре в 1919 году. Это был «предупредительный выстрел», прямое напоминание о том, что Довженко не может сбежать от своего националистского прошлого [Liber 2002: 158].

В начале 1920-х годов Довженко работал дипломатическим представителем правительства Советской Украины сначала в Варшаве, а затем в Берлине, где он изучал живопись в Берлинской академии и вращался в среде художников немецкого экспрессионизма[5]. После того как в 1923 году его вызвали обратно на Украину, в течение трех лет (1923–1926) он работал политическим карикатуристом и иллюстратором в Харькове в литературном сообществе «левых» украинских писателей ВАПЛИТЕ

---

[3] См. [Kepley 1986: 11–18].

[4] См. [Liber 2002: 31–44].

[5] Кепли предполагает, что эту возможность Довженко получил «в награду за службу в Красной армии и партийную работу» [Kepley 1986: 18].

(Свободная академия пролетарской литературы). Затем, в 1926 году, после бессонной ночи он уехал из Харькова в Одессу и устроился в ВУФКУ (Всеукраинское фотокиноуправление), чтобы стать режиссером. Он ярко описал это в своей автобиографии: «В июне 1926 года я просидел всю ночь в своей мастерской, подвел итог своей неудобной тридцатидвухлетней жизни, утром ушел из дому и больше в дом не возвращался. Я уехал в Одессу и поступил работать на кинофабрику в качестве режиссера» [Довженко 1966–1969, 1: 45].

Противоречивые описания революционной деятельности Довженко в 1917–1919 годах отчасти связаны с историей этого периода (многие впоследствии будут переписывать свои биографии, чтобы привести их в соответствие с официальной советской идеологией), а отчасти свидетельствуют о противоречивых силах, присутствующих в фильмах самого Довженко. Его киноработы, по крайней мере до «Щорса» 1939 года, не являются прямолинейной передачей идеологии — в той степени, в какой это вообще возможно, — но скорее многогранными и неоднозначными попытками запечатлеть с помощью изобразительного языка двойственность советской реальности и ее политических проектов. Его фильмы затрагивают такие темы, как революция и Гражданская война, коллективизация и покорение Дальнего Востока. И в то же время они выходят за рамки этих исторических событий и вместо этого повествуют о жизни и смерти, о традиции и технологическом прогрессе, свободно соединяя фольклор с реализмом, а миф — с пропагандой.

Несмотря на то что негатив фильма «Земля» (1930) был утрачен во время немецкой бомбардировки Киева в годы Великой Отечественной войны, он остается одной из самых революционных и оригинальных работ, связанных с советским киноавангардом, а сам Довженко является пионером кинематографического модернизма и, как пишет Филипп Кавендиш, «поэтическим провидцем, который отбрасывал традиционные формы и жанры повествования и стремился радикально преобразовать кино в качестве средства выразительной коммуникации» [Cavendish 2007: 57]. На студии ВУКФУ на Украине Довженко тесно работал с оператором Д. П. Демуцким (Данило Демуцький, 1893–1954), сыгравшим важнейшую роль в перенесении на экран «поэтического» визуального восприятия, которым так знаменит кинематограф Довженко: история, соединенная с фольклором, в свою очередь соединенным с захватывающими дух панорамами украинской земли. Фильмы Довженко о его родной Украине считаются одними из наиболее лиричных произведений советского кино, и большая часть их красоты проистекает из украинской пасторальной традиции и несокрушимой веры в крестьянские обряды. Как однажды заметил о кинематографе Довженко В. Б. Шкловский: «Деревья внятно шумят в его немых лентах» [Шкловский 1965: 393][6].

Но Довженко был также кинематографистом-революционером и кинематографистом революции. Одновременно с лирическими образами в своих фильмах он также уделял внимание показу современности, призывая отбросить старые славянские традиции в пользу революционного преобразования советского общества. Это справедливо уже в случае «Земли», но также и по отношению к двум фильмам, которым в первую очередь посвящена эта глава: «Иван» (1932) и «Аэроград» (1935). Восприятие Довженко на Западе основывалось преимущественно на первой из двух составляющих — на его роли тонко чувствующего лирика, чье искусство отражает индивидуальное мировосприятие; при этом отчасти принижалось значение второй составляющей — политической грамотности и проницательности, взаимоотношений со Сталиным и Советским государством.

В тридцатые годы, например, опасаясь ареста, Довженко обратился к Сталину, и его восторженное описание двух встреч с «великим вождем» читается как страница из соцреалистического романа. Довженко писал в журнале «Искусство кино» в 1937 году:

> Очевидно, так построен мир, — что обыкновенному человеку, даже смелому и решительному, преисполненному сознания своей искренности и правоты, свойственно переживать чувство глубокого волнения, направляясь впервые

[6] Цит. по: [Kepley 1986: 3].

> к человеку великому и замечательному. Это чувство полностью пережил и я по дороге к человеку величайшему и самому дорогому для всей лучшей, передовой части человечества — товарищу Сталину.
> Меня побудила обратиться непосредственно к товарищу Сталину сумма обстоятельств, сложившихся перед постановкой фильма «Аэроград». Мне было очень трудно. И я подумал: один раз, в трудную минуту моей жизни художника, я уже обращался письменно к товарищу Сталину, и он спас мне творческую жизнь и обеспечил дальнейшее творчество; несомненно, он поможет мне и теперь. И я не ошибся. Товарищ Сталин принял меня ровно через двадцать два часа после того, как письмо было опущено в почтовый ящик.
> Товарищ Сталин так тепло и хорошо, по-отечески представил меня товарищам Молотову, Ворошилову и Кирову, что мне показалось, будто он уже давно и хорошо меня знает. И мне стало легко.
> Товарищи Сталин, Ворошилов, Молотов и Киров внимательно прослушали сценарий «Аэрограда». Товарищ Сталин сделал ряд указаний и разъяснений. Из его замечаний я понял, что его интересует не только содержание сценария, но и профессиональная, производственная сторона нашего дела. Расспрашивая меня о Дальнем Востоке, товарищ Сталин спросил, могу ли я показать на карте место, где я бы построил город, если бы был не режиссером, а строителем. <...>
> Я ушел от товарища Сталина с просветленной головой, с его пожеланием успеха и обещанием помощи [Довженко 1937: 15–16].

Каждый, кто хотел оставаться на хорошем счету, должен был пользоваться терминологией «великой семьи» [Clark 1981: 114], и именно это мы находим в рассказе Довженко, который воспроизводит идеализированный образ Сталина как «отца народов». Но если мы попробуем читать между строк этого текста, то сможем заметить в описании Довженко кое-что еще. Вот как он пишет о своем втором визите к Сталину, во время которого его напрямую спрашивают о том, когда он собирается приступить к работе над «Щорсом»:

> Среди трудов огромной государственной важности товарищ Сталин нашел время вспомнить о художнике, проверить его душевное состояние, снять с него чувство хотя бы воображаемой несвободы и предоставить ему полную свободу выбора.
> Я сказал товарищу Сталину, что готов делать именно «Щорса». Я благодарил его за идею, а себя не раз мысленно упрекал, почему я, украинский художник, не додумался до этого сам. <...>
> Мне хотелось крикнуть <...> [н]о я ушел тихо и на пороге еще раз поклонился ему, и Ворошилову, и Молотову, и Кирову. А на кремлевском дворе было солнечно, и вокруг холма Москва рокотала, и видимость была потрясающе ясной на все четыре стороны света [Довженко 1937: 15–16].

Из этого отрывка «видно потрясающе ясно», что Довженко совершенно четко понимал свою чрезвычайно шаткую позицию по отношению к государственной власти. Хотя Сталин уверяет его, что предложения делать «Щорса» «ни к чему его не обязывают», что он «человек свободный», Довженко правильно понимает, что невыполнение обязательства сделать то, что ему говорят, в буквальном смысле ставит вопрос о его жизни и смерти. Лирическое описание солнца, Москвы и новообретенной «видимости» на первый взгляд предполагает некую трансформацию, схожую с той, какую проходят герои соцреализма после встречи со Сталиным, но на самом деле указывает на ясное понимание Довженко последствий неповиновения. Как он пишет чуть выше в этой же статье: «О втором посещении товарища Сталина я хочу написать подробнее. Я хочу, чтобы радовались и гордились мои товарищи по искусству, а чтоб наши враги и “нейтральные” призадумались» [Довженко 1937: 15].

В этой главе я предлагаю трактовку кинематографической работы Довженко не только как глубоко личного эстетического проекта (именно так обычно воспринимаются его фильмы), но и как серию ответов на меняющийся политический, идеологический и технологический ландшафт, в котором он работал. В частности, я рассматриваю использование звука в его первых звуковых картинах — «Иван» и «Аэроград» — с целью показать, как новая звуковая технология сделала возможным новый тип кинематографического голоса, непосредственно связанный с требованиями формирующегося в тот момент социалистического реализма. Особенно интересным в данном контексте представляется разнообразие значений понятия «голос»: и собственный авторский голос Довженко, и его опора на прямое обращение «в камеру» для озвучивания задач своих фильмов, и выбор языка, и различные варианты использования тишины, и, наконец, слышимый с экрана голос власти. И хотя после 1933 года Довженко создавал фильмы на русском языке и на «Мосфильме»[7], его первый звуковой фильм, как и его новаторские немые фильмы, был снят в Украине, а выбранный им язык — украинский — стал одним из ключевых элементов восприятия этой картины. Поскольку звук пришел в советское кино когда СССР еще приветствовал национальные языки и культуры и до того, как дубляж стал широкодоступной технологией, новая звуковая техника на короткий период дала возможность создания многоязычного кино, отсутствовавшего в других странах.

До того как кино стало называться немым, оно обладало собственным международным языком — «изображением без текста, обращающимся ко всем зрителям независимо от языка» [Chomentowski 2014]. Так, например, манифест, открывающий «Человека с киноаппаратом» Вертова (1929), призывает к созданию «подлинно международного абсолютного языка кино на основе его полного отделения от языка театра и литературы». О. М. Бескин, ответственный редактор журнала «Советское кино», официального органа Ассоциации работников революционной кинематографии (АРРК), писал в 1928 году: «Только фильма даст возможность несказанно усилить социальную связь в нашей *разноязычной* стране» [Бескин 1928] (курсив оригинала). Разумеется, даже немое кино сопровождалось словами: фильмы состояли из движущихся кадров, но включали также интертитры

---

[7] В 1934 году «Союзкино» было переименовано в Москинокомбинат, а в 1936 году в «Мосфильм».

с текстом, который воспроизводил реплики или уточнял разнообразные элементы сценария. Эти интертитры можно было легко заменять или убирать в соответствии с различными языковыми ситуациями; они также могли читаться вслух, переводиться и разъясняться квалифицированными политическими работниками (как это было в СССР), которые посылались для участия в кинопоказах по всему Советскому Союзу. Однако, как отмечает Габриэль Шоментовски, с приходом звука киностудиям и режиссерам приходилось выбирать язык, который не обязательно мог пониматься всеми за пределами определенных географических и этнических границ. Очень скоро надежды политических лидеров на создание «кино как международного языка» рухнули, столкнувшись с препятствиями, которые одновременно являлись организационными, политическими, экономическими и техническими [Chomentowski 2014: 296].

К 1927 году советская кинопромышленность включала примерно 13 производственных организаций, представлявших ряд региональных и национальных интересов. В их число входило «Совкино» (РСФСР) — несомненно, самая большая из советских кинофабрик, появившаяся в 1924 году путем слияния более мелких производственных организаций; в пятерку крупнейших также входили ВУФКУ (Украина); «Межрабпом-Русь» (частная кинофабрика с финансовым участием Германии); «Госкинпром Грузии» (Грузия) и «Белгоскино» (Белоруссия)[8]. Из них украинское ВУФКУ выросло во вторую по величине советскую киноорганизацию. Его «местный» рынок составлял почти 22 % от общего советского кинематографического, а серия выпущенных им фильмов, включая работы Довженко, акцентировала внимание на украинском культурном наследии. Из-за своего положения

[8] Остальными, в порядке уменьшения размера, были: «Госвоенкино» (Красная армия), «Арменкино» (Армения), «Востоккино» (Дальний Восток), «Узбеккино» (Узбекская ССР), «Азгоскино» (Азербайджан), «Туркменкино» (Туркменская республика), «Чувашкино» (Чувашия) и «Кино-Сибирь» (Сибирь). См. [Kepley 1996: 36]. Многие из этих организаций были вначале слишком малы, чтобы обладать собственными студиями, и часто снимали помещения «Совкино».

второй по величине киноорганизации в СССР в 1930-х годах ВУФКУ оказалось под особым наблюдением и угрозой. Советское кино должно было быть «национальным по форме, но социалистическим по содержанию», а ВУФКУ часто попадало под обвинения в «националистическом отклонении», за которыми следовали чистки и аресты [Kepley 1996: 32–37]. Как подчеркивает Майкл Дж. Смита, лаконичная формула Сталина 1925 года — «национальное по форме, социалистическое по содержанию» — отражала как либерализм, так и суровость языковой политики большевиков. «Национальное по форме» подразумевало компромиссы в использовании родного языка в образовании и культуре. «Социалистическое по содержанию» означало партийный контроль в политике и экономике, языком которых был русский.

> Согласно этой логике, родной язык, хотя и являлся необходимым предметом обучения, по своей сути уступал русскому языку или был ниже его по уровню. С точки зрения Сталина, русский был тем великим «зональным языком» СССР, который двигал историческую диалектику «от множественности к единообразию» [Smith 1998: 54].

В период нэпа (1921–1928) каждая республика сохраняла значительную автономию на собственном национальном кинорынке — частично для того, чтобы предотвратить «колонизацию» более крупными прокатными организациями, такими, как «Совкино». Двусторонние торговые соглашения между различными республиками зависели от их размеров и количества производимых фильмов. Кепли приводит пример обменного курса в десять к трем между двумя крупнейшими рынками, представленными «Совкино» и ВУФКУ (то есть Украина брала десять русских фильмов на каждые три украинских фильма, которые прокатывались в РСФСР), а соотношение между фильмами ВУФКУ и «Госкинпрома Грузии» составляло девять к пяти [Kepley 1996: 38]. В марте 1928 года Первое всесоюзное партийное совещание по кинематографии стало первым шагом к централизации кинопромышленности, что привело к более прямому контролю государства за различными национальными кинофабриками. Уход А. В. Луначарского с поста наркома просвещения (Наркомпрос являлся официальным органом руководства кинорганизациями) в 1929 году и сдвиг в политической линии по отношению к национализму и национальным языкам во время первой пятилетки разрушали автономию отдельных республик[9]. Вслед за этим последовали чистки и аресты, включая обвинения в чрезмерном «национализме», которые могли быть направлены против национальных киностудий. В 1930 году «Совкино» было упразднено, и полный контроль над всем кино- и фотопроизводством получила новая организация. Руководить «всеми делами, касающимися производства кинофотоаппаратуры (для съемок, демонстрации, освещения и т. д.), а также всеми делами, касающимися кинопроизводства, проката и кинопоказа», стало «Союзкино» (Всесоюзный комбинат кинофотопромышленности) [Kepley 1996: 42]. Это значительно урезало автономию национальных киностудий, которые теперь должны были отчитываться напрямую перед одним централизованным органом, находившимся в Москве.

Помимо всего прочего, «Союзкино» должно было руководить переходом от немого к звуковому кинопроизводству, разрабатывать планы по обновлению основных студий СССР и продолжать увеличивать количество новых киноустановок. Но ему также была необходима новая федеральная система проката и распро-

---

9 Национальная политика в Советском Союзе с начала 1920-х до середины 1930-х годов сводилась к политике коренизации. К концу 1930-х годов, однако, в этой политике произошел заметный сдвиг. В 1938 году русский язык стал обязательным предметом изучения во всех советских школах, включая те, в которых местный язык являлся основным средством обучения другим предметам (например, математике, естествознанию и обществоведению). В 1939 году для языков, которым в конце 1920-х годов была дана письменность на основе латинского алфавита, была создана новая письменность на основе кириллицы. О сталинской политике национализма и национальных языков см. [Якубинский 1931]. Об этническом плюрализме см. [Slezkine 1994]. О менявшейся с течением времени роли русских и нерусских языков в советском образовании см. [Anderson, Silver 1994]. О национальной политике см. [Мартин 2011].

странения звуковых картин в многоязычной стране [Kepley 1996: 45][10]. «Союзкино» теперь было необходимо координировать производство и распространение звуковых копий фильмов в соответствии с региональными языковыми моделями. Такой проблемы не существовало в отношении немых картин, которые могли использовать либо многоязычные интертитры, либо *bonimenteur* [зазывалу] — рассказчика, который разъяснял фильм для провинциальных зрителей во время показа[11]. Звуковое кино требовало более детальных планов по дублированию и субтитрированию, для того чтобы обслуживать многонациональное население СССР, что вело к вопросу: на каком языке будет говорить советское кино?

«Иван»

Как и у Эсфирь Шуб, отношение Довженко к звуку было позитивным, но все же несколько сдержанным. Как он писал в 1928 году типичным для него метафорическим и физиологическим языком:

> Верю, что заговорит Великий немой. Усматриваю в этом новую эру в мировой культуре и самое могучее орудие в деле повышения культурного уровня масс. Правда, когда пришьют Немому язык, он будет шепелявить и заикаться на радость и смех жрецов и мещан от киноэстетики. Но придет время, когда выровняется тон у Немого, и мы станем свидетелями новых, неслыханных достижений.
> Буду считать счастливым тот день, когда мне придется в своей работе столкнуться со звуковым кино. Но как я буду применять его принципы к своей работе, сейчас сказать не могу, поскольку пока еще не располагаю информацией о его технике [Довженко 1966–1969, 4: 33][12].

---

10 См. также [Pozner, 2014].

11 Более подробно см. в [Chomentowski 2014].

12 «Заговорит Великий немой».

В июне 1930 года Довженко отправился за границу, в том числе для изучения звукового кино, в котором видел безграничные возможности [Liber 2002: 120]. А год спустя, в июне 1931 года, он начал работу над своим первым звуковым фильмом, «Иван». Довженко утверждал, что «Иван» будет «простой» картиной («...Я делаю фильму простую и ясную», писал он 1932 году), с негероическим героем: «ставя его маленьким на большом фоне, я не делаю его героем ведущим картину, а я делаю его героем которого ведут» [Довженко 1932][13]. В центре картины — превращение украинского крестьянина в украинского рабочего, а ее сюжет разворачивается вокруг заглавного персонажа, Ивана, который покидает свое село, чтобы присоединиться к строительству Днепрогэса. Во время строительства погибает неквалифицированный рабочий, строительство плотины оказывается под угрозой, и Иван понимает, что для того, чтобы принести больше пользы и реализовать свой рабочий потенциал, ему нужно иметь не только физическую силу, но и образование. Последний кадр фильма показывает нам Ивана в институте. Фильм также включает в себя два великолепных эпизода, лишь косвенно относящихся к истории превращения Ивана из крестьянина в рабочего: история Порхуна-прогульщика, который рыбачит, а не работает, но все же пытается получить жалованье, и история матери, оплакивающей смерть сына.

По словам Довженко, формальная композиция фильма должна была оставаться простой, в нем должны были отсутствовать «крупнейшие планы с их суетой на экране» и ликвидировался рваный монтаж [Довженко 1966–1969, 1: 277]. И действительно, первые кадры «Ивана», снятые с реки и длящиеся, по словам советского киноведа Р. П. Соболева, «невероятные десять минут» — одни из величайших кадров в истории кино[14]. Это не

---

13 «Об “Иване”» из газеты Кино, 24 ноября 1932 года.

14 Соболев пишет в своей биографии Довженко: «Захваченный красотой кадров, зритель не замечает, что длятся они более десяти минут — дело небывалое в кино тех времен» [Соболев 1980: 125]. (В доступных видеокопиях фильма первая сцена длится около шести минут. — *Примеч. пер.*)

просто установочные планы, вводящие нас в действие; камера подвижна, лирична, показывает сначала спокойствие, а затем — необузданную мощь Днепра. Эйзенштейн хвалил эти кадры, называя их одним из лучших примеров звукозрительного монтажа [Эйзенштейн 1955: 86]. «Я делаю попытки преодоления статики пейзажа, — писал Довженко в 1932 году. — В этом мне помог звук. Я заставил пейзаж звучать» [Довженко 1966–1969, 1: 278][15].

«Звучащий» пейзаж особенно заметен во второй группе кадров из первого эпизода фильма, снятых с лодки, низко сидящей в воде, с сопровождающим их хором женских голосов, поющих украинскую народную песню. Переход от общих планов спокойного Днепра в сопровождении звуков оркестра Киевского радиоцентра ко второй группе кадров создает замечательный эффект: так как женский хор не показан на экране, его пение звучит так, словно исходит *из* самого пейзажа, как будто деревья и холмы украинской сельской местности обладают собственным голосом. Согласно описанию Соболева, Довженко отверг запись песни, исполненной профессиональным хором и вместо него приказал привести на студию с базаров киевских молочниц, зная, что «никто не сохранил традиционную культуру исполнения лучше их» [Соболев 1980: 125–126]. Их хор вновь используется в более позднем эпизоде, где песня соединяется с шумами тяжелой промышленности и бурлящей воды Днепростроя в сложный звукозрительный монтаж, в котором традиционные народные музыкальные элементы смешиваются с «симфонией гудков» промышленного производства, вводя образ строящейся гигантской электростанции[16]. Этот монтаж песни, индустриального шума и машинного скрежета (не совсем в стиле Вертова, посколь-

---

[15] Согласно воспоминаниям Л. И. Кохно, это оператор Демуцкий сделал «самый главный шаг — смену обычного объектива на широкоугольный, что сразу же кардинально раздвинуло сцену и расширило водное пространство перед [камерой]» [Cavendish 2013: 278].

[16] «Симфония гудков» А. М. Авраамова (1923) была исполнена в Баку в 1923 году в ознаменование пятой годовщины Октябрьской революции 1917 года и еще раз — менее успешно — в Москве годом позже.

ку здесь нет настоящей любви к машинному или упора на записанный на натуре звук) является попыткой сочетать «звучащий пейзаж» из начальных кадров со звуками тяжелой промышленности, способом показать на уровне звуковой дорожки преображение крестьянина в рабочий класс.

Более того, создавая свой первый звуковой фильм, Довженко заявлял, что его равно интересуют звук и тишина. В 1932 году, перед выходом «Ивана», он писал:

> Работаю также над проблемой тишины в кино. Думаю, что только через звуковое кино можно достичь тишины. Немой экран из-за своей условности тихим не был, даже без музыкального сопровождения. Тишина на звуковом экране не всегда соответствует звуку на звуковой дорожке [Довженко 1966–1969, 1: 278].

И действительно, в середине «Ивана» присутствует длинный немой эпизод, который полностью разрушает традиции использования звука как в раннем, так и в классическом звуковом кино. Этот эпизод, показывающий несчастный случай на стройке и смерть одного из рабочих, сопровождается полной тишиной.

Рис. 8. УССР. Довженко на съемках «Ивана», 1932 (Фотоагенство ИТАР-ТАСС / Alamy Stock Photo)

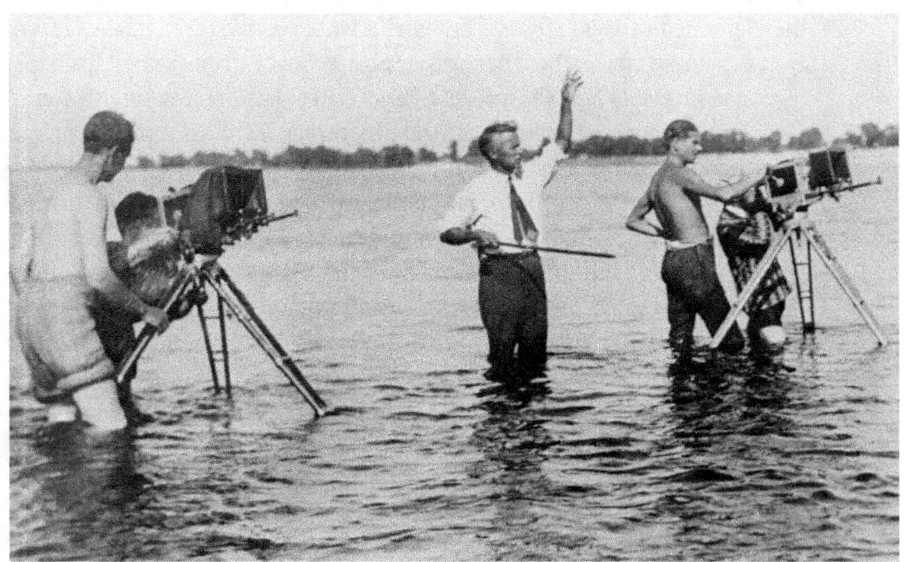

То, что до этого представляло собой какофонию оркестровой партитуры и индустриальных шумов (свистки паровозов, звуки молотов и т. п.), в момент несчастного случая обрывается. Человеческий крик прерывается и заменяется звуком паровозного гудка в тот самый момент, когда план места, где произошел несчастный случай, резко сменяется кадром поезда, уходящего вдаль и уже не слышимого на звуковой дорожке. Оставшаяся часть эпизода снята с «мертвой» фонограммой, в полной тишине, в которой мы видим, как тело рабочего выносится и помещается перед заводской стеной и как мать стоит над телом сына.

После этого звук возвращается, но теперь в угрожающем виде — как чистый индустриальный шум возрождающейся стройки. Мы понимаем, что это ощущения матери — как слуховые, так и зрительные — от места стройки, которая больше не безопасна для человека. Ее фигура кажется маленькой и незначительной по сравнению с кранами, двигателями и грейферными экскаваторами строительной зоны. Среди лязгающих машин у нее нет голоса — даже когда она пытается говорить с директором стройки о несчастном случае, она оказывается лишена дара речи, неспособна соревноваться с речью тяжелой промышленности. Нам становится ясно, что директор уже дает указания по предотвращению дальнейших несчастных случаев, но эпизод, в котором мать пробегает сквозь серию дверей (снова в тишине) лишь для того, чтобы замереть от звуков грубого мужского голоса, кричащего в телефонную трубку, служит намеком, что ей здесь не место. В ответ на вопрос: «Вам чего, товарищ?» мать отвечает: «Ничего».

В данном случае мы имеем дело с необычным и очень целенаправленным использованием «мертвой» фонограммы, как охарактеризовала этот прием Кристин Томпсон [Thompson 1980]. Она отмечает, что в раннем советском звуковом кино тишина обычно ограничивалась небольшими паузами между отдельными звуками, а продолжительная тишина являлась относительно редким приемом. Здесь же тишина указывает на длинные отрезки фонограммы без шумового фона. Одно из исключений из постоянного наполнения фонограммы звуками встречается в «Дезертире» Пудовкина (1933), где целые эпизоды разыгрываются с почти или совершенно «мертвой» фонограммой. Хотя использование Пудовкиным «мертвой» фонограммы кажется случайным, переключение на полную тишину «усиливает и обновляет наше восприятие событий» [Thompson 1980: 122]. Томпсон противопоставляет это использование картине «Одна» Козинцева и Трауберга (1931), где короткая немая сцена (Кузьмина, получающая свое направление на работу) используется с целью обозначить эмоции, подчеркивая шок и разочарование героини [Thompson 1980: 122].

Как и режиссеры «Одной», Довженко использует «мертвую» фонограмму в «Иване» для того, чтобы подчеркнуть эмоции — в данном случае трагизм гибели рабочего и горе его матери, — но он идет дальше. Для Довженко «Иван» являлся в первую очередь звуковым фильмом, в котором технические проблемы и возможности, созданные звуком требовали использования новых методов и формальных приемов [Довженко 1966–1969, 1: 278]. Днепрострой казался Довженко слишком огромным и «однообразным» для того, чтобы его можно было как следует снять, и большинство фильмов использовали одинаковые кадры стройки с воздуха, при этом опираясь в основном на общие планы, чтобы показать ее мощь и размер. Он же, напротив, использует крупные планы и панорамирование, чтобы показать грандиозную стройку с новой точки или с разных перспектив. Как и в случае с первым эпизодом, снятым с парохода, плавно скользящего по Днепру, оператор Демуцкий снимал Днепрострой, поставив камеру на движущийся поезд с бетоном. Эта движущаяся камера проводит зрителя по стройке, словно он сам обходит ее, присутствует на ней, и показывает нам Днепрострой как бы с человеческой точки зрения, а не с точки зрения «киноглаза» [Довженко 1966–1969, 1: 277][17]. Начальные общие планы места стройки вскоре сменяются крупными планами рабочих — мужчин и женщин, — направляющих машины и управляющих ими.

---

[17] Довженко прямо противопоставляет свой фильм вертовскому, говоря, что в советском кинематографе «машина подавляет человека» (РГАЛИ, Ф. 2081. Оп. 1. Ед. хр. 354. Л. 12. Довженко А. Лекция, прочитанная в институте кинематографии в Москве. О фильме «Иван» <...> 17 декабря 1932 года).

В отличие от Вертова Довженко не превращает человеческое тело в продолжение машины — скорее оно возникает посреди этого гигантского промышленного лабиринта в качестве проводника, руководя работой, но никогда не становясь механизированным (более того, между кадрами с движущимися телами создаются визуальные параллели, что напоминает своебразный производственный балет). Отсутствие быстрого монтажа один из элементов, не дающих фильму соскользнуть в восхваление механического или технологического. Съемочный аппарат Демуцкого и монтаж Довженко по большей части сохраняют размеренность и медленный темп, перемежая плавное движение статичными кадрами людей, часто снятых снизу, чтобы подчеркнуть их масштаб[18]. Точно так же акцент на обнаженных спинах и блестящей коже рабочих подчеркивает осязательную, тактильную составляющую этого эпизода — тела рабочих не абстрагируются, но скорее располагаются ближе к зрителю — так, что их почти можно «достать рукой».

Здесь нет любви к технике ради техники, нет «фетишизма машины»[19]. Поэтому грохот, гудение и лязг тяжелой промышленности обрываются, когда умирает рабочий. Довженко ставит

---

[18] Демуцкий снимал натурные кадры, включая кадры украинского пейзажа и Днепростроя, а М. М. Глидер снимал интерьеры. По словам Кохно, хотя Довженко вместе с Демуцким в течение нескольких дней изучали стройку Днепростроя, именно Демуцкий решил снимать индустриальный пейзаж в «утреннем контражурном свете <...> длиннофокусной оптикой “Росс” с применением легких светофильтров». См. [Кохно 1982: 84]. Между тем в докладе 1932 года для студентов-кинорежиссеров в ГИКе Довженко утверждал, что за установку аппарата отвечал в первую очередь он, в то время как «оператор выполнял чисто техническую функцию» (РГАЛИ, Ф. 2081. Оп. 1. Ед. хр. 354. Л. 16об. Довженко А. Лекция, прочитанная в институте кинематографии в Москве. О фильме «Иван» <...> 17 декабря 1932 года). См. также: РГАЛИ. Ф. 2081. Оп. 1. Ед. хр. 355 (Довженко А. Лекция, прочитанная в институте кинематографии в Москве. 18 декабря 1932 года). Контекст этого утверждения Довженко рассматривается в [Cavendish 2013: 276–278].

[19] См. рецензию Петра Сажина на «Энтузиазм» Вертова (РГАЛИ, Ф. 2091. Оп. 1. Ед. хр. 91. Л. 99. Сажин П. «Энтузиазм» / Кино-фронт. 1930. 16 ноября. С. 2). Соболев особо отмечает, что Довженко по-своему предугадывает будущие непростые взаимоотношения человека с техникой, отказываясь «любить... красоту машины» [Соболев 1980: 128–129].

человеческий голос выше голоса техники, буквально создавая минуту молчания, чтобы отметить смерть рабочего и горе его матери. Как подчеркивает мать в конце фильма, «когда упал он, затих весь мир». Максим Горький, говоря об «Иване», отметил, что в этом фильме «человек не властвует делом, а раздавлен тяжестями вещества материи»[20]. И все же в то время, когда камера показывает нам тяжесть вещественности, звуковая дорожка работает контрапунктом: ее тишина привлекает наше внимание к маленькому, уязвимому человеческому телу и к молчаливому горю матери и заставляет нас идентифицировать себя с ними.

Аналогичным образом роль радио/громкоговорителя в «Иване» ставит под сомнение иерархию, которую ранние советские звуковые фильмы выстраивали между человеческим и нечеловеческим голосом в таких картинах, как «Одна», «Дезертир» и другие. В раннем советском звуковом кино радио — в виде громкоговорителя, а также телефона, граммофона, лозунгов и других видов прямого обращения — часто функционирует как «акусметр», обходя человеческое тело в пользу голоса, говорящего как изнутри фильма, так и *извне* его [Chion 1999][21]. Наиболее явно мы видим это в «Одной» Козинцева и Трауберга, где изобретение новых звуковых технологий обретает воплощение в громкоговорителе в центре пустой площади, обращающемся к прохожему. Но похожий эпизод можно найти и в «Иване», где прогульщик Губа (его потрясающе играет Степан Шкурат) пытается получить жалованье из «черной кассы» — нелегального хранилища наличных денег.

Сцена начинается с плана кривой и ветхой избенки с громкоговорителем наверху и словами «Чорна каса» на передней стенке. Далее следует комический эпизод, атмосферу которого помогает

---

[20] Цит. по: [Соболев 1980: 123].

[21] См., в частности, главу первую («The Acousmêtre») [Chion 1999: 17–29]. «Акусматическим», как отмечает Шион, называется «звук, который слышен без видимой его причины или источника». Этот термин был специально принят Пьером Шеффером для обозначения «способа прослушивания, который сегодня является обычным явлением и возведен в систему использованием радио, телефонов и граммофонных пластинок» [Chion 1999: 18].

создать музыка в двудольном тактовом размере (*alla breve*), который часто используется в музыкальном театре: полностью неподвижная камера продолжает снимать избу, в то время как Губа появляется в кадре и исчезает из него, иногда возникая снова в неожиданных местах благодаря серии резких склеек (джампкатов). Наконец, обойдя избу несколько раз, Губа неуверенно приближается к окну и стучит. Крупный план показывает нам Губу, который пересчитывает свои деньги и благодарно трясет руку, протянутую из открытого окна — и лишь затем понимает, что человек внутри схватил его и не отпускает. Пытаясь вырваться, Губа плашмя падает на землю, и кадр, снятый сверху, предвещает позицию, которую мы сами вот-вот займем по отношению к этому прогульщику, — позицию всезнающего голоса, раздающегося из громкоговорителя на крыше избы. Голос из громкоговорителя, от которого Губа не может сбежать, преследует его по всему селу, и, кажется, знает о нем все. Голос обращается к нему по имени, перечисляя его проступки и дурные качества, включая то, что и сколько он ест: «Алло, алло, алло! — выкрикивает громкоговоритель, «ось він Степан Йосипович Хуба із села Яреськи, Миргородьского району, сорока шости років. Здоровий. Поідає в день хліба два фунти... сала... и так далі...». Если первые кадры этого эпизода ограничивались одним местом действия перед черной кассой, то теперь мы видим, как Губа бегает по всей деревне, преследуемый голосом репродуктора. В частности, голос подчеркивает, что Губа здоров и трудоспособен, внося в эту смесь идеологии и сатиры элемент биополитики.

Громкоговоритель — явный пример того, что Мишель Шион назвал «всевидящим гласом»: бесплотный голос, чья «безысточниковость» предполагает «параноидальную и часто навязчивую всеобъемлющую фантазию <...> тотальной власти над пространством с помощью зрения» — акусметр (*acousmêtre*) [Chion 1999: 24]. Но если в «Одной» громкоговоритель обращался ко всем и в то же время ни к кому конкретно (сначала мы видим его расположенным в центре пустой площади и озвучивающим свои требования вне зависимости от того, есть ли там кто-то, чтобы их услышать, или нет), то громкоговоритель в «Иване» обращается напрямую к Губе и говорит о нем. Это прямое обращение указывает на сдвиг от общей к частной (и, как мы полагаем, фукольдианской) форме знания. В «Надзирать и наказывать» Мишель Фуко утверждает, что основная функция дисциплинарной власти — это «муштра» и что вместо того, чтобы насильственно превращать всех своих субъектов в однородную массу, дисциплинарная власть «разделяет, анализирует, различает и доводит процессы подразделения до необходимых и достаточных единиц». Дисциплина «фабрикует» личности, пишет Фуко, «она — специфическая техника власти, которая рассматривает индивидов и как объекты власти, и как орудия ее отправления» [Фуко 1999: 248–249]. Голос, раздающийся из громкоговорителя, обращается к Губе лично, выделяя его посредством использования имени-отчества (Степан Йосипович) и отмечая его наклонности (сколько хлеба и сала он ест), откуда он (село Яреськи Миргородского района), его возраст (46 лет) и состояние (здоровый). Дисциплинарная власть, как паноптикон Джереми Бентама, разъединяет и разделяет индивидов, делая их заметными и вводя их «в состояние сознаваемой и постоянной видимости, которая обеспечивает автоматическое функционирование власти» [Фуко 1999: 294]. В этом состоит функция громкоговорителя в «Иване», представляющего собой явный пример акусметра как «всевидящего гласа», от которого «не может спрятаться ни одно существо» [Chion 1999: 24].

Более того, громкоговоритель — не единственный акусматический прием, который появляется в фильме Довженко. И телефон, и радио используются в «Иване», чтобы указать на прямую трансляцию голоса власти, прямую связь с Государством. Когда Губа возвращается домой с рыбалки, его сын звонит в комсомольскую организацию, чтобы доложить об отце, и обещает отречься от него на следующем собрании. В конце фильма мы слышим по радио голос сына, отрекающегося от своего никчемного отца. Чтобы отомстить, Губа разбивает радиоприемник и лично появляется на комсомольском собрании для того, чтобы в свою очередь отречься от сына. Он пытается говорить голосом власти, предъявляя права отцовства в качестве причины, по которой он заслуживает уважения сына, но в конечном счете может лишь повторить реплику из более ранней части фильма: «Я неповторимая индивидуальность», и замолчать. В этот момент Довженко снова переключается на «мертвый» звук, чтобы подчеркнуть абсолютное отсутствие голоса в этой сцене. В фильме, где все рабочие похожи друг на друга и большинство зовут Иванами, Степан Йосипович Губа действительно неповторимая индивидуальность, постоянно пытающаяся противостоять стремлению Советов превратить всех в ударников. Используя прямое обращение в «Иване», (прием, к которому Довженко вернется в «Аэрограде» 1935 года), режиссер показывает нам серию смотрящих прямо в камеру статичных портретов реальных стахановцев, прерываемую автохарактеристикой Губы в качестве прогульщика. Комически повторяя выступление перед камерой Дж. Бернарда Шоу[22], Губа демонстрирует себя в профиль, со спины, а также свою походку: «А я прогульщик, — говорит он, — ось мій профіль. Ось моя потилиця. Ось моя походочка», прежде чем объявить кинозрителям: «Довольно народ мучить! Объявляю пъятилетку в один год!» Его неповторимая индивидуальность уберегает фильм от соцреалистического стиля, предвосхищаемого, в частности, финалом с комсомольскими речами, бюстом Сталина и прибытием советской власти в виде военных, грузовиков, танков и самолетов[23]. Присутствие Губы и его последняя речь, обращенная ко всему рабочему сообществу, подчеркивают, до какой степени Довженко осознает функцию голоса в новом звуковом кино — функцию множества соперничающих друг с другом голосов (голос пейзажа, голоса промышленности, голоса Государства и голос отдельного человека). Все эти голоса, в свою очередь, становятся слышимыми с помощью нового звукового механизма или заглушаются им.

---

[22] Довженко упоминает Шоу в качестве источника вдохновения для этой сцены. Возможно, он имеет в виду появление Дж. Б. Шоу (или, по выражению интертитра, «выдающегося гения мировой литературы») в хроникальном сюжете из серии «Fox Movitone», снятого 26 августа 1928 года.

[23] Этот финал не очень логичен в «Иване» (как с повествовательной, так и с изобразительной точки зрения), но будет повторен практически «дословно» в следующем фильме Довженко — «Аэрограде».

Многоязычие, гетероглоссия, афазия

Несмотря на свои весьма новаторские приемы использования как изображения, так и звука и вроде бы злободневный сюжет, фильм Довженко был принят плохо. К моменту его выхода в 1932 году у режиссера произошел нервный срыв, и он горько жаловался на происходящее у него за окном строительство Брест-Литовского шоссе, разрушавшее старый город и его окрестности. Ему казалось, что «Иван» получился «грубым и бесформенным» [Довженко 1966–1969, 1: 51]. Бела Балаш, которому фильм понравился, написал, что, в отличие от «Встречного» (реж. Ф. М. Эрмлер и С. И. Юткевич, 1932) и несмотря на формулировку самого Довженко, «картина уже совсем не легка и не проста» [Балаш 1933: 3–4].

«Иван» был завершен 30 октября 1932 года, его первые публичные просмотры состоялись 2 ноября в Киеве и 3 ноября в Харькове, а официальная премьера прошла 6 ноября того же года. Еще до официального выхода фильм был обвинен в «украинском национализме», хотя никто не мог точно сказать, каким именно образом он оказался «националистическим». 5 ноября «специальной комиссией» из фильма были вырезаны некоторые куски, а украинские руководители приказали Довженко, его жене Юлии Солнцевой и монтажеру фильма Г. Б. Зельдовичу ехать в Москву и ждать официального решения, которое последовало шесть недель спустя в виде одобрения Сталина и Политбюро.

И все же, несмотря на официальное одобрение, фильм был воспринят как неудача, и часть этой неудачи возлагалась на фонограмму — или, точнее, на выбор языка, звучавшего с экрана. Довженко снял свой первый украинский звуковой фильм на украинском, утверждая в то время, что Киев беден актерскими кадрами и лучшие из них не говорят по-русски, а дублировать их никто бы не смог. Возможно, этот выбор был сделан по эстетическим или политическим соображениям (фильм повествовал о преображении украинского крестьянства в украинский рабочий класс), но был воспринят как националистический, потому что считалось, что использование украинского языка сбивает с толку русскоговорящих зрителей фильма[24]. Как писали тогда и позже многие критики, у «Ивана» «не было четкой идеи» и в нем было много моментов, неоднозначных как с изобразительной, так и с тематической точки зрения (например, проект постройки плотины остается незавершенным, и, следовательно, невероятные усилия и человеческая жертва, занимающие в фильме центральное место, остаются неоправданными). После выхода «Ивана» Довженко признал, что использование украинского из-за его близости к русскому делало фильм менее доступным для русскоговорящей публики. Русские зрители, по словам режиссера, неверно предполагали, что смогут понять фильм: «Здесь полузнание языка. Это знание с пятого на десятое вносит в восприятие моменты настоящего торможения, что раздражает зрителя. Это снижает качество картины» [Довженко 1966–1969, 1: 279][25].

«Нечеткая» идеология фильма, таким образом, частично проистекала из выбора языка, который был похож на язык его зрителей, но все же им был другим. Зрители, по словам Довженко, не могли «абстрагироваться» от языка и в конечном итоге оказывались сбиты с толку его близостью к русскому. Как предположил в своей биографии Довженко Джордж Либер, «язык фильма и стал его посылом» [Liber 2002: 128]. Действительно, можно утверждать, что идеологическое послание фильма на самом деле было вполне очевидно, — просто это было не то послание, которое ожидало государство. Бурные кампании 1920-х годов по украинизации оказались одновременно неэффективными и спорными. С одной стороны, сталинская политика коренизации была направлена на превращение статуса украинского языка из языка крестьянского в культурную силу, для чего книги, журналы и фильмы переводились на украинский. В то же время для

---

[24] На самом деле большинство жителей Киева в это время говорило по-русски, что соответствовало типичному делению между городским (русскоговорящим) и сельским (украиноговорящим) украинским населением. См. [Liber 2002: 127–128].

[25] Первоначально в [Довженко 1932]. См. также: РГАЛИ. Ф. 2081. Оп. 1. Ед. хр. 354 (Лекция, прочитанная в институте кинематографии в Москве о фильме «Иван», 17 декабря 1932 года).

того, чтобы не потерять поддержку украинских рабочих — в большинстве своем русскоговорящих и живущих в Донбассе и прочих крупных промышленных областях, — Советы не навязывали новую языковую политику в городских центрах или на более высоких образовательных уровнях. К 1930 году 80 % всех публикуемых книг и 90 % газет были написаны на украинском; и к 1932–1933 годам 88 % школьников начальных и средних классов в Украине получали образование на украинском. Но после того, как политика коренизации сменилась культурной революцией, коллективизацией и индустриализацией, идея украинизации стала казаться неблагонадежной. Она больше не была связана с советской идеологией «национального по форме, социалистического по содержанию», а вместо этого ассоциировалась с украинским национализмом и сопротивлением коллективизации. Таким образом, Довженко не совсем солгал, когда утверждал, что не может найти актеров, говорящих по-русски; скорее, он следил за тем, чтобы новая звуковая технология способствовала «украинизации» украинского кино, а это к 1932 году, в свою очередь, оказалось опасным шагом[26].

Его выбор языка для «Ивана» может быть связан с тем, что Е. Я. Марголит назвал «разноязычием» раннего советского кино, его гетероглоссией [Марголит 2006]. Как утверждает Марголит, в первые годы звукового кинематографа было выпущено около дюжины фильмов (советские киностудии в первой половине 1930-х годов производили в среднем около 20 звуковых фильмов в год), демонстрировавших широкий набор стратегий разноязычия. Так, например, мы слышим, как в финале «Путевки в жизнь» Николая Экка (1931, первый стопроцентно «говорящий» советский фильм) Мустафа «Ферт» поет на своем родном марийском языке. Характерно, что на протяжении фильма Мустафа говорит по-русски с комичным акцентом, но накануне собственной смерти поет на родном языке, словно возвращаясь к своим корням. Похожим образом в «Моей родине» (режиссеры Иосиф Хейфиц

---

[26] Более подробно о постоянно менявшейся национальной политике см. в [Мартин 2011].

и Александр Зархи, 1933) смертельно раненный солдат-герой Кац в бреду резко переключается на идиш. Молодой солдат Васька из того же фильма никак не может выучить китайскую фразу, означающую «Красная армия — друг бедняков», но китайский юноша Ван (его играет Бори Хайдаров, актер из Центральной Азии, который не говорил по-китайски) тем не менее понимает его благодаря интонации и мимике. Та же самая тактика прослеживается в «Окраине» (реж. Борис Барнет, 1933), вышедшей месяцем позже — в этом случае все общение между молодым немецким солдатом Мюллером и разнообразными русскими персонажами проходит без использования разговорной речи. «Иноязычная речь, — утверждает Марголит, — заставляет сконцентрироваться на лице говорящего, тем самым опять-таки выявляя его индивидуальность и общечеловеческое родство, преодолевая всевластие слова» [Марголит 2012: 132][27].

Более того, весьма значительное число ранних советских звуковых картин, помимо упомянутых Марголитом, использовало непереведенную иностранную речь. В «К. Ш. Э.» (1932) Шуб мы видим сцену записи радиопередачи на английском, немецком и французском, а также сцену, в которой американский специалист посещает строительный участок со своим русским переводчиком. Тема разноязычия и перевода соединяется здесь с подчеркиванием значения американских специалистов для инструктирования советской рабочей силы. С одной стороны, мы слышим фразу «Пролетарии всех стран, соединяйтесь!» (произнесенную радиоведущим по-английски), за которой следует та же самая речь на немецком и французском, и в ней отчетливо распознаются такие слова, как «Сталин», «Ленин», «комсомол», «пятилетний план» и «энтузиазм». С другой стороны, мы видим, как американский специалист учит советского рабочего использованию правильного инструмента; при этом переводчик заключает по-английски: «Хорошо, они сделают по-вашему» («Alright, they'll do as you say»).

---

[27] См. так же Булгакова О. Голос как культурный феномен. М.: Новое литературное обозрение, 2015. С. 355–356.

Повышенное внимание к теме перевода особенно заметно в таком фильме, как «Дела и люди» Александра Мачерета (1932), сюжет которого строится вокруг невозможности перевода терминов «социалистическое соревнование» и «ударник» на английский. Непонимание между американским инженером Клайном и его переводчицей приводит к ровно противоположному эффекту: вместо того, чтобы увидеть в социалистическом соревновании высшую форму соревнования, неизвестную на Западе, американский инженер воспринимает трудности, которые испытывает переводчица в процессе перевода этого термина на английский, как свидетельство нехватки у советских рабочих умений и навыков. «Да, дорогой друг, я понимаю, — говорит он ей по-английски. — Вы имеете в виду, что эти люди не умеют работать. Я сразу это заметил». Разумеется, здесь мы видим ошибку в *культурном* понимании, которое маркировано как лингвистическое: хотя русское слово «соревнование» легко переводится на английский как «competition», его истинное значение не проговаривается. На самом деле, ключом к пониманию *советского* соревнования оказывается не умение, а «энтузиазм». Момент культурного осознания Клайна в конце фильма предвосхищает похожий момент откровения, которое испытывает Мэрион Диксон в финале «Цирка» Григория Александрова (1936). Как и Мэрион, Клайн обращается к русскому языку, чтобы выразить свое новообретенное уважение по отношению к Советскому государству и обозначить свою интеграцию в советское общество. И так же, как у Мэрион, русский язык Клайна имеет отчетливый акцент, как бы гарантируя, что в этом новообретенном сообществе он навсегда останется маркирован в качестве *другого*, чужого[28]. «Ударничество. Компетишн. Соревнование. Гип-гип, ура!» — заключает он, сводя свою финальную речь к дежурным лозунгам и «энтузиазму»[29].

---

[28] Знаменитый обмен репликами в финале «Цирка», где Раечка в четвертый раз за фильм спрашивает Мэрион: «Теперь понимаешь?» — и та наконец-то отвечает с энтузиазмом: «Теперь понимаешь!», как бы намекая, что в конечном итоге американцы могут лишь повторять как попугаи, но никак не понять по-настоящему.

[29] Прекрасный анализ фильма Мачерета см. в [Widdis 2014].

С одной стороны, многоязычие (или, точнее, то, что лингвисты называют «разноязычием» (*glossodiversity*) — то есть те же самые слова, переведенные на другие языки[30]) служит свидетельством универсальной природы советской идеологии: все рабочие понимают друг друга вне зависимости от того, на каком языке говорят. С другой стороны, вопрос разноязычия в ранних советских звуковых картинах — это также вопрос иерархии. Какой язык заслуживает перевода, а какому позволяется оставаться для зрителя непонятным? В первом звуковом фильме, выпущенном грузинской киностудией «Грузия-фильм», «Последние крестоносцы» (1933, режиссеры С. Долидзе и В. Швелидзе), например, мы обнаруживаем, что чеченцы говорят по-русски, тогда как хевсуры — на местном диалекте грузинского. Фильм начинается с выстрелов и смерти одного из пастухов-чеченцев, но, как только мы перемещаемся на хевсурскую сторону, мы слышим мелодично поющий женский голос на фоне панорамы с водопадом и горами, показывающей нам природную красоту грузинского пейзажа. Уже из первого эпизода ясно, что хевсуры связаны со своей землей и традиционным образом жизни куда больше, чем чеченцы, которые ходят с красным советским флагом и предлагают хевсурам молочный сепаратор в знак завершения их кровавого раздора[31]. Хевсуры слишком отсталы, чтобы увидеть смысл в этом техническом новшестве, которое им кажется каким-то трюком Советского государства — и сепаратор становится способом отделить не только сливки от молока (для производства масла, которое по качеству значительно выше изготавливаемого традиционными методами), но и отделить тех, кто принимает советскую власть, от тех, кто стоит на ее пути. Когда младший брат Циции Мгелия возвращается в деревню, одетый в городскую одежду, что создает резкий контраст с традиционными нарядами хевсурских пастухов, он отказывается от деревенской феодальной

---

[30] «Семиоразнообразие» (разнообразие смыслов) противопоставляется «разноязычию» (разнообразие языков).

[31] (Скорее всего, это отсылка к «Генеральной линии» / «Старому и новому» Сергея Эйзенштейна (1929).)

системы в пользу создания колхоза. Он смеется над старшим братом и его «рогатыми тракторами» — двумя быками, которых тот использует для вспахивания — и обнаруживает до сих пор не опробованный сепаратор под одеялами и камнями. Его первый диалог с чеченцами включает в себя исполнение Интернационала, который он играет на своей пастушеской дудке, и использование слова «комсомол» в качестве приветствия. Сюжет «Последних крестоносцев» построен на том, что Циция неправильно понимает последнее слово умирающего Мгелии — «класс» — как имя человека, вместо того чтобы заключить, что Мгелия был убит «врагами рабочего класса». И снова здесь имеет место скорее культурное, чем лингвистическое непонимание. На всем протяжении фильма хевсуры показаны как отсталые не только из-за их кровных раздоров, феодальной структуры и нехватки технических знаний, но также из-за их речи. Использование ими грузинского диалекта, который ближе к средневековому литературному грузинскому языку, чем к современному, составляет резкий контраст с чистым русским языком чеченцев.

Но, возможно, наиболее ярко эта языковая динамика воплощена в фильме «Возвращение Нейтана Беккера» (1933, реж. Борис Шпис и Р. М. Мильман) — первом в мире еврейском звуковом фильме, который был выпущен одновременно в двух вариантах — на русском и идише (или, как это было сформулировано в рецензии в газете «Вечерняя Москва», «русском и еврейском»). Как пение Мустафы на его родном марийском или внезапный переход немецкого солдата Каца на идиш в «Моей родине», идиш в русской версии «Возвращения Нейтана Беккера» сводится к набору нечленораздельных звуков, смысл которых полностью находится за пределами внятной речи. Действие фильма разворачивается в Белоруссии в период первой пятилетки, и он повествует о возвращении Нейтана Беккера в местечко (по-прежнему легко опознаваемое как еврейское поселение, слабо преображенное советской властью) после 28 лет работы каменщиком в Нью-Йорке. Как и Клайн в фильме Мачерета, Нейтан — еще один американский специалист, который должен научиться понимать, что советский труд требует не только умения или усилий, но также «головы и сердца» — в СССР изнурительный труд становится радостным, его движения слаженны, словно танец, а дружеское социалистическое соревнование разворачивается на арене цирка. В русской версии фильма (сохранилась только она и лишь в неполном виде, без первой и последней частей), большинство других персонажей говорят на идеально чистом русском языке, за исключением Цалэ, отца Нейтана, которого играет выдающийся актер Соломон Михоэлс[32]. Михоэлс создал своего героя с помощью частого повторения отдельных движений и фраз, но самый заметный из производимых им звуков — постоянное пение нигуним, традиционных еврейских напевов без слов. Так, например, первые звуки, которые мы слышим в фильме — это пение Михоэлса, которое прерывается заикающимся «Н-н-н-носн!» — еврейская форма имени Нейтан. Ближе к концу фильма между Нейтаном и Цалэ происходит целый диалог, состоящий из произносящихся с различными интонациями слов «ну», «да» и «нет», а самый длинный его фрагмент построен лишь на одном слове — «ну», которое как в русском, так и в идише выражает широкий диапазон смыслов, от одобрения до сомнения и нетерпения, и включает все, что находится между ними[33].

Фильм завершается сценой, в которой друг Нейтана и его коллега каменщик Джим (афроамериканский рабочий, приехавший с Нейтаном из Америки помогать в строительстве социализма) учится у Цалэ петь нигуним. Сидя высоко над строительным участком, Нейтан с гордостью смотрит вниз, на огромную советскую стройку, пока Цалэ учит Джима петь. Это удивительное смешение еврейской и афроамериканской культур, поскольку Цалэ явно «усыновляет» Джима в качестве еврея. Более того,

---

[32] Фильм был сделан в Ленинграде студией «Белгоскино». К сожалению, версия фильма на идише не сохранилась, поэтому мы не можем знать наверняка, как звучал бы идиш Михоэлса в контексте, когда все герои говорили бы на том же языке. Оригинальная (русскоязычная) версия фильма была выпущена в девяти частях и 2600 метрах, но сохранилась без первой и девятой частей. Сценарий фильма на идише сохранился и находится в Госфильмофонде.

[33] О «Возвращении Нейтана Беккера» см. [Murav 2011: 98–102]. См. также [Le Foll 2012].

когда Цалэ встречает Джима в первый раз, он спрашивает, еврей ли тот, на что Нейтан отвечает, что он каменщик — то есть профессия замещает здесь идентичность, которая когда-то определялась расой, этнической принадлежностью или религией. И все же кажется, что финал фильма противоречит этой идее, поскольку Нейтан, новый *советский* рабочий, показан с одной стороны экрана, тогда как Цалэ и Джим общаются между собой на «старом наречии» — с другой.

Это смешение афроамериканского с еврейским некоторым образом подсказывает трактовку использования этим фильмом языка в целом. Ричард Дайер в известном эссе «Белый» рассматривает характеристику колонизаторского восприятия, для которого черные и белые культуры есть нечто абсолютно различное; Франц Фанон определяет это как «манихейский бред». Такая идеологическая позиция организует свой нарратив на основе жесткой бинарности, которую, как кажется, невозможно преодолеть. «Белый» в данном случае означает современность, рациональное мышление, порядок, стабильность, а «черный» — отсталость, иррациональность, хаос и насилие. Дайер, в частности, обращает внимание на то, как эта бинарность воспроизводит себя на уровне мизансцены. В таком фильме, как «Симба» (первый фильм, который рассматривает Дайер), собрание белых происходит ранним вечером в хорошо освещенной комнате; беседующие герои сняты с помощью стандартного многоточечного освещения, так что их полностью видно; все сидят рядами; и, хотя между ними имеются некоторые разногласия, иногда горячие и эмоциональные, их речь граматически правильна, на языке, который зритель (британский) может понять. Более того, это собрание не включает ничего, кроме речи. Собрание черных, напротив, происходит поздно ночью, на природе, все герои находятся в тени; даже лидер Мау-Мау освещен крайне экспрессионистичным освещением, которое утрирует и искажает его лицо. Группа располагается в форме неровного рваного круга, и речь, присутствующая в кадре, не рациональна, а ритуализована и остается непереведенной (и, как отмечает Дайер, в любом случае не произносится ни на одном из реально существующих языков). При этом большинство звуков, которые издают персонажи — это вопли, бормотание и резкие крики [Dyer 1988: 51–52].

Раннее советское звуковое кино также часто маркирует нерусскую речь как бессвязную или непонятную (песня, бред, мелодия без слов) и, что еще более важно, как нечто «традиционное» и древнее. Это, возможно, объясняет негативный прием довженковского «Ивана», тематическое содержание которого — Днепрострой, советское строительство, образование рабочих — должно было бы идеально вписываться в контекст производственных фильмов первой пятилетки, однако выбор языка заставил его вместо этого выглядеть традиционным и — потенциально — антисоветским. Если мы сравним использование украинского языка в «Иване» с «Последними крестоносцами» или с «Возвращением Нейтана Беккера», мы увидим, что употребление «национальных» языков обычно связывалось с представлениями об отсталых и традиционных культурах, которые советский проект должен был реформировать. Поэтому, хотя «Иван» Довженко был создан в рамках более широких гетероглоссных, разноязычных (и явно утопических) тенденций раннего советского звукового кино, этот фильм пытался говорить о советском будущем языком прошлого. Предлагая своим русским зрителям фильм, полностью снятый на украинском, Довженко в каком-то смысле провозгласил «независимость» Украины от доминирующего языка советского кино. Вместо обычной короткой сцены на иностранном языке смысл которой все равно можно было понять так или иначе, использование украинского на всем протяжении фильма означало, что «средство передачи инфоармации *само является* посланием».

К 1932 году Довженко начал опасаться ареста. Демуцкий, его оператор, уже был арестован, как и многие из его коллег и друзей, а его отец и мать были изгнаны из колхоза[34]. К началу 1933 года

[34] Западноукраинская интеллигенция стала основной мишенью чисток 1933 года на Украине, начиная с арестов в декабре 1932 года. В период между 1934–1938 годами почти 150 000 (треть от общего числа) членов Коммунистической партии Украины были арестованы. Более подробно см. в [Мартин 2011: 468–505].

Довженко уехал в Москву и, согласно его автобиографии 1939 года, написал письмо Сталину с просьбой о защите. Сталин позволил ему поступить на «Мосфильм» и начать работу над следующим фильмом. Действие «Аэрограда» разворачивалось на Дальнем Востоке, а все актеры говорили по-русски.

«Аэроград»

«Аэроград» — это фильм о городе будущего, городе, который еще не построен — и не будет построен к моменту завершения фильма. Это фильм воплощает мечту о советской экспансии на Дальний Восток, до самого Тихого океана. Довженко объявил о планах по созданию нового фильма, действие которого происходит на Дальнем Востоке, 25 июля 1933 года и начал сотрудничать над сценарием с писателем А. А. Фадеевым[35]. Фильм создавался в очень напряженное с политической точки зрения время. Убийство члена Политбюро и главы Ленинградской парторганизации С. М. Кирова 1 декабря 1934 года открыло дорогу массовой ксенофобии, паранойе и арестам[36]. К середине 1930-х годов Советский Союз начал охоту за «внутренними врагами», но ощущал также и растущую угрозу извне — от фашистской Италии, нацистской Германии и имперской Японии, — и «Аэроград» частично отражает это параноидальное состояние. Фильм рассказывает о вовлечении и исключении; об иностранной интервенции и капиталистическом окружении; о тех путях, которыми враги могут проникнуть в Советский Союз, и о путях, которыми друзья

---

35 Фадеев был одним из основателей Союза советских писателей и его председателем с 1946 по 1954 год. Он был автором таких классических произведений соцреализма, как «Разгром» (1927), «Последний из Удэге» (1930–1941) и «Молодая гвардия» (1946).

36 См. «Закрытое письмо ЦК ВКП(б): Уроки событий, связанных с злодейским убийством тов. Кирова» (18 января 1935 года, опубликовано в «Известиях ЦК КПСС» № 8 (1989)); и доклад Пленуму ЦК ВКП(б) 3 марта 1937 года «О недостатках партийной работы и мерах ликвидации троцкистских и иных двурушников» (Правда. 1937. 29 марта).

могут стать врагами. Более конкретно: страх вызывают «чужие» — нерусские, которые угрожают Советскому Союзу как изнутри, так и извне.

Что еще важнее, в «Аэрограде» мы обнаруживаем уничтожение индивидуального голоса и его замену голосом государства. Теперь все направлено на производство определенного рода речи, которая делается слышимой благодаря использованию для передачи смысла прямого обращения. В «Аэрограде» Довженко конструирует новую технологию звука как «голоса власти», который раздается напрямую с экрана. Вопрос здесь заключается именно в обращении: Довженко использует в своем фильме звук для того, чтобы сделать понятие «прямого обращения» слышимым на экране. Звук не выглядит естественным, — наоборот, зритель постоянно обнаруживает, что герои говорят *с ним* напрямую с экрана. Фильм в целом построен вокруг права на речь, и его необычные формальные приемы прямого обращения вовлекают зрителя в этот речевой акт.

По выражению одного из советских биографов Довженко А. М. Марьямова, фильм состоит исключительно из хорошего и плохого, черного и белого, без полутонов: «Тьма и свет, добро и зло. К этим прямым — без светотеней — противопоставлениям Довженко прибегает в “Аэрограде”» [Марьямов 1968: 240]. Начальные титры не только называют участников фильма, но также указывают их идеологические позиции, включая «партизан Дальнего Востока» (колхозников, охотников в тайге, летчиков, красноармейцев); старого партизана и охотника на тигров Степана Глушака, по прозвищу Тигриная Смерть, и его сына, летчика Владимира; друга Глушака и «изменника родины» зверовода Василя Худякова; китайского партизана Ван-Лина; молодого чукчу; а так же «староверов, сектантов и кулаков, бежавших от нас в сибирскую глушь». Уже в этих начальных титрах мы отмечаем прямое обращение к зрителю: староверы, сектанты и кулаки, «бежавшие *от нас*» в сибирскую глушь. Следующий титр еще больше подчеркивает обращение к зрителю и его вовлечение: «Да здравствует город Аэроград, который нам, большевикам, надлежит построить на берегу великого океана».

Фильм открывается звуком самолета и двумя мужскими голосами, поющими о зове Тихого океана. Пока самолет летит над тайгой, зритель наслаждается видом с высоты птичьего полета на леса, ручьи и, наконец, сам океан. Как и в своих предыдущих картинах, Довженко показывает красоту мира природы, но в этот раз экран заполняет не «политически неблагонадежная» Украина, а советский Дальний Восток. Как и в «Иване», общие планы спокойной воды сменяются крупными планами разбивающихся волн, а все ускоряющийся темп музыки вносит ноту тревоги в эту в целом спокойную сцену. Более того, титры прерывают визуальный ряд, направляют наши ощущения и организуют наше восприятие изображений, больше не удовлетворяясь тем, чтобы просто позволить красивым кадрам земли и воды «говорить» самим за себя. «Между Беринговым морем, где гуляют льды и эскадры наших китов, и устьем сверхреки Амура у берегов Японского моря укорачивается старый свет и суживается великий океан», — объявляют нам три титра.

Мужские голоса, поющие о зове города Аэрограда как о зове Родины («Он зовет меня, как Родина зовет, Город сердца моего — Аэроград»), резко контрастируют с женским хором, исполняющим традиционную украинскую песню в «Иване», а образы мира природы быстро сменяются образами советской власти. В следующем кадре мы видим, помимо гуляющих льдов и эскадры «наших» китов, эскадрилья самолетов, которые пролетают над головой, и лодки, которые проносятся по воде, принося в эти девственные места техническую и военную мощь государства. Как отмечает Эмма Уиддис, если тайга понятна тем, кто умеет ее «читать», то вид с воздуха, напротив, это взгляд «центра и *освоения*. Он хочет преобразить тайгу — из пространства тяжелых испытаний и завоевания в пригодную для обитания и обитаемую территорию государства» [Widdis 2003: 153–154]. Оркестровая музыка отражает сначала величавый вид земли внизу, а затем ее героическое покорение — при этом партитура возвращается к мелодии песни, которую мы слышали раньше, но теперь в более быстром темпе. А затем мы видим первый повествовательный титр: «Через амурскую границу несут чужие люди динамит — шестеро русских и двое нерусских». «Внимание, — говорит второй титр, — сейчас мы их убьем».

Второе лицо множественного числа включает здесь нас, зрителей, в повествование фильма и помещает на правильную сторону идеологического разлома. Очевидно, *мы* не иностранцы, не другие, не «чужие»; очевидно, мы «русские» (в смысле, который явно шире простой этнической принадлежности и предполагает разделение мира на врагов и друзей). И все же кадры тайги, когда мы спускаемся вниз, на землю, слишком дремучи, чтобы мы могли ясно видеть свой путь. В этой дикой природе есть нечто нечленораздельное, мы не можем пробраться через растительность, кадры стремятся вместить слишком много всего сразу, и мы как бы подавлены размахом, который пытается охватить камера. (Другими словами, Довженко здесь больше не избегает перегруженности общего плана; у него так же другой оператор — Э. Т. Тиссэ[37].) Более того, в фильме сразу же затрагивается тема способности «читать» тайгу и отмечается, что нечто непонятное иностранцу легко может прочитать охотник, который хорошо ориентируется на местности.

Как и большинство реплик фильма, это утверждение кажется демонстративным. Мы одновременно включены в эту картину и исключены из нее. Мы не охотники со специальными знаниями, мы, пожалуй, ближе к тому «чужому», на которого охотится охотник. А то, чему мы становимся свидетелями в первом эпизоде — это уничтожение таких «чужих»: шести русских и двоих нерусских, на которых охотится Глушак, наш сибирский проводник.

Пока Глушак преследует двух «нерусских» в дебрях тайги, мы слышим две разных звукозаписи. Первая — музыкальное сопровождение; вторая — тяжелое дыхание и тихие, невнятные звуки, которые издают двое японцев. Добравшись до просеки, они решают разойтись в разные стороны, и их прощание выражено

---

[37] Постоянный соратник Эйзенштейна, Тиссэ был одним из трех операторов «Аэрограда» вместе с М. Е. Гindиным и Н. Смирновым (который снимал сцены в воздухе). Соболев отмечает, что критики «встретили работу Тиссэ в “Аэрограде” с недоверием», посчитав, что таежным кадрам «недостает “воздуха”» [Соболев 1980: 144–145].

с помощью телесных жестов и мимики, а не обычной речи. Мужчины расходятся, снова сходятся и затем, нагибая шеи, словно животные, испытывающие боль, разбегаются в разные стороны: то есть, перед нами еще один пример «манихейского бреда» описанный Дайером. Два японских шпиона лишены языка — или, по крайней мере, *человеческого* языка; вместо этого они общаются с помощью жестов и знаков, словно их родной язык им недоступен. Пойманный Глушаком первый из японских шпионов вытаскивает блокнот и читает из него на ломаном русском (как делают это в фильме и корейцы, и китайцы, и чукчи). Русский представляется *единственным* возможным языком в фильме. Все другие языки — иностранные, «чужие» — немы; они не могут быть воспроизведены русской / советской кинотехнологией. Другими словами, в своем втором звуковом фильме Довженко чересчур дотошно исправляет ошибки предыдущего внимания к украинской речи. На этот раз послание не искажается из-за помех, из-за близости языков, наоборот, оно будет провозглашено громким и звонким голосом.

Более того, этот голос настолько громок и звонок, что совершенно разрушает «звуковой барьер» фильма, разбивая «четвертую стену», чтобы обратиться к зрителю напрямую. В фильме есть несколько примеров прямого обращения, когда актеры поворачиваются к камере и декламируют свои реплики, будто бы произнося монолог на сцене или читая стихотворение, словно в кино нет места естественной речи. «Сейчас войдем и убьем», говорит Глушак в своем первом прямом обращении к зрителю. Всегда использующий первое лицо множественного числа Глушак — это голос государства, провозглашающего свой вердикт спокойно и рационально, не окрашивая его эмоциями. В каждом случае он одновременно присяжный суд и палач, а его прямое обращение к зрителю вовлекает нас в его действия.

Как уже часто замечали критики этот фильм, по всей видимости, оправдывает сталинские репрессии, аресты и убийства. Так же как и в показательных судебных процессах, японский диверсант, будучи «арестован» Глушаком в разгар бегства, зачитывает длинный список причин своей ненависти к Советскому

Союзу — стране, у которой есть много богатств (но из которой он исключен), к ее природным ресурсам, людям и животным, к ее «спокойной вере» в светлое будущее. Он признается, что заложил в лесу динамит, и таким образом дает Глушаку законное право его убить: «В своей гибели ты расписался без ошибок», — говорит ему Глушак.

И все же, как и во всех фильмах Довженко, здесь больше двусмысленности, чем это может показаться на первый взгляд. «Аэроград» усложняет четкую бинарность «манихейского бреда», показывая нам мир, где намного труднее — и даже почти невозможно — определить разницу между «своим» и «чужим», «тем же самым» и «другим». Действительно, мы можем утверждать, что, хотя на первый взгляд в фильме основной интерес представляют те «чужие», которые живут за пределами его границ, на самом деле его создателей больше волнуют те, кто живет внутри — другими словами, не двое *нерусских*, а шестеро *русских*. В этом фильме представление о враге не ограничивается японскими (или итальянскими, или немецкими) фашистами или даже «староверами, сектантами и кулаками, сбежавшими от нас в таежные дебри». По сути дела, авторов фильма заботит тот «свой», который на самом деле является «чужим». Как отметил Питер Кенез, за семь лет, с 1933 по 1939 год, советские режиссеры сняли 85 фильмов о современности. Более чем в половине из них (в 52) герой или героиня разоблачает скрытых врагов, совершивших преступления. Бдительность героя не может быть чрезмерной: «В “Аэрограде” Довженко врагом оказывается его [героя] лучший друг, в “Бежине луге” Эйзенштейна — отец героя, а в “Партийном билете” Пырьева — муж героини» [Kenez 2001: 149].

Казнь Глушаком своего друга детства Худякова (которого снова играет любимый актер Довженко — Степан Шкурат) — старого охотника, отказывающегося забросить свой маленький надел и присоединиться к коллективу — преподносится нам как «естественное» последствие предательства Худякова и также является отзвуком чисток и арестов, показательных судов и расстрелов середины тридцатых годов. Почти застреленный по ошибке в начале фильма, Худяков оказывается виновен в том, что прячет второго японского диверсанта, в убийстве китайского партизана Ван-Лина и в том, что борется против советской власти, присоединившись к группе сектантов. Худяков не кулак в общепринятом смысле, и мотив его предательства кажется никак не связанным со старообрядчеством, с ненавистью к большевикам или даже с боязнью прогресса. Напротив, его мотивы скорее объясняются истинным пониманием того, как работает советская власть. Во время короткой паузы перед кульминационной сценой борьбы Худяков стоит и смотрит на несколько диких оленей, собранных в колхозе. «Вот таких <...> 75 голов отобрали и прикрепили ярлычки», — объясняет он. Предательство Худякова словно исходит из почти фукольдианского ощущения структуры знания как формы власти. Прикрепляя ярлычки на этих оленей, советское правительство практикует некую форму биовласти, которая распространяется на землю, море, животных и людей.

Довженко подчеркивает близость и сходство между Глушаком и Худяковым. В эпизоде, полностью нарушающем повествовательный ход фильма, Глушак и Худяков обращаются к камере и говорят одни и те же реплики в унисон:

> 50 лет нашей дружбы прошумели в тайге как один день. Каждый день смотрю и не насмотрюсь, все спрашиваю себя, есть ли на свете еще такая красота, такие богатства? Нет, такой красоты и таких богатств на свете нет!

Это обращение к зрителям, снятое как реплика в сторону, — вставка в ткань фильма[38], — произносится одним голосом, как бы подчеркивая невозможность предательства Худякова. Двое друзей говорят и, значит, думают и действуют как один. Это делает финальное предательство намного более разрушительным и личным: Худяков предает не только родину — он предает лучшего друга, которому приходится его убить.

---

[38] Довженко называет этот кадр «наплывом» и утверждает, что снимал его 38 раз, «убив» 1800 метров пленки, но вставленный кадр все равно оказался несовершенным [Довженко 1966–1969, 1: 299] («Два выступления в Союзе писателей» [13 ноября 1935]).

Идя к месту казни, Худяков мельком смотрит в камеру и — в потрясающий момент метакинематографического комментария — заслоняет лицо, пряча его от зрителя[39]. В фильме существует постоянное осознание присутствия камеры и зрителей, словно Довженко ни на мгновение не дает своим героям забыть, что за ними наблюдают. В то время как музыкальное сопровождение подчеркивает эмоциональный накал этой сцены именно так, как мы уже привыкли ожидать от звукового кино, работа с репликами — и то, *что* говорится, и то, *каким образом* это произносится, — совершенно расходится с тем, что в противном случае было бы совершенно обычным фильмом соцреализма. Когда Глушак готовится казнить друга, он смотрит прямо в камеру и произносит свой приговор: «Убиваю изменника и врага трудящихся, моего друга — Василия Петровича Худякова, шестидесяти лет. Будьте свидетелями моей печали», снова напрямую вовлекая нас в это событие. В ответ Худяков испускает крик — не крик о помощи или сигнал того, что он сдается, но что-то вроде «зова природы», словно общаясь с лесом вокруг него. Он кричит «О-хо-хо!», поворачиваясь во все стороны и таким образом также призывая тайгу стать свидетелем своей казни, — все это передается лишь звуком, минуя обычную речь. Изо всех сцен смертей в фильме это единственная, в которой кадр не уходит в затемнение и камера не панорамирует прочь от сцены действия. Вместо этого мы видим, как Глушак прицеливается, слышим звук выстрела и видим, как тело Худякова валится на землю, издавая один последний звук. «Мама», говорит он слабым голосом, который прежде громко отзывался по лесу. В этот момент через склейку мы возвращаемся к телу китайского партизана Ван-Лина, убитого Худяковым, чтобы еще раз удостовериться в том, что казнь Худякова была правильной и справедливой.

В финале «Аэроград» возвращается к первому эпизоду прибытия советской власти на Дальний Восток. Мы видим, как сначала

---

39 Кепли связывает прямое обращение к зрителю с темой вины или невиновности: «Способность глядеть противнику в глаза является знаком власти; способность смотреть прямо в камеру становится знаком чести» [Kepley 1986: 116].

самолеты, затем парашютисты, затем корабли и наконец целые армии прибывают на Тихий океан — место, где будет построен будущий город. Если тайга понятна лишь тем, кто умеет ее читать, то советской власти все становится явным другими путями: ей не нужно пробираться через дикую тайгу, она приходит по морю и по воздуху. Этот эпизод, так похожий на аналогичную сцену в финале «Ивана», здесь выглядит намного более логичным: прибытие советской власти «во плоти» [Baudry 1974–1975] и технологической мощи государства обеспечивают уверенность в том, что эта земля защищена изнутри и снаружи.

«Стоя на берегу Тихого океана и глядя на Запад, — писал Довженко в автобиографии 1939 года, — я вспоминал Украину» [Довженко 1939: 142]. Это утверждение сначала может показаться странным, поскольку ничто в Тихом океане или сибирской тайге не должно было бы напоминать ему об украинских степях. И все же представляется возможным, что здесь идет речь именно о тех проблемах, которые Довженко пытался поднять в своем фильме: о праве говорить, о правильном моменте для того, чтобы заговорить, о форме обращения. В середине 1930-х годов Украина была большой и геополитически неблагонадежной частью Советского Союза, которая все время угрожающе «склонялась» в сторону независимости; республикой, чей хребет был переломлен коллективизацией, но которую тем не менее продолжали обвинять в национализме; той частью, которую необходимо было усмирять снова и снова. В каком-то смысле для Советского Союза Украина была «внутренним врагом», «чужим», находившимся в центре «своего». Снова и снова герои «Аэрограда» утверждают, что они не станут говорить сейчас — они будут говорить позже. «И когда построим, я буду говорить», — говорит молодой чукча в камеру. Разнообразные «молчания», которые, согласно утверждению Довженко, были возможны лишь в звуковом кино, здесь становятся слышны. Для того чтобы не исказить «послание» партии (как это случилось раньше с «Землей» и «Иваном»), фильм Довженко вообще отказывается говорить.

Разъясняя необычное использование языка в «Аэрограде», Довженко утверждал, что пытался использовать обычный бытовой язык, но обогатил его всей литературной и технической терминологией, «которой сегодня оперирует культурный человек»: «Я заставил говорить своих крестьян их языком», вместо того чтобы подражать их языку [Довженко 1966–1969, 1: 306]. Довженко продолжал снимать звуковые фильмы и писать сценарии, рассказы, журналистские статьи и другие работы, но его собственное использование языка оставалось довольно странным. В посвященном режиссеру и в особенности его шедевру «Земля» выпуске журнала «Киноведческие записки» в 1994 году несколько исследователей отметили странное использование им языка, его гибридные украинско-русские конструкции и неологизмы. Один критик определил эти элементы как «афазию», а другой назвал «аномальным» языком; это речь, которая «бесконечно множится и уклоняется», которая не может «удержаться на каком-то одном пути», «неправильная, неконтролируемая речь, допускающая оговорки, описки»[40]. Украинский литературовед Г. А. Костюк (смотревший «Аэроград» в лагере, где находился с 1935 по 1940 год) писал в своих мемуарах:

> Я вышел из кинозала взволнованным. В фильме было все: талантливо показанные красота и необъятность просторов советского Дальнего Востока, железные колонны пограничников, грозные черты их командиров, сверхчеловеческое послушание солдат, старания информаторов НКВД, мощь аэродромов и бесстрашие советских эскадрилий, патрулирующих под облаками Тихий океан и охраняющих границы СССР. Словом, в фильме было все, что нужно государственной пропаганде, но в нем не было творца «Земли» и «Ивана». Не было великого художника, не было живых, сложных, но всегда трогательных героев Довженко. Я ушел из кинотеатра удрученный. Я чувствовал, что побывал на похоронах нашего великого «поэта кино» [Костюк 1978: 114][41].

Критик М. Ю. Блейман отзывался о работах Довженко так: «“Аэроград” и “Иван” были для Довженко этапами какой-то творческой трагедии, тем этапом в работе художника, когда он

---

[40] См. [Дерябин 1994: 185, прим. 7; Гурко 1994].

[41] Цит. по: [Liber 2002: 146].

теряет свой масштаб, теряет свою тему и не только перестает говорить остро, но, что самое страшное, перестает говорить внятно»[42]. А сценарист В. В. Вишневский в 1935 году записал:

> Когда я всматривался в Глушака, мне виделся и сам Довженко. И я думал: с кем он говорит? Мне кажется, он говорит со своим собственным прошлым: старая дружба, взращенная на Украине, в детстве. И Довженко стреляет в эту дружбу. Он стреляет в людей, которые когда-то были с ним. Стреляет и отворачивается от них[43].

«Аэроград» с большим успехом открылся в Москве 6 ноября и в Киеве 9 ноября 1935 года. Впервые в карьере Довженко премьера его фильма прошла гладко.

---

[42] Цит. по: [Соболев 1980: 142].

[43] Цит. по: [Соболев 1980: 152]. Соболев в 1980 году понимает этот отзыв в том смысле, что Вишневский одобряет убийство Худякова. Я интерпретирую его противоположным образом.

Глава 5

«*Les silences de la voix*». «Три песни о Ленине» Дзиги Вертова

Важнейшей характеристикой орфографического (называемого также фонологическим) письма является точность *записи* голоса, а не точность записи *голоса*: дело здесь в записи, а не в голосе.

Бернар Стиглер. Техника и время: Дезориентация [Stiegler 1996]

Что меняет звук в «Трех песнях о Ленине»? Что мы теряем и что выигрываем при удалении фонограммы?

В 1932 году, после создания трех полнометражных фильмов в Украине для кинофабрики ВУФКУ, Вертов получил заказ от «Межрабпомфильма»[1] на создание юбилейного фильма о Ленине, приуроченного к десятилетию со дня его смерти. Получившийся в результате фильм «Три песни о Ленине» (1934) имеет сложную историю как производства, так и выпуска на экран. В период его создания Вертов и его съемочная группа сталкивались со всевозможными препятствиями, включая травлю со стороны РАПП (Российской ассоциации пролетарских писателей), нехватку ресурсов и финансов, а также сильнейшие физи-

[1] «Межрабпомфильм» был последней частной советской кинопроизводственной компанией; он был ликвидирован в 1936 году.

ческие лишения, включая голод, сыпной тиф и т. п. [2]. Хотя изначально премьера фильма планировалась в Большом театре в годовщину смерти Ленина, 21 января 1934 года, «Три песни о Ленине» появились в советских кинотеатрах лишь в ноябре 1935 года (почти через год после своего завершения) и были сняты с экрана спустя всего неделю. В то же время немая версия, смонтированная Вертовым и подготовленная для советских кинотеатров без звуковой кинопроекции, широко демонстрировалась по всему СССР, а звуковая версия была отложена на полку. В 1938 году, поддавшись политическому давлению, Вертов перемонтировал как звуковую, так и немую версии «Трех песен о Ленине», порезав для этого оригинальные негативы[3]. Таким образом, насколько нам известно, ни одной копии оригинальной версии 1934–1935 годов не сохранилось. Строить предположения о том, как фильм мог выглядеть прежде, чем в конце 1930-х годов он был перемонтирован и к нему был добавлен новый материал мы можем лишь на основе текстов са-

---

2 Большинство архивных материалов, цитируемых далее, взято из: РГАЛИ, Ф. 2091 (Дзига Вертов). Советское издание статей, заметок и отрывков из дневников Вертова, опубликованное под заглавием «Дзига Вертов: Статьи, дневники, замыслы» [Вертов 1966], стало основой главного англоязычного издания — «Киноглаз: Сочинения Дзиги Вертова» [Vertov 1984]. В 2004 году вышло издание с новым переводом текстов Вертова двадцатых годов: [Vertov 2004]. В 2008 году появилось более полное русскоязычное издание вертовских статей, заметок и дневниковых записей, основанное на архивных материалах: [Вертов 2004–2008, 2]. См. [Вертов 1966: 188–196] («О моей болезни»); [Вертов 2004–2008, 2: 259–260] («Шесть ударов по фильму о Ленине» [1934]).

3 В архиве Госфильмофонда РФ хранится документ, направленный из «Союздетфильма» в ГУРК (Главное управление по контролю за зрелищами и репертуаром) от 7 января 1937 года, в котором сообщается, что все экземпляры оригинальной версии фильма были возвращены для перемонтажа и что в прокате не осталось ни одной копии картины. Ответ на это сообщение, направленный из ГУРКа 10 января 1937 года, допускает демонстрацию фильма после перемонтажа; а 21 января 1938 года ГУРК дает разрешение на бессрочный показ в СССР перемонтированной звуковой версии «Трех песен о Ленине». Документ указывает, что одобренная версия — это третий монтажный вариант фильма (Госфильмофонд РФ. Секция I. Ф. 7. Оп. 1. Ед. хр. 121).

мого Вертова, критических заметок о фильме, цензурных документов и монтажных листов[4].

В 1970 году «Три песни о Ленине» снова были перемонтированы — на этот раз ассистентами Вертова Е. И. Свиловой, И. П. Копалиным и С. Н. Пумпянской — для выхода на экран к 100-летию со дня рождения Ленина. Трое монтажеров назвали эту версию «реставрацией», потому что из нее была удалена часть добавленного в 1938 году материала, но они не могли вернуть кадры или эпизоды, вырезанные Вертовым в 1938 году. Поэтому новый монтаж (реставрация) привел к созданию уже третьей звуковой версии фильма (и пятой версии в целом), и именно этот фильм большинство из нас знает как «Три песни о Ленине». Эта версия и была использована для выпуска фильма на VHS и DVD на Западе и в России как считавшаяся наиболее близкой к оригиналу по сравнению со «сталинской» редакцией 1938 года. Созданные во время трех совершенно различных политических периодов: в момент становления культа личности Сталина и последующего ослабления культа личности Ленина в первой половине 1930-х годов; в период культа личности Сталина в годы чисток 1937–1938 годов; и в период антисталинского ревизионизма раннего застоя (1969–1970), — каждая версия «Трех песен о Ленине» тем или иным образом знаменует соответствующий исторический момент не только с политической, но также и с технологической и художественной точек зрения[5]. Идеи Вертова о документальном

---

[4] Даже длина различных версий фильма остается предметом для споров: официальный указатель советских фильмов — «Репертуарный указатель. Кинорепертуар» — дает длину версии 1934 года как 1874 метра, а в архиве Госфильмофонда хранится документ, где длина фильма обозначена в 1813 метров. Монтажный лист к звуковому варианту 1938 года, хранящийся в архиве Госфильмфонда, указывает длину фильма в 7 частей и 1888 метров. Что касается оригинальной длины немого варианта, то согласно документу Главреперткома от 7 декабря 1934 года она составляла всего 1650 метров, хотя большинство современных фильмографий указывают длину немого варианта 1935 года в 2045 или 2100 метров. Более подробно см.: Heftberger A. «The Same Thing from Different Angles», буклет к DVD «Трех песен о Ленине», выпущенному Австрийским музеем кино (Вена).

[5] Об этом см. [MacKay 2006].

кино и о взаимосвязи между изображением и звуком продолжали развиваться даже тогда, когда ему уже не разрешалось больше снимать фильмы самостоятельно, а его деятельность сводилась к монтажу кинохроники. В частности, в своих дневниках и заметках Вертов не раз возвращался к «Трем песням о Ленине» как к произведению, которое отвечало его требованиям нового *звукового* документального фильма, органической связи звука и изображения на экране.

До настоящего времени вариант 1970-х годов служит каноническим текстом «Трех песен о Ленине» как из-за своей доступности, так и из-за того, что в нем были вырезаны многие кадры со Сталиным, добавленные, как предполагалось, в редакцию 1938 года[6]. Тем не менее при «восстановлении» все же были сохранены некоторые другие эпизоды, добавленные после 1934 года, такие как кадры дрейфующей полярной станции (Северный полюс — 1), впервые открывшейся в мае 1937 года, кадры с испанской коммунисткой Долорес Ибаррури и с участницами гражданской войны в Испании. В результате был создан некий гибридный текст[7]. Таким образом, история «Трех песен о Ленине» — это, по словам Джона Маккея, история «перехода к "культуре сталинизма" (и выхода из нее)», а потому вопрос наличия или отсутствия Сталина и сталинизма должен находиться в центре любого анализа фильма [MacKay 2006: 377]. Тем не менее из-за нестабильности данного кинематографического текста эти присутствия и отсутствия трудно проследить с какой-либо достоверностью. Фильм в том виде, в каком он нам доступен, — это не один, а множество текстов, и его многочисленные итерации производят эффект калейдоскопа или палимпсеста. Поскольку

---

[6] В версию 1938 года были вставлены новые документы, а изображения людей, впавших в немилость режима, были удалены. Так, вырезаны были изображения Н. И. Ежова, Н. С. Хрущева, Г. М. Димитрова, Н. М. Шверника и даже Ленина на Втором конгрессе Коминтерна, но была добавлена речь Сталина, а также «семьсот метров материала в конце фильма, показывающих продолжение Сталиным политики Ленина» [Vertov 2000: 235, note 16].

[7] Джереми Хикс пишет о проблеме текстологии фильма в своей книге [Hicks 2007: 100–105].

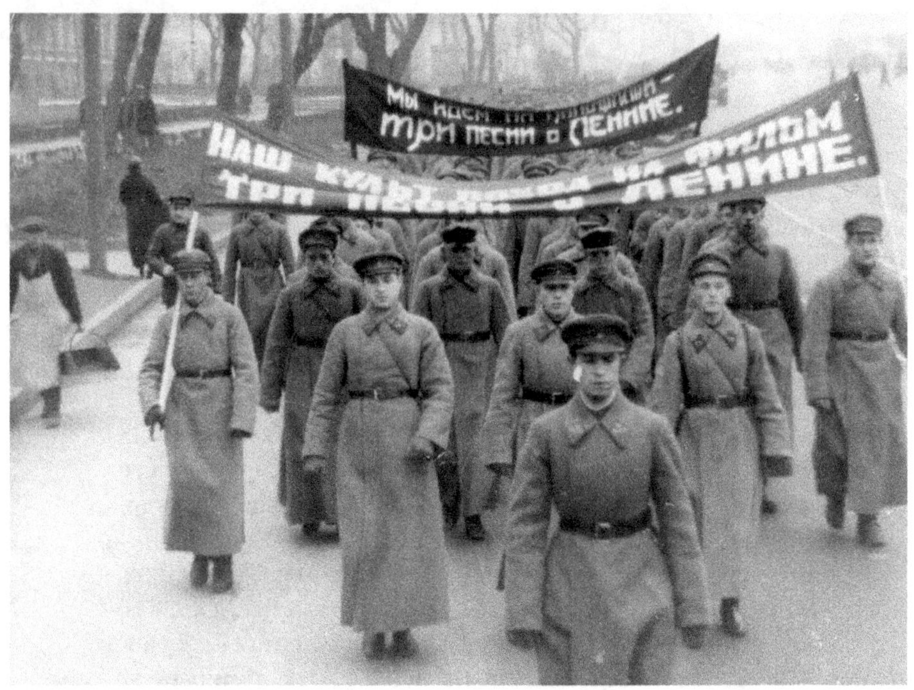

Рис. 9. «Мы идем на кинофильм “Три песни о Ленине”». «Правда», 1934. (Музей кино)

у нас нет доступа к оригинальным фильмам 1934–1935 годов и поскольку в 1970 году уже не было необходимости в создании немой версии «Трех песен о Ленине», стоит обратить внимание на дискредитированные «сталинские» варианты 1938 года, чтобы посмотреть, как Вертов подходил к проблеме другого рода — не к проблеме культа личности (будь то Ленина или Сталина), а к проблеме звука, точнее, голоса[8]. Используя звуковую и немую версии «Трех песен о Ленине» 1938 года (а также доступную для просмотра восстановленную копию, хранящуюся в Госфильмофонде), в этой главе мы рассматриваем работу Вертова с синхронным и асинхронным звуком в его втором звуковом фильме «Три песни о Ленине», а также его сопротивление навязыванию единоличного, недиалогичного голоса, после 1934 года ставшего

[8] Фильм хранится в РГАКФД в двух вариантах — немом и звуковом, — которые были выпущены на DVD в 2014 году Австрийским музеем кино (Вена).

в звуковом кино доминирующим. Версии «Трех песен о Ленине», в особенности две *немых* версии 1935 и 1938 годов, вступают в противоречие с ожидаемым отношением звука к зрительному образу, заставляя нас задаться вопросом, каким именно образом звук функционировал в первоначальной композиции фильма и как его отсутствие окрашивает наше восприятие фильма.

Le son [Звук]

По прошествии времени можно сказать, что «Три песни о Ленине» ознаменовали поворотный момент в карьере Вертова уже в 1934 году[9]. Это последний фильм, который еще можно было бы включить в канонический список его работ 1920-х годов; фильм, который все еще несет в себе признаки авангардного документального кино и демонстрирует желание запечатлеть «правду» на экране, хотя он очень сильно отличается даже от «Энтузиазма: Симфонии Донбасса» 1930 года. Как отмечает Ю. Г. Цивьян, хотя звуковые фильмы Вертова были новаторскими, «это не были фильмы, снятые киноком в старом смысле этого слова» [Vertov 2004: 25]. Несмотря на некоторый первоначальный успех (премьера «Трех песен о Ленине» прошла с большим успехом на Втором венецианском кинофестивале в августе 1934 года, а в 1935 году Вертов был награжден орденом Красной Звезды) и несмотря на роспуск РАППа, органа, который был открыто враждебен Вертову, после 1935 года режиссер оказывался все больше изолирован от кинопроизводства; его заявки на предоставление кинолаборатории, оборудования и материалов, на получение возможности снимать события в момент, когда они происходят, постоянно отклонялись руководством. Как видно из дневников Вертова, несмотря на положительный прием, «Три песни о Ленине» не

9 Большинство критиков сходятся во мнении, что, хотя «Три песни о Ленине» столь же многогранны и сложны, как и более ранние фильма Вертова, они тем не менее «обозначают ключевой, поворотный момент в художественной карьере Вертова — в частности, поворотный момент между "авангардистскими" 1920-ми и "сталинскими" 1930-ми». См., например [MacKay 2006: 378].

помогли его карьере и не смягчили обвинений в «формализме» и «документализме», которые выдвигались против него на протяжении следующего десятилетия, когда он пытался сочетать свою веру в практику документального кино с требованиями сталинского соцреализма. Его систематическая маргинализация и исключение из советской киноиндустрии наконец достигли кульминации на открытом партийном собрании Центральной студии документальных фильмов, которое состоялось 14 и 15 марта 1949 года в присутствии 200 участников и на котором в рамках антисемитской кампании конца 1940-х — начала 1950-х годов Вертова обвинили в «космополитизме» и в том, что он продолжает подрывать советское документальное кино своим формалистическим «трюкачеством» и любовью к «машине»[10].

Тем не менее, как отмечает Мартин Столлери, «Три песни о Ленине» могут быть увидены и услышаны как «один из последних примеров раннего европейского киномодернизма» [Stollery 2006]. Вертов задумал их прежде всего как звуковой фильм, и это означало для него нечто гораздо большее, чем просто добавление к изображению музыки, реплик или звуковых эффектов. Его эксперимент с использованием звукового киноаппарата в «Симфонии Донбасса» уже показал возможности и ограничения, связанные с записью и монтажом звука, что привело к созданию фильма, который был примечателен своим революционным использованием звука, но в какой-то степени так и остался экспериментом, упражнением в изучении возможностей технологического новшества звукозаписи. «Три песни о Ленине», хотя в них нет реплик и очень мало диегетического звука, Вертов *с самого начала* рассматривал как звуковой фильм, то есть фильм, в котором звук и изображение будут «органично» связаны, так что невозможно будет удалить одно, не жертвуя другим. Звук формирует все элементы фильма, начиная с названия: три «песни», заявленные в заголовке, подчеркивают значение мелодии как главного организационного принципа картины. И хотя некоторые исследователи отмечали иронию в том, что фильм, посвященный устной

---

[10] См. [Протокол 1997].

традиции, дает нам письменный текст вместо речи [Bulgakowa 2003: 56], или переосмысливали структуру картины через изобразительную форму триптиха [Michelson 2006: 20], тем не менее примечательно, что для Вертова этот фильм был «Песнью песней», музыкальной композицией, где звук (голос, музыка, мелодия) являлся структурирующей силой, с помощью которой визуальные элементы были организованы и в какой-то мере ограничены[11]. Как отмечает Элизабет Папазян, отсылка к «песням» становится еще одним примером игры Вертова с жанровыми обозначениями, которая находила отражение в творчестве режиссера на протяжении всей его карьеры. И «Человек с киноаппаратом» (1929), и «Энтузиазм» (1930) торжественно именовались «симфониями», а более поздний и догматически сталинистский фильм «Колыбельная» (1937) озаглавлен в простом, народном духе. Название «Три песни о Ленине» также является отсылкой к устной эпической традиции, другие примеры которой включают пушкинскую «Песнь о вещем Олеге» [Papazian 2013: 72][12].

И в то же время (возможно, как раз из-за всех этих пересекающихся и сверхдетерминированных условностей жанра) «Три песни о Ленине» не являются звуковой картиной или звуковым документальным фильмом в общепринятом смысле. В них нет закадрового голоса, нет реплик и почти нет произносимого вслух текста. Песни народов Востока исполняются на различных тюркских языках и переведены на экране с помощью русских надписей[13]. Звуковая дорожка объединяет восточные народные песни

---

[11] Хотя отсылки к Библии могут на первый взгляд показаться слишком натянутыми, «Песнь песней» воспевает союз мужчины и женщины (или евреев и Израиля, человека и Бога, Девы Марии и Бога), лежащий в основе фильма Вертова. Здесь: союз Ленина и женщины / народа; он — весна, праздник урожая после многих лет борьбы, различных форм изгнания и заточения («В черной тюрьме было лицо мое»), исхода из Египта; он — преображение мира. Свадебная церемония здесь заменяется похоронами — зрелищем, которое объединяет всю страну.

[12] Перевод названия фильма на английский («Three Songs about Lenin» или «Three Songs dedicated to Lenin») упускает этот нюанс.

[13] Собранные и записанные в Туркменистане, Узбекистане, Азербайджане и других местах.

и мелодии, западную классическую музыку (в том числе траурную музыку Рихарда Вагнера из тетралогии «Кольцо Нибелунга» и «Похоронный марш» Фредерика Шопена), советские патриотические марши, Интернационал и «Марш ударников» Ю. А. Шапорина, написанный для фильма. Шумы — такие, как звон кремлевских курантов, выстрелы, пушки, заводские сирены, гудки кораблей, взрывы и т. д., — соревнуются с разнообразной музыкой, переключаясь между диегетическими и недиегетическими звуками. Как и изобразительный ряд, в котором повторно используются фрагменты из собственных фильмов Вертова в сочетании с архивными кадрами кинохроники и новыми кадрами, снятыми в отдаленных географических точках Средней Азии, «Три песни о Ленине» представляют собой одновременно монтажный фильм и оригинальную композицию, в которой различные элементы свободно смешиваются для создания нового кинотекста. По словам самого Вертова, несмотря на невероятные трудности при объединении всех разрозненных звуковых и изобразительных материалов в единое целое, им удалось достичь невозможного — «диалектического единства формы и содержания» [Вертов 2004–2008, 2: 261][14]. И хотя звуковая дорожка фильма в основном музыкальная и недиегетическая, она включает несколько примеров синхронных записей голоса, которые еще больше усложняют звукозрительный монтаж, — в том числе запись голоса Ленина, которая звучит на фоне вращающихся титров в «Песне второй», и четыре синхронных интервью (с ударницей, инженером, колхозником и председательницей колхоза) в «Песне третьей». В звуковой версии 1938 года фильм длиннее еще на 250 метров и завершается предвыборной речью Сталина в Большом театре на собрании избирателей Сталинского избирательного округа г. Москвы 11 декабря 1937 года, снятой с синхронным звуком[15].

Другими словами, *звук* является фундаментальной составляющей этого фильма, но не в общепринятом смысле — ни в «клас-

---

[14] «Ленин». При жизни Вертова не было опубликовано.

[15] Этот эпизод опущен в немом варианте 1938 года.

сическом» голливудском, ни в соцреалистическом, ни в понятиях советского авангарда. Вертов изо всех сил старается избегать обычных способов использования звука, уже превратившихся в клише (таких, как закадровый голос и диалог), или прямой записи звука (за исключением интервью) и в целом стремится «рассинхронизировать» звуковую дорожку и изобразительный ряд. Звук здесь становится поистине контрапунктным — не в том смысле, в каком понимают его Эйзенштейн, Александров и Пудовкин — как элемент монтажа, всегда работающий *против* зрительного образа[16], — а в том смысле, что два этих ряда, звуковой и изобразительный, соединяются совершенно по-новому, независимо от своего происхождения. Если в «Симфонии Донбасса» Вертов стремился донести до нас «настоящие» звуки, записанные на натуре (при этом вопрос синхронизации не был важен), то в «Трех песнях о Ленине» его цель совсем иная: это намеренная попытка рассматривать звук и изображение как равные монтажные элементы, как два разных вида *записи*, которые можно располагать и переставлять, выделяя темы, лейтмотивы и сюжетные линии.

Как и в случае с полемическими высказываниями 1920-х годов касательно неигрового кино и «киноглаза», Вертов продолжал развивать свои теории органического синтеза звука и изображения, работая (со все меньшим и меньшим успехом) над фильмами на протяжении 1930-х и 1940-х годов. Когда в 1942 году Вертов пишет о своем фильме «Тебе, фронт!» в дневнике, он подчеркивает необходимость «органического слияния» звука и изображения, необходимость создания настоящего *звукового* фильма, а не немой версии, к которой был добавлен звук. «Фильм синтетиче-

---

[16] Кэтрин Калинак отмечает, что в ранний период развития звукового кино советские композиторы, такие как Шапорин и Шостакович, относились к музыкальному сопровождению как к одному из элементов монтажа (под влиянием «Заявки» 1928 года). В частности, она приводит пример «Дезертира» Пудовкина, где отчаяние и самоубийство голодающего рабочего, пойманного на краже хлеба, «пугающе идет вразрез» с джазовой мелодией и латинизированными ритмами партитуры Шапорина [Kalinak 2010: 59]. См. так же Вступление.

ский, а не звук плюс изображение», фильм, который не может быть показан «односторонне — только в изображении или только в звуке». Изображение «лишь одна из граней многогранного произведения»:

> Всем понятно, что радиофильм надо слушать, что немой кинофильм надо смотреть. Но не всем понятно, что звукозрительный фильм — это не механическое соединение радиофильма с немым фильмом, а такое сочетание одного с другим, которое исключает самостоятельное существование изобразительной и звуковой линии.
> Рождается третье произведение, которого нет ни в звуке, ни в изображении, которое существует только в непрерывном взаимодействии фонограммы и изображения [Вертов 1966: 242].

Как отмечает композитор и кинематографист Роберт Робертсон, анализируя вертовский монтаж музыки и звуков в эпизоде похорон из «Трех песен о Ленине», Вертов достигает «полной интеграции» между изображением, музыкой и звуком, создавая «практически непрерывное взаимодействие музыки с изображением», используя звук именно как музыку [Robertson 2015: 118]. В сцене похорон музыка Вагнера плавно переходит в звон колокола, сопровождающийся резкими выстрелами из пушек и винтовок. Протяжное гудение рожков и сирен, которые мы слышим в течение пяти минут остановки движения, «снимает напряжение». В то же время, отмечает он, визуальные образы перемещаются из помещения, где выставлено тело Ленина, наружу, на многолюдные улицы, затем — в большие пустые пространства, где стреляют пушки, а затем — в пустынные дали всей России [Robertson 2015: 119–120].

Звук в фильме монтируется блоками: одни и те же темы и лейтмотивы возникают во время схожих эпизодов. Марш Шапорина, например, звучит всякий раз, когда нам показывают образы прогресса (производство, строительство). Одна и та же музыкальная тема взмывает вверх, предвосхищая речь Ленина, как в самой записи голоса, которую мы слышим в «Песне второй», так и в виде интертитров (без голоса) в «Песне третьей». В конце «Песни второй» мы снова слышим «Похоронный марш» Шопена, как и в ее начале, а в изображении возвращаемся к плачущим женщинам в зале; при этом камера панорамирует слева направо, обратно своему первоначальному направлению. Получается, что и в изображении, и в звуке «Песня вторая» совершает полный круг, так же как «Песня первая», которая открывалась и закрывалась кадрами Горок и одним и тем же музыкальным рефреном. Таким образом, в «Трех песнях о Ленине» выстраиваются сложные отношения со звуком, из которых следует, что звук это не что-то однородное: он состоит из различных взаимосвязанных элементов: музыки, шумов, голоса.

Хотя почти все советские звуковые фильмы, снятые в 1930-е годы, выпускались как в звуковом, так и в немом вариантах из соображений доступности для показа в деревенских кинотеатрах по всему СССР, еще не оборудованных для воспроизведения звука, большинство этих немых версий монтировалось ассистентами, и для компенсации отсутствия звука в них вставлялись титры. В случае с «Тремя песнями о Ленине» все было иначе. Вертов лично монтировал фильм (в 1935 году, а затем снова в 1938 году) для создания немой версии, вводя новый материал, новые композиции и комбинации, а также добавляя новые титры, комментирующие изображение для зрителя (называя место действия, имена, даты, локации и т. д.). Отсутствие музыкальной партитуры означает, что наше эмоциональное впечатление больше не зависит от мелодраматических эффектов (ни от жалобных голосов тюркских женщин, ни от медленной похоронной музыки, ни от оптимистичных маршей Шапорина), а добавление многочисленных интертитров (содержащих слова выступлений, тексты песен, имена, даты и места съемок) полностью возвращает фильм в изобразительный регистр.

В своем обзоре немой версии, показанной на кинофестивале в Локарно (программа «Советское ретро») 4 августа 2000 года, Дебора Янг отмечает, что эта версия была на 11 минут короче обычной продолжительности демонстрации фильма и что без звука «кинематографические эффекты действуют чрезвычайно мощно, а появления Ленина во фрагментах исторической кинохроники выглядят почти как элемент сновидения»[17]. Она продолжает:

> Вертов — практически единственный режиссер, который лично перемонтировал немые версии своих фильмов, вместо того чтобы передать эту задачу ассистенту. В этой переделке добавлен пролог, показывающий рабочего, который задержал <Каплан>, покушавшуюся на жизнь Ленина в 1918 году. Кроме того, были переставлены некоторые эпизоды, добавлены новые кадры, а тщательно синхронизированный звуковой эпизод с работницей Марией Белик выброшен в корзину. И эта немая версия, и знакомая нам звуковая на самом деле являются «ретушированием», сделанным в 1938 году (снова самим Вертовым) после требования Сталина удалить все кадры с изображением его жертв. Оригиналы обеих версий так и не были найдены [Young 2000].

Отсутствие звука означало, что большее значение приобретали надписи, однако немая версия «Трех песен о Ленине» не только включает в себя титры, объясняющие структуру фильма и затрагиваемые в нем исторические события, но и представляет собой совершенно новую редакцию, которая начинается и заканчивается совершенно в другом месте, нежели любая из звуковых версий. Вместо знаменитых первых кадров Горок — места, где умер Ленин, немой вариант открывается кадрами Н. Иванова, рабочего, задержавшего 30 августа 1918 года стрелявшую в Ленина Фанни Каплан. За ними следует новая монтажная редакция «Песни первой», в которой больше внимания уделяется женщинам и детям: несколько раз повторяются более длинные планы со слепой женщиной, которая теперь идет, спотыкаясь, в нашу сторону, а не показана в профиль; повторяются также и кадры разных молодых женщин, снимающих паранджу (и еще одной, надевающей противогаз). Отсутствует план с Гасановой, смотрящей в окно, зато

---

[17] Немая версия 1938 года показанная на кинофестивале в Локарно шла 57 минут. См. [Young 2000].

новые и более длинные планы юных пионеров получают собственный рефрен: «Красный галстук на груди, мы растем, мы развиваемся». Также включены кадры марширующих и поющих в школе детей, мальчика, собирающего из деревянных кубиков имя «Ленин», и новая фотография Ленина в детстве, которая, кажется, отражает общий акцент этой версии на темы материнства и детства, как и в вертовской «Колыбельной» 1937 года. Повторяются кадры Ленина, говорящего с трибуны на закладке памятника «Освобожденный труд», и кадры Сталина, машущего рукой с Мавзолея. Лишь в конце «Песни первой» мы видим эпизод в Горках, указывающий на тот факт, что Ленин мертв.

Песни вторая и третья остались структурно неизменны (за исключением самого последнего кадра, который меняется от варианта к варианту), но можно заметить, что знакомые кадры идут в другом порядке, некоторые кадры заменяются похожими, включаются новые или переделанные интертитры, например, замена слов «...и *русские* звали его просто "ИЛЬИЧ"...» на «...*и мы* называли его просто Ильич...», и даже кадры, которые фигурировали в более ранних фильмах Вертова, например в «Человеке с киноаппаратом» (1929). В эпизоде похорон восстановлено несколько оригинальных титров «Ленинской киноправды», сообщающих нам имена скорбящих. Сообщаются также имена персонажей, которые появляются в конце фильма (Тельман, Ибаррури) и продолжают ленинское дело за границей[18]. И везде, но особенно в «Песне третьей», присутствует гораздо больше кадров со Сталиным, вклееных в различные эпизоды. Можно сказать, что в немой версии «Трех песен о Ленине» взгляд Сталина организует изобразительное пространство: Вертов неоднократно возвращается к Сталину на трибуне Мавзолея, перемежая эти

---

[18] Эрнст Тельман — руководитель Коммунистической партии Германии (КПГ) на протяжении почти всего существования Веймарской республики. Исидора Долорес Ибаррури Гомес, известная также как Пассионария, была героиней республиканского движения во время Гражданской войны в Испании и деятельницей коммунистического движения баскского происхождения, произнесшей знаменитый лозунг «¡No pasarán!» («Они не пройдут!») во время битвы за Мадрид в ноябре 1936 года.

кадры с другими, более знакомыми, такими как женщины-участницы гражданской войны в Испании, которые теперь как будто смотрят вверх и приветствуют самого Сталина.

Более того, концовка у каждой версии разная, поэтому трудно сказать, какой из вариантов мог соответствовать изначальному замыслу Вертова. Немая версия 1938 года завершается комбинированным кадром профиля Ленина и надписью «Октябрь», составленной из электрических лампочек, наложенного на колонны солдат, марширующих мимо Мавзолея. Восстановленная копия «Трех песен о Ленине» в Госфильмофонде после этого кадра добавляет двойной набор вращающихся титров с ленинской заповедью: «Стойте крепко / Стойте дружно / Смело вперед против врага», за которой следует текст одной из тюркских народных песен: «Железной стопой пройдут века по земле / И люди забудут названия стран, где жили их предки, / Но имя Ленина не забудут они никогда / Имя Ильич Ленин»[19]. Финальный кадр фильма — слова «Ильич Ленин». Восстановленный вариант 1970 года вслед за этим кадром включает кадр улыбающегося Ленина во дворе Кремля. Из звуковой дорожки, которая доходит до кульминационного финала и затем начинается снова, ясно, что последовательность финальных кадров фильма была изменена (возможно, не один раз) по сравнению с первоначальной композицией. Сейчас уже невозможно выяснить, какие из кадров финального эпизода на самом деле были использованы в качестве завершающего кадра фильма в 1934 году.

Столь радикально отличающиеся финалы говорят об общей нестабильности этого кинотекста. Это не значит, что все попытки интерпретации будут бесполезны, — это значит лишь то, что

---

[19] В своем исследовании литературы Средней Азии советский литературовед А. М. Аршаруни приводит часть текста этой народной песни «Не забудем мы имени Ленина»: «...Пусть сравняются с землей вершины Памира, / Пусть океан зальет это место, / Пусть на этом месте вырастут новые горы, / Величиной превосходящие первые в десять раз. / За это время железной стопой пройдут века по земле, / И люди забудут названия стран, где жили раньше предки, / Люди забудут язык предков, / Но имя Ленина не забудут они [Аршаруни 1929: 10–11].

мы должны осознавать, в какой степени каждая версия картины является отдельным фильмом и зависит от момента, когда она была сделана, смонтирована и выпущена. Тот факт, что Вертов продолжал работать над фильмом на протяжении 1930-х годов, создавая новые варианты — не только немые и звуковые, но и отвечающие различным идеологические требованиям, — означает, что фильм навсегда остался незавершенным («в процессе»), и, возможно, именно поэтому Вертов возвращался к нему снова и снова в текстах 1940-х годов, используя его как пример того кинематографа, который в СССР уже невозможен.

У нас может возникнуть соблазн увидеть в немом варианте «Трех песен о Ленине» фильм кинока, фильм, созданный «старым» Вертовым, авангардное кино, прочно продолжающее традицию, заложенную «Ленинской киноправдой» 1925 года, «Шестой частью мира» (1926) и даже «Человеком с киноаппаратом», где ритмический монтаж, «ложный» монтаж по взгляду, закольцованная пленка, ускоренное и замедленное время, а также напряжение, возникающее между неподвижностью и движением, образуют единое целое — музыкальную композицию, составленную с помощью изображений. Можно заметить, что пять минут «остановившейся жизни» в «Песне второй» — это не пять минут «молчания», а выбор, подчеркивающий приоритет движущегося изображения перед звуковым образом. Но звуковой вариант ставит все это под вопрос. Насыщенная звуковая дорожка, с ее разнообразием музыкальных фрагментов, с различными видами звукозаписей, включая голос Ленина, записанные синхронно интервью, а также (в версии 1938 года) живую запись речи Сталина (которая останавливает движение всего фильма совершенно иным образом по сравнению с пятью минутами остановленного времени), уводит фильм в совершенно отличном от немых вариантов направлении. Это не авангардный фильм «конструктивиста» Вертова, но это и не социалистический реализм. Это действительно «органичное» произведение, суть которого не содержится ни отдельно в изображении, ни в звуке, но которое «существует только в непрерывном взаимодействии фонограммы и изображения».

Фильм без слов

Говоря о «Трех песнях о Ленине» в год первоначального выхода фильма, в 1934 году, Вертов писал:

> Фильм этот плохо переводится на язык слов, хотя на своем образном языке он легко общается с любой массовой аудиторией.
> С одной стороны — это кинодокументы о смерти Ленина, о последних 40 километрах, о последнем пути Ленина из Горок в Москву; с другой стороны — это Ленин в движении на кинопленке, сводка документов, сохранившихся о Ленине, наше кинонаследство о Ленине.
> С третьей стороны — это внутренний монолог идущего из старого в новое, из прошлого в будущее, от рабства к свободной культурной жизни, раскованного революцией человека [Вертов 2004–2008, 2: 263][20].

«Три песни о Ленине» не были первым обращением Вертова к образу Ленина. Первой попыткой Вертова (вернее, киноков) организовать киноматериал о Ленине стал «Ленинский календарь», выпущенный еще при жизни Ленина. Затем последовала «Ленинская киноправда» 1925 года («Киноправда № 21») — почти полнометражный фильм, разделенный на три части: от трудов и дел Ленина к его болезни и смерти и наконец к миллионам людей, продолживших его дело после его смерти, — что предвещало финальную сборку «Трех песен о Ленине». За этим последовала «Киноправда № 22» — «В сердце крестьянна Ленин жив» (1925). Наконец, к десятилетней годовщине смерти Ленина по поручению «Межрабпомфильма» Вертов и его ассистент по монтажу Свилова приступили к процессу сбора, изучения, восстановления и перезаписи звуковых и изобразительных документов о Ленине, к которым они добавили новые документальные кадры, включавшие в себя народные песни Средней Азии, посвященные памяти Ленина.

---

[20] «Без слов». Впервые опубликовано в: Рот-фильм. 1934. 14 августа.

Один из вариантов сценария (написанный не позднее 1933 года) предполагал использовать голос Ленина в качестве отправной точки фильма, после чего должен был следовать переход к документам, касающимся «живого Ленина», «смерти Ленина», «партии Ленина», «плану Ленина», и завершаться «словом тов. Сталина» [Вертов 2004–2008, 1: 139–140]. Согласно планам Вертова в этой ранней версии под названием «Кинонаследство о Ленине» фильм должен был открываться голосом Ленина (часть 1) и заканчиваться голосом Сталина (часть 6). В промежутке мы должны были увидеть серию документальных кадров «живого Ленина» (часть 2): Ленин в своем кабинете, Ленин в Кремле, Ленин на закладке памятника Карлу Марксу и т. д., за чем должны были последовать другие отрывки из его выступлений; документы о смерти Ленина (часть 3), начиная с его болезни и заканчивая пятью минутами тишины и прекращением движения; ленинский призыв и 100 000 новых членов, вступивших в партию после его смерти (часть 4); и пятилетний план как план Ленина (часть 5). Эта часть должна была включать кадры строек Магнитогорска и Днепростроя и заканчиваться тем, как «голос партии, голос вождя — призыв неумершего Ленина» повторяет речь из первой части: «Стойте крепко / Стойте дружно / Смело вперед против врага».

Таким образом, уже в 1933 году фильм должен был заканчиваться «словом тов. Сталина» (часть 6), хотя мы не знаем, что именно Вертов намеревался включить в этот эпизод. Мы видим, что использование звука в целом и воспроизведение голоса в частности были для Вертова движущей силой в организации его фильма о Ленине. Мы даже можем сказать, что травма, лежащая в центре картины — это не смерть Ленина, которую можно преодолеть, превратив Ленина в сам Советский Союз — в «женщину, которая скинула чадру», в «воду, которая наступает на пустыню», в советскую промышленность и тому подобное. Это даже не его неподвижность, которой можно противостоять с помощью «магии» кино, закольцованной печати (немедленного, точного и неизменного повторения кадров) и других приемов, которые должны реанимировать его тело, а также с помощью движущихся масс или с помощью наложения изображения Ленина на быстро движущуюся воду. Эта травма — его *молчание*. «Ленин, а молчит» — вот тот недостаток, который фильм пытается, но в конечном итоге оказывается не в состоянии преодолеть.

В версии 1934 года, по словам Вертова, «Три песни о Ленине» включали в себя «последний путь Ленина из Горок в Москву, траурный парад, моменты Гражданской войны и песню “Великий ученик великого Ленина — Сталин — повел нас в бой”», данную и в звуке, и в изображении [Вертов 2004–2008, 2: 262][21]. Более 10 000 слов в виде текстов песен, реплик, монологов, речей Ленина и других лиц были записаны на пленку — и по завершении монтажа фильм содержал около 1300 слов (из них 1070 на русском, а остальные на других языках). Несмотря на количество слов, звучащих в фильме, Герберт Уэллс заявил, что фильм был бы совершенно понятен и без них: «Все мысли и нюансы этого фильма входят в меня и действуют на меня помимо слов»[22]. По словам Вертова, это мнение разделяли и другие иностранные зрители фильма — японцы, американцы, англичане, немцы, шведы и французы, — которые по техническим причинам смотрели фильм без перевода.

Пытаясь объяснить силу воздействия своего фильма на зрителя, даже если этот зритель не мог понять ни одного из 1300 слов фильма, Вертов настаивал на том, что на самом деле фильм *непереводим* — не с русского на английский, что было бы не так важно, а с языка кино в устную речь. Для Вертова слова на экране выполняли «контрапунктическую» функцию, а фильм являлся «симфоническим оркестром мыслей, где катастрофа с одной из скрипок или виолончелей не прекращает концерта». «Ток мыслей» не прерывается, а «продолжается даже в том случае, если оборван один из сплетенных между собой проводов» [Вертов 2004–2008, 2: 262]. Незнание русского языка не мешало пони-

---

21 «Как мы делали фильм о Ленине». В [Вертов 1966] отсылка к Сталину отсутствует. Она присутствует в черновике программы Лондонского кинообщества к показу «Трех песен о Ленине» в Великобритании (Ivor Montagu Collection, Item № 181: «Three Songs of Lenin title & synopsis», BFI National Film Archive).

22 Цит. по: [Вертов 2004–2008, 2: 262].

манию самого фильма, поскольку именно комбинация всех элементов превращала его в органическое, связное целое.

Содержание «Трех песен о Ленине», писал Вертов,

> ...разворачивается спирально: то в звуке, то в изображении, то в голосе, то в надписи, то без участия музыки и слов, одними выражениями лиц, то внутрикадровым движением, то столкновением одной группы снимков с другой группой, то ровным шагом, то толчками от темного к светлому, от медленного к быстрому, от усталого к бодрому, то шумом, то немой песней, песней без слов, бегущими мыслями от экрана к зрителю без того, чтобы зритель-слушатель переводил мысль в слова [Вертов 2004–2008, 2: 263].

Этот фильм, по словам Вертова, представляет собой «внутренний монолог», который должен развиваться спирально (то есть диалектически) от изображения к звуку, от графических элементов кадра — к надписи, минуя словесную речь.

В сороковые годы Вертов выступал против навязывания закадрового повествования в манере «гласа Божьего», ставшего стандартной практикой для советского документального кино (и документального кино в целом), в частности для кинохроники и других документальных фильмов, снятых во время Второй мировой войны. Закадровый голос гарантировал, что посыл фильма транслируется ясно и не оставляется на усмотрение или интерпретацию зрителя[23]. По мнению Вертова, хорошо сделанному фильму никогда не требуется голос диктора, для того чтобы объяснить, что происходит на экране. «Три песни о Ленине», отмечает он, не нуждались в дикторе. Если бы он был добавлен, то «экран заговорил бы через слова». Мысли передавались бы

---

[23] Как указывает Билл Николс, закадровый комментарий «голосом Бога» ассоциируется, в частности, с «разъясняющей», или «описательной» (*expository*) формой документального кино, в котором «существует комментарий, направленный на зрителя; изображения при этом служат в качестве иллюстрации или антитезиса». [Nichols 1991: 32, 37]. Об альтернативных формах повествования в советском документальном кино см. [Hicks 2014]. См. также [Hicks 2007: 100–105].

через невидимый голос — они не могли бы прийти к зрителю непосредственно с экрана. Диктор стал бы «переводчиком»; фильм воспринимался бы как «радиомонолог», а все его богатство ушло бы «в акоммпанемент». Зритель перестал бы быть зрителем и стал бы слушателем. По мысли Вертова, это может быть неизбежно в тех случаях, когда фильм собирается из случайных фрагментов, которым требуется вербальное повествование, чтобы собрать их воедино. Но в этом нет необходимости, если «жизнь говорит с экрана прямо, без помощника, без указчика, без наставника, который напористо объясняет, как и что надо зрителю видеть, слышать и понимать» [Вертов 1966: 258][24].

И все же, как отмечает Оксана Булгакова, в общем *молчании* «Трех песен о Ленине» есть нечто странное. «Песня, то есть само название фильма, — пишет она, — подразумевает голос, но голос передается в фильме в другой плоскости: в графике, в титрах» [Bulgakowa 2003: 56]. Вертов, который к концу 1920-х годов отказался от использования надписей, выступив против них в прологе к «Человеку с киноаппаратом», в «Трех песнях о Ленине» возвращается к титрам, снова используя графическую манеру своих ранних фильмов. Хотя сам Вертов часто утверждал обратное, Н. А. Изволов подчеркивает, что Вертов был прежде всего человеком словесной, а не визуальной культуры: «Его всегда интересовало *выразительное слово*, а не *выразительное изображение*». [Izvolov 2016: 3] По мнению Изволова, при ближайшем рассмотрении структура вертовского монтажа несколько сбивает с толку. Похоже, что его совсем не интересовали законы соединения двух кадров, что было предметом монтажных теорий Кулешова и его учеников Эйзенштейна и Пудовкина. Ему не требовалась точная, филигранная стыковка соседних изображений и создание единого пространственного и временного континуума. Ближайшее, с чем можно было бы сравнить его творческий метод — это коллаж и фотомонтаж. И действительно, в «Трех песнях о Ленине» мы видим кадр с Гасановой, рассматривающей фотомонтаж А. М. Род-

---

[24] Дневниковая запись [«Повторение — единственно невозможная вещь на земле»], 17 сентября 1944 года.

ченко о смерти Ленина, который воспроизводит многие из тех же образов и элементов (Ленин в гробу в Горках, похороны Ленина, Мавзолей, ленинский призыв, дело Ленина живет и т. д.), что присутствуют и в фильме Вертова. Вертов включает кадр с фотомонтажом Родченко в свой фильм и привлекает наше внимание к нему с помощью внимательного взгляда Гасановой, указывая, как он это часто делает, на интермедиальность своих фильмов, на то, как на них влияют другие формы искусства, и на то, как фильмы, в свою очередь, отсылают к ним.

Чтобы добиться выразительности слова на экране, Вертов прибегает к графическим средствам как способу «материализации» слова, создания его из того же материала, что и изображение. Изволов отмечает, что, если сравнить надписи «Киноправды» с предыдущим журналом Вертова «Кинонеделя» (1918–1919), сразу будет заметна разница в их стиле. В «Кинонеделе» титры всегда набраны одинаковым шрифтом и в типографском стиле. В «Киноправде» же вертовские слова в титрах всегда разные; они «материализованы, они созданы человеческими руками в самом прямом смысле этого слова». Поэтому «Киноправда» отличается также и от «Госкинокалендаря» (1923), который создавался Вертовым в то же самое время, но выглядит гораздо более традиционным и «типографическим». «Киноправда» должна была отличаться от всей кинохроники того времени. Надписи превращаются в движущееся изображение наравне с другими кадрами. Это «объекты материального мира, запечатленные на экране». Их даже нельзя назвать просто «интертитрами». «Они представляют собой уже нечто совершенно другое» [Izvolov 2016: 5].

«Киноправда № 19» использовала конструктивистский шрифт, который мы теперь ассоциируем с Родченко, а с этого момента — и с фильмами Вертова, включая его первую полнометражную картину «Кино-глаз» (1924). Надписи «выразительны, ритмически отточенны, выделены разным размером», в стиле, который характеризует и интертитры «Кино-глаза», «Шагай, Совет!» (1926) и «Шестой части мира»: все они выполнены «рубленым конструктивистским шрифтом» Родченко [Izvolov 2016: 8]. Это впервые меняется в фильме «Одиннадцатый» (1928), созданном в Украине, где лишь начальные титры связаны с конструктивизмом и плакатным стилем, а остальные заменены «стандартными, безликими "типографскими" надписями»[25]. Эти же стандартные, безликие «типографские» надписи снова появятся в «Трех песнях о Ленине», где Вертов пытается уйти от обвинений в формализме и соответствовать новым принципам социалистического реализма. И все же отсылка к Родченко останется: конструктивистский фотомонтаж, включенный в «Песню первую», подчеркивает коллажный характер «враждебных повествованию фильмов» Вертова[26]. Несмотря на антиконструктивистский поворот, мы все еще имеем дело с «киновещью»; кинофакты похожи на кирпичи, из которых можно строить разные вещи, поэтому из одних и тех же кинофактов можно сделать три (или даже пять) разных фильмов [Papazian 2009: 81].

«Три песни о Ленине» возвращают надписи (практически не использовавшиеся в «Одиннадцатом», отброшенные в «Человеке с киноапаратом» и почти полностью забытые в «Симфонии Донбасса»), но так, чтобы все же избежать «авторского слова», вместо этого представляя фильм с точки зрения «освобожденных» тюркских женщин. Это их голоса, их песни, их взгляд организуют фильм. При этом, однако, эти «песенные документы» советского Востока изначально отмечены как безымянные и не принадлежащие женщинам, которые их поют. Они также разделены на категории: некоторые «проходят в звуке, другие — в изображении, третьи находят отражение в надписях» [Вертов 1966: 181]. Подобно тому как эти женские голоса никогда не сведены с изображениями женских тел, песни никогда не воспроизводятся синхронно, а русские переводы заменяют в них подлинную речь. И хотя Вертов отказывается от закадрового комментария в пользу интертитров в стиле немого кино, это решение, как предполагает Джереми Хикс, явно «мотивировано желанием не

---

25 По мнению Изволова, это частично отражает тот факт, что Беляков, главный художник надписей после Родченко, остался в Москве [Izvolov 2016: 9].

26 Я благодарю Джона Маккея за его соображения по поводу использования Вертовым фотомонтажа.

нарушать визуальную целостность фильма, делая голос производителем смысла» [Hicks 2007: 111]. Замена авторского голоса анонимными женскими голосами оставляет этот фильм без явного повествователя — пробел, который Вертов пытается закрыть голосом Ленина, впервые слышимым с экрана.

La voix [Голос]

Во всех своих отчетах о процессе создания фильма Вертов подчеркивал сохранение в нем голоса Ленина, получение и передачу звукового материала, который соответствовал 100 тысячам метров архивного киноматериала, просмотренного Свиловой для создания нового кинематографического портрета «живого Ленина»:

> Работа над фильмом «Три песни о Ленине» продолжалась почти весь 1933 год. За это время наша группа проделала следующее:
> 1. Член группы (моя ассистент) тов. Свилова, неутомимо разбирая и изучая архивные, фильмотечные материалы в Москве, Тифлисе, Киеве, Баку и других городах, в течение года добилась того, чего мы не смогли добиться в течение девяти лет со дня смерти Ленина. За эти девять лет удалось обнаружить (в Америке) лишь один новый кинодокумент о Ленине. Между тем к 10-летию со дня смерти Ленина мы могли рапортовать новыми десятью кинодокументами, найденными тов. Свиловой в 1933 году. <...>
> 2. Голос Ленина мы пытались перевести на кинопленку еще в 1931 г. в Ленинграде. Результаты были малоудовлетворительные. Значительно удачнее наши работы 1933 года, когда звукооператору Штро удалось не только не ухудшить запись по сравнению с грампластинкой, но, наоборот, получить лучший результат. Благодаря этому мы имеем возможность услышать в фильме говорящего Ленина, в частности его обращение к красноармейцам [Вертов 1966: 179–181][27].

27 Дневниковая запись [«Десять лет не был в доме отдыха»], 26 мая 1934 года.

И снова:

> Наша группа пыталась перевести на пленку голос Ленина еще во время работы над предыдущим фильмом в Ленинграде. Вследствие несовершенства первого звукового киноаппарата результаты получились малоудовлетворительные.
> В 1933 году (звукооператор Штро) работа оказалась более удачной. Голос Ленина получился на пленке лучше, чем на граммофонной пластинке. Из обращения Ленина к красноармейцам в фильм вошли хорошо слышимые и ясно разбираемые слова: «Стойте крепко»; «Стойте дружно»; «Смело вперед против врага»; «За нами будет победа»; «Власть помещиков и капиталистов, сломленная у нас в России, будет побеждена во всем мире!» Мы получили, таким образом, возможность сохранить на пленке голос Ленина и дать Владимира Ильича говорящим с экрана [Вертов 2004–2008, 2: 261][28].

Для советских граждан сохранение голоса Ленина на кинопленке стало чем-то почти мистическим. «Наука и техника, — писал Е. М. Ярославский еще в 1925 году почти теми же словами, что и Вертов, — сохранили нам Ленина в движении на киноленте <...> Наука и техника оставили нам голос Ленина — 18 граммофонных пластинок, 18 речей Ленина». Ярославский призывает все рабочие клубы и читальные залы сохранить эти записи, чтобы голос Ленина призывом прозвучал «из могилы»: «И тогда эти слова Ленина, этот голос давно умершего вождя будет звучать как боевой приказ из далекого прошлого: не останавливаться, продолжать работу, совершенствовать, улучшать жизнь» [Ярославский 1925: 288–287][29]. Отмечая достижения науки и техники, Ярославский тем не менее сетует на тот факт, что технология звукового кинематографа не появилась вовремя: «Какая же была бы сила впечатления, если бы звуковое кино не опоздало со своим развитием...»[30]

---

[28] «Как мы делали фильм о Ленине» [1934].

[29] Цит. по: РГАЛИ. Ф. 2091. Оп. 1. Ед. хр. 92.

[30] Цит. по: РГАЛИ. Ф. 2091. Оп. 1. Ед. хр. 92.

«Три песни о Ленине» содержат три типа записи «живого человеческого голоса»: песни тюркских женщин в «Песне первой», воспроизведение речи Ленина в «Песне второй» и синхронные интервью с рабочими и колхозниками в «Песне третьей». Эти разные типы записи — анонимные голоса тюркских женщин, которые вместе с Вагнером, Шопеном и Шапориным составляют часть музыкальной партитуры фильма; бестелесный голос Ленина, наложенный на кадры его публичных выступлений и вращающихся надписей, повторяющих его слова: «Стойте крепко / Стойте дружно / Смело вперед против врага»; и синхронные интервью записанные вживую и предвосхищающие «синема-верите» 1960-х годов[31], — представляют собой три различных звуковых практики и три различных эстетических следствия изобретения записи голоса на кинопленке.

Как утверждал Вертов, синхронные звуковые интервью в «Трех песнях о Ленине» и в «Колыбельной» были продолжением его более ранних практик «жизни врасплох», но теперь уже с использованием методов звукового кино [Вертов 1958]. Советский биограф Вертова Н. П. Абрамов отмечал, что именно неточности, подлинная, неотрепетированная речь интервьюируемых с грамматическими ошибками и неправильным произношением делали эти записи столь ценными и запечатляли на экране, как сказал бы Вертов, «живого человека». Говоря о «Трех песнях о Ленине» в 1962 году, Абрамов подчеркнул ведущую роль Вертова в развитии *звукового* документального кинематографа:

> Дзига Вертов первый из кинодокументалистов мира включил в фильм подлинную, синхронно записанную речь человека. Рассказ девушки-бетонщицы о своем трудовом подвиге и рассказ старика-колхозника о своем колхозе <...> подлинная, неотрепетированная речь <...> с паузами, с неправиль-

[31] Что само, разумеется, было переводом на французский вертовской «киноправды». *Cinéma vérité* («правдивое кино») — стиль документального кино, изобретенный Жаном Рушем, вдохновленным вертовской теорией «киноправды» и находившимся под влиянием картин Роберта Флаэрти. Иногда его называют «кинонаблюдением», когда понимают как «прямое кино» (*direct cinema*): главным образом без закадрового голоса повествователя.

> ными ударениями <...> *впервые* зазвучала с экрана, придав особую достоверность и выразительность образу живого человека в документальном фильме [Абрамов 1962: 142–143] (выделено в оригинале).

Как указывает Билл Николс, с появлением звука центральной точкой идентификации в документальном кино становятся устная речь и комментатор, который ее произносит. Это «буквальный голос фильма, — пишет Николс, — и он приходит в виде “Того, кто уже знает” — голоса, который выстраивает звуки и образы в соответствии с тщательно разработанной точкой зрения, известной с самого начала». Устная речь воплощает «бестелесного, всеведущего, неуязвимого создателя, который сохраняет полный контроль над композицией и ритмом фильма» [Nichols 2016: 66]. Эта позиция «Того, кто уже знает» становится еще более заметной с появлением звука в документальных фильмах в 1930-е годы и кардинально меняется в 1960-е годы, с изобретением портативных кинокамер и магнитофонов, способных записывать синхронный звук в реальных местах съемок. Благодаря этому технологическому новшеству, позволяющему изменить роль камеры по отношению к объекту, документалист теперь может «занять материализованную, расположенную в пространстве и часто хорошо видимую позицию одного среди многих, — хотя и обладающего кинокамерой». Изображение больше не является коллажем из кадров, создающих «настроение или атмосферу», — напротив, оно — «видимый аналог голоса говорящего». Режиссер теперь задерживает взгляд камеры на «том или той, кто говорит, причем синхронно». «Пойманное» изображение служит «привязкой произносимых слов к конкретным телам» [Nichols 2016: 71].

Всегда опережавший свое время, Вертов, снова забегает вперед, привязывая произносимые слова к конкретным телам, в случае с синхронными интервью в «Трех песнях о Ленине». Он остается за кадром, тогда как «импровизированная, спонтанная речь» преобладает над прилизанными комментариями стандартного (советского и всего остального) документального кино [Nichols 2016: 71]. В момент выхода фильма в 1934 году Вертов связывал успех синхронных интервью в «Трех песнях о Ленине» со своей идеей «киноглаза», особо выделяя интервью с Марией Белик, потому что именно в нем он достиг того, к чему он всегда стремился, — «синхронности слов и мыслей». Он подчеркивал, что это «не только синхронность звука и изображения, но синхронность мысли с действием, со словами» [Вертов 1966: 138][32]. Далее Вертов часто возвращается к «улыбке Белик» как к моменту ясности и простоты, запечатленному на экране [Вертов 1966: 144][33]. В статье «О [моей] любви к живому человеку», опубликованной в журнале «Искусство кино» в 1958 году, но написанной в 1940-х, Вертов цитирует синхронные интервью из «Трех песен о Ленине» и «Колыбельной» целиком, чтобы продемонстрировать, как документальное кино может запечатлеть «живого человека»[34]. Говоря об интервью с парашютисткой в «Колыбельной», он подчеркивает «абсолютную и неподдельную искренность», стопроцентную синхронность «мыслей, слов и изображения». Мы словно «видим невидимое — мы видим мысли на экране», заключает он [Вертов 2004–2008, 2: 325].

Интервью с бетонщицей Марией Белик, безусловно, остается одним из самых известных моментов в «Трех песнях о Ленине», и именно к этому интервью Вертов возвращается в своих текстах. Но, возможно, на самом деле ключ к пониманию его фильма дает интервью с женщиной — председателем колхоза, позволяя увидеть изменения, происходившие в процессе перехода от сценария, где преобладали голос Ленина и его «живое» присутствие (как это было в оригинальной «Ленинской киноправде» 1925 года), к фильму, где смерть Ленина становится главным предметом размышлений, а кинематограф оказывается бессилен вернуть то, что утрачено навсегда.

---

32 «“Три песни о Ленине” и “Кино-глаз”» [1934]. См. также [Вертов 2004–2008, 2: 295] («Как родился и развивался Кино-глаз»).

33 «Последний опыт» [1935].

34 Впервые опубликовано в журнале «Искусство кино» (1958. № 6). Отредактированная версия, без упоминаний Сталина и «Колыбельной», была перепечатана в [Вертов 1966: 154–160] («О любви к живому человеку»). Рукопись статьи датирована 16 мая 1940 года. См. [Вертов 2004–2008, 2: 324–329, 570] («О моей любви к живому человеку»).

Председатель колхоза имени Ленина своими словами рассказывает о выступлениях на Первом всесоюзном съезде колхозников-ударников и, в частности, о речи Сталина перед колхозниками, произнесенной 19 февраля и направленной против возврата к старому, против выбора неправильного пути (назад к капитализму), против угнетения женщин и т. п.[35] Однако ее повествование обнаруживает не столько автоматическое повторение официальной линии партии, сколько глубокое размышление о травмирующих последствиях прошлого:

> [Товарищ Сталин сказал, что][36] женщина в колхозе большая сила, и женщину под спудом держать нельзя. Вот я председатель колхоза, колхоз имени Ленина... У нас, у колхозе, три женщины у правлении и два групповода. Мы ведем работу... беспощадную, несмотря, что у нас нет мужчин... А я ж чувствую, куды я приехала, и что наши вожди говорять. Ведь они все-таки золотые слова говорять. И надо записать. И надо в голову взять. И дома приехать и надо рассказать. И хочется так и сделать, как вожди говорять, хочется же в колхозе так поставить. А и думаешь... И сзади то, ты помнишь... Но большевики не велят назад вертаться. Что трудности прошли, этого не поминай! А уперед шагать, думаешь, что так, а оно так и может быть... надо это пережить еще, надо достигнуть еще... Надо уметь подойти еще... Вот тут-та вот и вопрос... И вот ето все в голову возьмешь, и нявольно слезы пойдут[37].

Манера речи в этом эпизоде имеет решающее значение, потому что именно выражение и паузы даже больше, чем содержание, превращают ее из простого воспроизведения официальной идео-

[35] См. речь Сталина на Первом всесоюзном съезде колхозников-ударников 15–19 февраля 1933 года.

[36] Эта фраза слышна в звуковом варианте 1938 года и, скорее всего, была частью оригинальной звукозаписи, хотя она не записана ни в версии сценария 1933 года (РГАЛИ. Ф. 2091. Оп. 2. Ед. хр. 49. Л. 4–11), ни в статье Вертова «О любви к живому человеку» (первая публикация — «Искусство кино». 1958. № 6. С. 95–99). Предшествующее интервью с колхозником также оканчивается отсылкой к Сталину, так что на самом деле мы видим двойное упоминание его имени: «...и как говорил товарищ Сталин...» / «Товарищ Сталин сказал, что...»

[37] См. версию этой речи в: «Три песни о Ленине». Вариант сценария [1933] [Вертов 2014–2018, 1: 175–176].

логии в навязчивое повторение, указывающее на действие травмы. Как отмечает А. Щербенок, именно отсутствие ясности и логической связности в этой речи сигнализирует о присутствии травмы [Щербенок 2009]. Как и в случае с Белик, чей рассказ о падении в жидкий бетон шокирует нас не из-за самого несчастного случая, возможного где угодно, а в силу ее стремления немедленно вернуться к работе, чтобы закончить свою смену, ощущение травматического опыта в речи председателя обозначается вскользь: отсутствие мужчин, «беспощадный» призыв к работе, неназванные события прошлого, которые «нельзя вспоминать, но нельзя забывать», и приказ «вперед шагать», несмотря на то что путь вперед остается неясным. Особенно хотелось бы подчеркнуть желание и в то же самое время очевидную неспособность «вперед шагать» — это прямая отсылка к собственному фильму Вертова «Шагай, Совет!» как симптому механизма травмы.

Травматические события прошлого вытесняются требованием шагать вперед, но их подавление здесь отмечено неспособностью соединить два типа речи — авторское (большевистское, сталинское) слово и несанкционированную, прерывистую речь «живого человека», — потому что в полной мере ответить на призыв государства оказывается невозможно. Этот призыв подчеркивается не только отсылками к Сталину (вырезанными в версии 1970 года), но и голосом Ленина, который приходит к нам как акусметр, дважды повторяя требование: «Стойте крепко... Стойте дружно...». В «Трех песнях о Ленине» свободно парящий голос Ленина дается как ленинский призыв и отмечает отсутствующее присутствие Вождя, который «и теперь живее всех живых» и издает директивы с того света[38]. Отсутствующее при-

[38] «“Ленин” и “Смерть” — / слова-враги. / “Ленин” и “Жизнь” — / товарищи. <...> / Ленин — / жил, / Ленин — / жив, / Ленин — / будет жить», — знаменитая формулировка Маяковского из его стихотворения 1924 года «Комсомольская», опубликованного в журнале «Молодая гвардия» [Маяковский 1924]. Тот культ, который предшествовал самой смерти Ленина и который проводил такое явное различие между «двумя телами короля»: «Ленин-вождь мертв. Ленин-вождь жив. Он жив в сердце своего народа» [«Три песни». С. 40–41], сделал Ленина бесконечно воспроизводимым: его образ, все его тексты и его слова приобрели характерные черты «живого Ленина».

сутствие Ленина нарушает стандартное бинарное противопоставление жизни и смерти, отмечая место разрыва между двумя состояниями. Подобно приему «обращения» в понимании Поля де Мана, бестелесный голос Ленина, доносящийся с экрана, изменяет отношения между мертвыми и живыми. Как предполагает де Ман, обращаясь к мертвым, мы делаем это на свой страх и риск: «когда мертвые говорят, живые умолкают»[39].

Бестелесный голос опирается на способность звукового кино создавать эффект «истины» путем отделения голоса от тела. В закадровом тексте в документальных фильмах «свободно парящий» мужской голос, не привязанный к конкретному телу, принимает на себя атрибуты всеведения и всемогущества. Как выразилась Мэри Энн Доан, «радикальная инаковость этого голоса по отношению к диегезису», тот факт, что он не производится каким-либо из тел, которое мы можем видеть, позволяет ему обрести сверхчеловеческий или внечеловеческий статус, статус чистого символа власти:

> Как форма прямого обращения он говорит с публикой без посредничества, минуя «персонажей» и устанавливая отношения соучастия между собой и зрителем: вместе они понимают и *определяют место* изображения. Именно потому, что этот голос невозможно локализовать, поскольку его нельзя привязать к какому-либо телу, он способен интерпретировать изображение и выявлять его истину. Бестелесный, лишенный каких-либо пространственных или временных определений, закадровый голос, как указывает Бонитцер, не подвластен критике и подвергает цензуре вопросы «Кто говорит?», «Где?», «В какое время?» и «Для кого?» [Doane 1980: 42].

---

[39] «Доминирующей фигурой эпитафического или автобиографического дискурса является, как мы видели, персонификация, фантазия загробного голоса <...> хиазматических образов, скрещивающих условия смерти и жизни со свойствами речи и молчания <...> [это] не может не породить скрытую угрозу, которая содержится в персонификации, а именно то, что, заставляя мертвых говорить, симметричная структура тропа подразумевает тем самым, что живые становятся немыми, застывшими в собственной смерти» [De Man 1984: 77–78]. О взаимоотношении «между мертвым и живыми» и о «конфронтации прямых интервью с гласом привидения» в «Трех песнях о Ленине» см. также [Булгакова 2010: 90–91].

Далее Доан цитирует Паскаля Бонитцера:

> Резонно предположить, что это не остается без идеологических последствий. Первое из этих последствий состоит в том, что закадровый голос представляет собой власть — способность распоряжаться изображением и тем, что оно отражает, из пространства, абсолютно *иного* по отношению к тому, которое вписано в изобразительный ряд. *Совершенно иного и абсолютно неопределенного.* Поскольку он исходит из пространства Другого, предполагается, что закадровый голос знает: в этом суть его силы. <...> Власть этого голоса — это украденная власть, это узурпация [Bonitzer 1975: 25][40].

Мы можем видеть действие именно этой формы власти в «Трех песнях о Ленине», где «свободно парящий» и «неукорененный» голос Ленина «призраком бродит» по фильму, принимая на себя «атрибуты всезнания и всемогущества», особенно по сравнению с анонимными песнями тюркских женщин или «аутентичной, неотрепетированной речью» участников синхронных интервью.

В самом деле, если мы сравним бестелесный голос Ленина с частично материализованными голосами тюркских певиц или полностью материализованными голосами рабочих, мы можем увидеть, как бестелесный голос говорит с авторитетом, которого не хватает материализованному голосу, потому что его власть расположена в другом месте: за пределами самого фильма, но все еще «одной ногой в изображении»[41]. Тюркские женщины, ударницы, колхозники не несут в себе ничего «сверхъестественного»; они говорят неавторитетно, просто рассказывают истории своей собственной жизни, их тела измучены работой, их речь неправильна, полна грамматических ошибок, на иностранном языке или с акцентом. В отличие от этого голос Ленина остается именно «неукорененным» и «свободно парящим». Он «исходит из пространства Другого», озвучивая свои требования из загробного мира, и при этом изображение Ленина остается сознательно несинхронизированным с записью его голоса.

---

[40] Английский перевод: [Bonitzer 1986].

[41] См. [Chion 1999: 24].

Во многих отношениях это странное решение. Как указывает Николс, иногда важные события происходят в тот момент, когда камера отсутствует и не может их записать. Повторение или реконструкция — это «логическое решение» в ситуации парадоксального затруднения, с которым часто сталкивается документалист: как заснять реальное событие, которое произошло до того, как камера смогла его запечатлеть, таким образом, чтобы оно снова выглядело так, как могло бы выглядеть тогда, когда произошло изначально? До тех пор, пока намерения режиссера признавались благородными (пока зрители разделяли очевидные цели создателя), утверждает Николс, эти «способы придания реальности художественной формы с готовностью принимались». Более того, «музыка, звуковые эффекты и речь могут быть с достоверностью добавлены к реконструкции. <...> В реконструкции события творческое использование звука может усилить ощущение положения в качестве свидетеля при некоем событии, при котором камера изначально не присутствовала» [Nichols 2016: 69]. Другими словами, документальное кино — это всегда условность, договор, заключенный между зрителем и кинематографистом, чтобы приостановить действие определенного рода неверия, чтобы донести до нас историческое событие или ряд фактов. Если воспользоваться известным определением Джона Грирсона, это всегда «творческая обработка действительности» [Grierson 1976]. Именно такой монтаж всегда отстаивал и Вертов. В 1923 году он писал:

> ...заставляю зрителя видеть так, как выгоднее всего мне показать то или иное зрительное явление. <...> Ты идешь по улице Чикаго сегодня, но я заставляю тебя поклониться т. Володарскому, который в 1918 году идет по улице Петрограда, и он отвечает тебе на поклон [Вертов 1966: 54][42].

Говоря о «Трех песнях о Ленине», Вертов особо подчеркивает сохранение голоса Ленина, сбор и передачу звукового материала, соответствующего 100 тысячам метров архивных материалов,

[42] «Киноки. Переворот» [1923].

исследованных Свиловой для создания нового кинематографического портрета «живого Ленина». И все же он предпочитает оставить голос Ленина отделенным от изображения.

Соединение голоса Ленина с изображением говорящего Ленина было бы именно той допустимой «реконструкцией», которую большинство зрителей Вертова ожидало и которую охотно бы приняло. Но для Вертова осознание того, что звуковой киноаппарат в реальности «опоздал», означало, что синхронизированная звуковая запись вождя, командующего с экрана, уже не может существовать. Возможно, даже более важно здесь то, что решение Вертова *не* синхронизировать изображение и звук говорит о неспособности преодолеть некую травму, «разрыв в восприятии времени разумом», в котором угроза извне распознается «*на мгновение позже, чем нужно*» [Caruth 1996: 61–62], — травму, которую фильм в целом и пытается нивелировать. Утрата Ленина и утрата *голоса* Ленина знаменуют разрыв в советском восприятии времени. К тому моменту, как в 1928 году появляется звуковой киноаппарат, уже слишком поздно, и никакие архивные изыскания не помогут восстановить то, что было утрачено навсегда. Изображение и звук должны всегда оставаться не синхронизированными.

Смерть на скорости 18 кадров в секунду

Воспроизведение голоса Ленина в фильме скорее подчеркивает, чем исправляет этот разрыв. Голос Ленина, идущий с экрана, делает ощутимыми моменты молчания в фильме — молчание масс, вновь оказывающихся перед неподвижным телом своего вождя.

Советский киновед Л. М. Рошаль, говоря о Вертове в 1982 году, выделяет конструкцию «Ленинской киноправды» 1925 года — первоисточника «Второй песни» из «Трех песен о Ленине» — в попытке раскрыть ее тематические и кинематографические приемы. Он уделяет особое внимание моменту похорон Ленина, когда в фильме появляются титры:

66. ЛЕНИН
67. ...а не движется...
68. ЛЕНИН
69. ...а молчит...
70. ...МАССЫ...
71. ...движутся...
72. ...МАССЫ...
73. ...МОЛЧАТ...

Внимание Рошаля в данных утверждениях привлекает отсутствие в них пунктуации. Точка, полагает он, «констатировала [бы] трагедию», восклицательный знак показывал бы чистую эмоцию, вопросительный знак — неспособность осознать весь масштаб катастрофы [Рошаль 1982: 122]. Без знаков препинания, полагает Рошаль, Вертов делает возможным соприсутствие всех трех реакций, позволяя общественному и индивидуальному слиться и одновременно отражать массовое и личное переживание.

Однако можно предположить, что имеется и еще кое-что странное в этой серии надписей, которые без изменений перенесены во «Песню вторую» «Трех песен о Ленине». То, что сначала выглядит хиазмом или противопоставлением понятий (Ленин неподвижен, но массы движутся), становится эквивалентом (Ленин молчит, массы молчат). Обеспокоенные первой предпосылкой — Ленин должен двигаться и говорить (иначе это не Ленин), — мы не уверены в том, как интерпретировать вторую: массы движутся и тем не менее молчат. Действительно, этот кусок фильма основан на одном из любимых приемов Вертова — остановке кинематографического времени. Сначала, как указывает Рошаль, Ленин и массы показаны в постоянном движении, а потом внезапно все останавливается: «Вслед за черной проклейкой и строками из некролога стояли (именно стояли!) кадры Ленина в гробу...» [Рошаль 1982: 121]. Внезапная остановка движения повторяется несколько мгновений спустя, когда вся страна соблюдает минуту молчания: среди кадров мужчин, женщин и остановившихся машин, мы видим кадр поезда, остановившегося в разгар движения. Но эта минута молчания снята как пять минут неподвижности, нарушения течения одновременно исторического и кинематографического времени. Вертов полагается на способность кино останавливать время, чтобы передать невозможность ленинской неподвижности. На экране Ленин такой же живой, каким был в момент создания этого изображения; более того, кино, проецируемое с частотой 24 (или 18 или 16[43]) кадра в секунду, создает движение из неподвижности, так что даже мертвый Ленин продолжает двигаться, не обращая внимания на собственную смерть. «Вслед за кадрами похорон, — пишет Рошаль, — перед деревянным мавзолеем проходили колонны пионеров, а над мавзолеем, над зубцами Кремля появлялся (с помощью двойной экспозиции) живой Ленин». Так, заключает Рошаль, «начиналось — бессмертие <...> Не только по приему, но и по смыслу кадр действительно строился на принципах двойной экспозиции» [Рошаль 1982: 122–123].

Приемы остановленного времени и двойной экспозиции делают «хиастическую» структуру возможной таким же образом, как «обращение» и просопопея де Мана, — то есть бессмертие Ленина уже беспокоит живых (массы молчат): механизированное воспроизведение его речи дает голос мертвому, в то время как «живые умолкают» [De Man 1984: 77–78]. Утверждение, что «Три песни о Ленине» — это фильм о смерти, кажется очевидным, но не столь очевидно может быть то, как именно он воспроизводит тему смерти, то есть как именно фильм демонстрирует «привилегированное» отношение кино к смерти, «соприсутствие движения и неподвижности, непрерывности и прерывности», которое составляет, по мнению Лоры Малви, «вечный парадокс кино» [Mulvey 2006: 12]. Желание Вертова найти новые, не виденные ранее кадры Ленина, желание воспроизвести голос Ленина на экране, желание показать в кино «живого Ленина», «Ленина в движении» — вот главный парадокс кинематографа: превращение жизни в смерть, а затем воскрешение, воспроизведение, чревовещание и оживление мертвых.

Можно вспомнить тираду Маяковского против изображения Ленина в «Октябре» Эйзенштейна: «Я обещаю, что в самый

---

43 Как писал Вертов в своей статье «Киноправда» 1934 года: «отменяются обычные 16 кадров в секунду» [Вертов 1966: 143].

торжественный момент <...> я освищу и тухлыми яйцами закидаю этого поддельного Ленина» [Маяковский 1959]. В «Трех песнях о Ленине» Вертов хотел показать иного, «живого» Ленина, и впервые услышать его голос с экрана. Описание того, сколько усилий пришлось потратить съемочной группе, чтобы найти новые документальные кадры, стремление, чтобы «живой голос» Ленина был записан на пленку, — все это указывает на желание показать на кинопленке «правду»: «Не “киноглаз” ради “киноглаза”, а *правда* средствами “киноглаза”, то есть “киноправда”» [Вертов 1966: 143][44]. Вместо этого, как отмечает Драган Куюнджич, «Три песни о Ленине» воспроизводят «бесконечные общие кадры кадавра, абсолютно идентичного самому себе <...> мертвый призрак склеротизированного взгляда» [Kujundzic 2000: 197]. То, что «Три песни о Ленине» стремятся запечатлеть, — это жизнь, движение, голос (можно вспомнить формулировки Вертова: «Ленин в движении на кинопленке, сводка документов, сохранившихся о Ленине, наше кинонаследство о Ленине»). Вместо этого они запечатлевают смерть:

> 16. ...мы не видели его ни разу...
> 17. ...мы не слышали его голоса...
> <...>
> 66. ЛЕНИН
> 67. ...а не движется...
> 68. ЛЕНИН
> 69. ...а молчит...

Съемка похорон Ленина 1924 года зафиксировала смерть Ленина как событие и благодаря чуду кинематографа придала этим кадрам бессмертие (изъяв их из течения исторического времени). Однако к тому времени, когда этот материал повторяется в «Трех песнях о Ленине» десять лет спустя, мы уже наблюдаем не регистрацию события, а его травматическое воспроизведение. Истерики, как гласит знаменитое заявление Фрейда, «страдают от воспоминаний», а фильм Вертова воспроизводит на месте своего

---

[44] «Киноправда» [1934]. Выделено в оригинале.

«тела» (то есть на уровне высказывания) «правду», о которой больше нельзя говорить, — правду о том, что Ленин мертв.

«Ленинская киноправда» создавалась в разгар культа Ленина и вышла в 1925 году в ознаменование первой годовщины его смерти. «Три песни о Ленине» были сделаны десятью годами позже, когда культ Ленина не просто угасал, но уже практически угас; когда «Правда» опубликовала фотографию, где он выглядит не вождем в движении и действии, а пожилым больным человеком, сидящем на скамейке в Горках, «беспомощной иконой»[45]. Культ Ленина, как утверждает Нина Тумаркин, не пережил десятилетнюю годовщину его смерти. Таким образом, «Три песни о Ленине» знаменуют собой «вторую смерть» Ленина — теперь символическую, а не фактическую, — показывая нам Ленина живым, а затем мертвым, застывшим на экране.

Как только Ленин оказывается обездвижен («Ленин, а не движется»), как только кино оказывается бессильно создать движение из неподвижных изображений, весь проект по созданию фильма о «живом Ленине» останавливается, и сам фильм замирает на пять минут. Похожий эпизод с остановленным временем в «Человеке с киноаппаратом» шокировал зрителя, разбивая фильм на его составные части, чтобы продемонстрировать силу движущегося изображения и показать кино как нечто большее, чем серия неподвижных кадров. В «Трех песнях о Ленине» же мы сталкиваемся именно с бессилием кино. Кино — средство передачи движения и времени — не имеет средств, с помощью которых можно было бы преодолеть единственное событие, которое нельзя повернуть вспять или отменить, — как бы оно ни старалось (с помощью звука, метафоры, движения камеры, двойной экспозиции, оптической печати, бесконечной воспроизводимости изображения); оно не может вернуть «живого» Ленина.

Возможно, именно поэтому «Песня третья», на первый взгляд трансформируя Ленина в индустриальный динамизм второй пятилетки (о чем наиболее ярко свидетельствует кадр бюста Ле-

---

[45] См. [Тумаркин 1997: 223].

нина, наложенный на кадр с плотиной Днепрогэса), вместо этого дает нам Вождя, застывшего во времени — в «вечных позах» или «неподвижных срезах», как описал бы это Жиль Делез[46]. Труп Ленина из «Песни второй», выставленный для публичного прощания, здесь превращен в памятник, с покадровой съемкой, используемой для нейтрализации посредством движения природы позади него (небо, облака, вода) травмы его неподвижности. Особенно это заметно на кадрах одиннадцатиметрового бронзового памятника Ленину работы И. Д. Шадра на территории ЗАГЭС (Земо-Авчальская ГЭС им. В. И. Ленина) в Грузии, установленного в 1927 году (и разобранного в 1991 году). Это был один из первых советских памятников Ленину и одна из самых значительных работ Шадра[47]. Стремясь запечатлеть движения и жесты вождя, в качестве источников вдохновения Шадр использовал фото- и кинодокументы, и в конце концов остановился на фотографии Ленина, выступающего на Красной площади во время Дня всевобуча в 1919 году (которую мы видели ранее в «Трех песнях о Ленине»). Странный жест Ленина, указывающего вниз, первоначально критиковался как выбранный случайно, однако он обрел смысл, когда памятник был установлен на территории гидроэлектростанции и Ленин стал указывать на стремительный поток воды, производящей энергию. Как пишет Майклсон, отмечая, как процесс историзации превращает «документ в памятник», «функция монументального искусства состоит не только в том, чтобы увековечивать память, но в том, чтобы задержать и предотвратить

---

[46] Делез пишет, что кинематографа без движения не существует, его невозможно разбить на составляющие части: «...к тому же самому сводится восстановление движения с помощью “*вечных поз*” или же *неподвижных срезов*: в обоих случаях мы как бы промахиваемся мимо движения, ибо задаем себе некое целое, предполагаем, будто это целое “дано”, тогда как движение происходит лишь тогда, когда целое не дано и не задаваемо. Как только мы задаем себе целое в вечном порядке форм и поз <...> время становится образом вечности или же следствием выбранной совокупности: реальному движению места больше нет» [Делез 2004: 46] (курсив оригинала).

[47] См. [Колоскова, Киташова 2016]. Среди самых известных и самых характерных работ Шадра (настоящая фамилия Иванов) — скульптуры «Булыжник — оружие пролетариата» (1927) и «Девушка с веслом» (1936).

возвращение мертвых (камень, установленный на могиле, чтобы воспрепятствовать воскрешению трупа)» [Michelson 2006: 38].

В немом варианте фильма камера, поставленная на рельсы, проезжает мимо другого памятника Ленину, создавая иллюзию, что движется сам памятник. Однако эти попытки преодолеть «вечную позу» Ленина никак не помогают вернуть его к жизни. Точно так же повторение в последних кадрах фильма ленинской заповеди: «Стойте крепко... Стойте дружно...» — производит эффект возвращения репрессированного. Титры, больше не подкрепленные записью голоса Ленина и не смонтированные параллельно с изображениями говорящего Ленина, представляют собой просто механическое воспроизведение, эхо, уже не способное вывести «живого Ленина» на экран. Как отмечает Тумаркин, «в годы правления Сталина культ Ленина сделался холодным и безжизненным, как камень Мавзолея. Он славил мертвого, но не живого Ленина» [Тумаркин 1997: 186].

В «Трех песнях о Ленине» Вертов, возможно, пытался остановить бесконечную воспроизводимость фотографического изображения, остановить время, поместить Ленина в (кинематографический) Мавзолей, который сохранил бы его и стал бы ленинской «кино» правдой. Это один из способов, которыми объясняется стоп-кадр, отмечающий минуту молчания. Команда Вертова (и, в частности, Свилова) исследовала архивы в поисках ранее неизвестных кадров Ленина и записанного голоса «живого Ленина» с целью обновить и освежить образы, которые уже начали стираться из-за чрезмерного использования. Но ключевой прием фильма («Песня вторая») не является «оригинальным» — это повторение, новая сборка материала, который Вертов показал в «Ленинской киноправде». Снятый в 1924 году, этот материал фиксировал реальное событие — похороны Ленина и прощавшиеся с ним массы; теперь же, в 1934 году, этот же материал выполняет другую задачу: он отмечает промежуток времени, прошедший между событиями, он отмечает расстояние между 1924 и 1934 годами (огромный, непреодолимый разрыв, как утверждает Шейла Фицпатрик [Фицпатрик 2008]), и он знаменует конец культа Ленина, его «смерть со скоростью 18 кадров в секунду».

«Les silences de la voix» [«Молчания» голоса]

Если «Ленинская киноправда» 1925 года показывала Ленина в движении — гуляющим по Кремлю после выстрела Фанни Каплан, произносящим речи, улыбающимся, пожимающим руки, обращающимся к большим толпам, — то «Три песни о Ленине» 1934 года, напротив, начинаются со смерти Ленина. С самого начала не его присутствие, а его отсутствие организует наш взгляд: от снимков качающихся деревьев, снятых снизу в стиле Родченко, до дома в Горках, отраженного в пруде, до опустевшей скамейки в саду, «известной нам по фотографии». В интертитрах Горки указываются не как место, где Ленин жил, а как место, где Ленин умер; нам говорят, что комната, «где умер Ленин, окнами выходит в сад», и «обратный» кадр, снятый изнутри дома, на короткое время помещает нас в позицию мертвого вождя, дает нам перспективу, которую видел бы Ленин, глядя на сад. Второй кадр, снятый уже за пределами той же самой комнаты и обрамленный с обоих краев двумя белыми колоннами, демонстрирует дорогу, которой, возможно, следовал Ленин, — как бы предполагая, что киноаппарат полностью проследил путь выходящего из комнаты Ленина. Последний кадр этого пролога возвращает нас к качающимся деревьям (все еще снятым снизу, но теперь с немного другой точки), но на этот раз мы можем лучше понять их странный эффект: мы смотрим на них «глазами Ленина», при этом прекрасно зная, что Ленин мертв[48].

---

[48] Кадр шатающихся деревьев, снятых с низкой точки, — еще одна отсылка к Родченко, на этот раз к его фотосерии 1927 года «Сосны. Пушкино» (впервые опубликовано: Новый ЛЕФ. 1927. № 7). По словам Бернда Штиглера, «пролог ["Трех песен о Ленине"] открывается кадром, который настолько похож на одну из фотографий Родченко из его серии с соснами, что его также можно принять за эту фотографию. <...> Тем фактом, что в свой фильм о Ленине Вертов включает отсылку к фотографиям Родченко и даже подчеркивает ее, используя фотографии дважды, чтобы обрамить весь первый эпизод, он документирует (в своем документальном фильме) эстетико-политическую позицию и делает возможным расшифровку его поддержки как Ленина, так и революции в изображении, с помощью кино и фотографии. <...> «Три песни о Ленине» оказываются выразительным случаем тактики использования изображения и монтажа, а также копилкой визуальной памяти и мнемоническим архивом изображений». См. [Stiegler Bernd 2009].

«...Мы не видели его ни разу... мы не слышали его голоса...» — говорят нам титры, и действительно, в «Песне первой» почти нет изображений Ленина. Вместо этого нам напоминают о жертве Ленина как о каком-то расчленении: «Он отдал нам все, что имел: свой мозг, свою кровь, свое сердце». Затем мы возвращаемся к кадрам дома и парка в Горках, смонтированным параллельно с кадрами печатного станка, печатающего копии суперобложки Ленина «Die Bilanz der Revolution 1905» («Доклад о революции 1905 года»)[49]. Снова показывается «знаменитая скамья», теперь снятая сзади; суперобложка с изображением молодого Ленина; деревья в Горках и затемнение; а звуки «Похоронного марша» Шопена переносят нас в «Песню вторую», «центральную панель триптиха», как называет ее Аннетт Майклсон, — песню утраты [Michelson 2006: 20].

Здесь кадры скорбящих женщин перемежаются с кадрами Ленина в гробу (с неподвижным Лениным, как сказал бы Рошаль) и другими документальными кадрами, такими как кадры парка в Горках, теперь в разгар зимы, кадры поезда, везущего тело Ленина последние сорок километров, кадры говорящего Ленина и его похорон. Снова, как и в «Песне первой», наш взгляд определяется субъективной точкой зрения. Кинохроника похорон Ленина, знакомая зрителям по «Ленинской киноправде» и другим хроникальным фильмам, монтируется с крупными планами лиц женщин из Средней Азии и интертитрами, которые предполагают, что мы видим смерть Ленина их глазами, что это *их* память о Ленине. Но это также *наша* память о Ленине: повторное использование кадров из «Киноправды № 21» создает эффект воспоминания. Затем и «взгляд назад» оказывается остановлен. В течение пяти минут неподвижности фильм чередует стоп-кадры и неподвижные кадры, закольцованную печать и замедление времени до полной остановки[50]. По словам Булгаковой, «Вертов использует стоп-кадр, чтобы остановить подвижные объекты — локомотив, машины, станки, движение копии через проектор, наконец, саму камеру: киноизображение заменяется фотографией и — нарисованным Мавзолеем» [Булгакова 2010:

---

49 Впервые опубликовано: Правда. 1925. № 18. 18 января. Написано по-немецки до 9 (22) января 1917 года. Вертов здесь показывает немецкую суперобложку.

50 Покадровое описание минут тишины см. в [Feldman 1979: 119–120].

89]. И хотя динамизм «Песни третьей» и достижения второй пятилетки призваны противостоять этому моменту неподвижности, мы не можем окончательно избавиться от ощущения, что «распалась связь времен». Подобно председательнице колхоза имени Ленина, мы можем подчиниться команде «вперед шагать», только если не будем оглядываться, если мы забудем, откуда пришли. Но любой взгляд назад обнаруживает «разрыв в восприятии времени разумом», подчеркивая неспособность кино исправить нашу утрату.

Нигде этот «взгляд назад» не выражается более явно, чем в немых вариантах «Трех песен о Ленине» (как 1935-го, так и 1938 года), где уже первые кадры знаменуют собой радикальный отход от звуковых версий фильма. Отсутствие звука означало более сильный упор на надписи, однако немой вариант не только включает новые открывающие титры, поясняющие структуру фильма («Вступление») и исторические события («30-го августа 1918 г., в этом корпусе <...> выступал на митинге рабочих завода Михельсон Владимир Ильич Ленин») — он также начинается в совершенно другом месте по сравнению со звуковой версией. Вместо начальных кадров парка в Горках немая версия возвращается к началу «Ленинской кинoправды» 1925 года и к Н. Иванову — рабочему, который задержал в августе стрелявшую в Ленина Фанни Каплан. Однако то, что на первый взгляд кажется возвращением к первоисточнику (фильму 1925 года), на самом деле оказывается реконструкцией. Вместо конструктивистских интертитров, использовавшихся в «Ленинской киноправде», мы видим простые, соответствующие титрам в «Трех песнях о Ленине»; вместо оригинальных кинокадров с Ивановым из 1920-х годов перед нами новые кадры с ним, снятые десятилетием позже; вместо кадров, показывающих заводскую площадь, на которой произошло покушение, и памятник 1922 года, установленный на месте, где Ленин упал, мы видим крупным планом картину В. Н. Пчелина 1927 года «Покушение на Ленина»[51].

---

[51] Режиссерский сценарий «Трех песен о Ленине», помеченный как «немой вариант» 1934/1935 годов и хранящийся в Госфильмофонде, показывает, что этот вариант содержал тот же самый пролог, что и немая версия 1938 года (Архив Госфильмофонда РФ. Секция I. Ф. 7. Оп. 1. Ед. хр. 121); но нам неизвестно, использует ли Вертов заново кадры из «Ленинской киноправды» 1925 года, или заменяет этот материал новым.

В целом этот эпизод длиннее, чем оригинал 1925 года, и его задача теперь состоит не в том, чтобы задокументировать исторический факт, а в том, чтобы подчеркнуть степень, до которой историческое событие может быть воссоздано лишь как художественное произведение. Это становится очевидным благодаря замене документального кадра пустой заводской площади, показывавшего нам точное место, где произошло нападение, кадрами картины, изображающей то же событие, но теперь в романтико-реалистической манере. Та же надпись: «Покушение произошло здесь», представляет оба эпизода, но в немой версии 1938 года пустая, заснеженная заводская площадь с одиноким памятником на месте падения Ленина заменена на крупный план картины Пчелина. Картина впервые появляется на заднем плане позади говорящего Иванова; затем Вертов приближает камеру к лицу рабочего, накладывая его на картину с помощью двойной экспозиции, и, наконец, с крупного плана лица переводит наплывом на картину позади него. Панорамируя по смятенным лицам и мечущимся телам, изображенным на большом полотне позади Иванова, камера останавливается, когда мы видим маленькую фигурку Ленина, лежащего на земле. Сверхкрупный план показывает нам лежащего Ленина, затем следует средний план, продолжающий панораму справа налево, пока мы не доходим до края полотна. Двойная экспозиция и наплыв служат для того, чтобы показать нам «воспоминания» Иванова о событии, в то время как повествовательная живопись и движущаяся камера «оживляют» их. То, что кадр с браунингом, использованным Каплан (который входил в оригинальную «Киноправду № 21»), был вырезан, также наводит на мысль, что нас больше интересуют не факты, а нечто совсем другое. Знак-индекс, «здесь», больше не помещает нас в определенное место или момент времени. Подобно рисунку Мавзолея, отмеченному Булгаковой, документальный факт здесь заменен его изображением — история превратилась в миф.

Как утверждает Папазян, в 1920-е годы Вертов искал возможность освободить киноискусство от оков словесного языка, создать новый язык, основанный на свойствах, присущих кинематографу, — и самое главное, на его способности представлять зрителю «чувственные факты». Для Вертова особые, «индексные» отношения между снимаемым объектом и его изображением на пленке (где фотография фиксирует фактическое существование объекта в реальной жизни), «казалось, дают возможность обойти не только вербальный язык, но и саму репрезентацию как художественную операцию, в частности посредничество в виде авторского присутствия». «Кино-глаз» должен был представлять жизнь такой, какая она есть, без вмешательства какого-либо художественного «видения» [Papazian 2009: 71]. Вот почему Вертов считал свои синхронные интервью в «Трех песнях о Ленине» формой «киноглаза» — прямой записью «жизни, как она есть», без авторского вмешательства. Но здесь, в этой подстановке повествовательной живописи (и картины в стиле *романтического* реализма), вместо простого документального снимка, фиксировавшего «фактическое существование объекта в реальной жизни», Вертов делает нечто противоположное. В версии фильма, идущей за пределами центральных городов — Москвы, Ленинграда или Лондона, — он тихо и ненавязчиво обнажает приемы «Трех песен о Ленине», подчеркивая не их верность фактам, а их романтическое превращение в художественное произведение. Как и в случае с отказом синхронизировать голос Ленина с его изображением, ход Вертова здесь мелодраматичен — это признание, что уже «слишком поздно», признание в неспособности документального кино фиксировать события по мере того, как они происходят, признание его фундаментальной фиктивности[52].

Это особенно заметно в отказе совмещать записанный голос Ленина с его изображениями. Несмотря на то, что записи голоса, которые использует Вертов (и которые нужно было тщательно обрабатывать, чтобы добиться достойного качества звука), накладываются на изображения, они подчеркнуто асинхронны. Разница в расположении тела и голоса в пространстве напоминает об отсутствии синхронизированных записей звука и изо-

---

52 Я имею в виду формулировку Линды Уильямс, описывающей мелодраму как жанр, в котором уже «слишком поздно» [Williams 1991].

бражений при жизни Ленина. Кино дает нам иллюзию единства, и именно эта иллюзия делает кино возможным (и доставляющим удовольствие). Но эта иллюзия возвращает нас к главному парадоксу кино: одновременному присутствию движения и неподвижности, непрерывности и прерывности. Как утверждает Стивен Хит, кинематограф функционирует путем стирания различий: неподвижные кадры проецируются со скоростью, скрывающей их индивидуальность и отличие друг от друга, и все же иллюзия движения создается именно благодаря этому различию[53]. Как и фотография, кинематограф фиксирует момент регистрации, «момент, извлеченный из непрерывности исторического времени» [Mulvey 2006: 13]. Можно вспомнить ответ Жана-Люка Годара на вопрос, что такое кино. Кино, сказал он, вторя Вертову, это «правда со скоростью 24 кадра в секунду». Однако эта мысль является справедливой только в том случае, если мы будем понимать эту «правду» как правду запечатленного момента, регистрацию «факта» существования, вырванного из исторического времени. В любом другом случае кино — неправда, механическая операция, которая бесконечно воспроизводит изображения вне их исторического момента, реанимирует мертвых и заставляет нас видеть то, чего нет.

Как отметил Николс, ключевой аспект раннего увлечения кинематографом был основан на нашей способности узнавать мир, в котором мы уже живем. «Необычайная способность фотоаппарата снимать срезы реальности и фиксировать их внутри иллюзионистской рамки кадра, — пишет он, — многократно возрастает в этой захватывающей дух последовательности кинематографических изображений, которая восстанавливает движение и жизнь в застывшем неподвижно образе». Живое, «кажущееся забальзамированным на пленке», внезапно возвращается к жизни, повторяя действия и восстанавливая события, которые до этого момента принадлежали к сфере безвозвратно утраченного — к сфере исторического прошлого [Nichols 2016: 63]. Это именно то, с чем играет Вертов в «Кино-глазе», где «ки-

---

[53] См. [Heath 1982].

ноглаз поворачивает время вспять» (разделывание быка и выпечка хлеба, показанные в обратном порядке), или в «Человеке с киноаппаратом», когда фильм внезапно застывает, превращается обратно в серию неподвижных фотографий, из которых действительно состоит кино. Тем не менее в «Трех песнях о Ленине», несмотря на все заверения Вертова в обратном, присутствует явный отказ использовать силу кино для того, чтобы вернуть Ленина к «жизни». Каждое решение — от пролога, сознательно отмечающего его отсутствие, до несинхронизированной речи, подчеркивающей тот факт, что «Ленин, а молчит», — уменьшает возможность кино повернуть время вспять. Майклсон указывает, что помимо многочисленных спецэффектов, использованных Вертовом в «Трех песнях о Ленине», есть один, которого он не использует, — это обратное движение: «К этому [списку] мы должны добавить то, значение и значимое отсутствие чего в “Трех песнях о Ленине” мы хотим отметить: прием обратного движения, непревзойденно использовавшийся Вертовым в качестве эвристической стратегии начиная с его самой первой полнометражной картины («Кино-глаз», 1925) [Michelson 2006: 22]. Майклсон оставляет свою мысль незаконченной. Почему в этом фильме не используется обратное движение? Потому что единственное, чего Вертов не может сделать, — это повернуть время вспять, к тому моменту, когда Ленин был жив. По сравнению с «Ленинской кинoправдой» 1925 года, которая двигалась назад, к 1919 году, и вперед, к похоронам Ленина, «Три песни о Ленине» кажутся застрявшими в петле, в закольцованной печати. Время здесь остановлено, растянуто, зациклено, заморожено — сколько бы он на это ни притязал, фильм не может ни вернуться в прошлое, ни шагнуть вперед. Вместо этого, несмотря на быстрый монтаж, которым завершается «Песня третья», фильм кажется застрявшим на месте, особенно в его звуковой версии 1938 года, где его завершает речь Сталина, даваемая полностью, как один статичный кадр, снятый неподвижной камерой, не порезанный и не введенный в ткань произведения.

«Три песни о Ленине» фиксируют сопротивление Вертова навязыванию любого авторского голоса, сопротивление «голосу партии, голосу вождя», сопротивление даже «призыву бессмертного Ленина». Это отказ сводить смысл к единому, унифицированному сообщению, которое должно быть передано с помощью закадрового голоса или пояснительных надписей. Фильм не переводится на язык слов и отдает предпочтение неправильной, прерывистой, неграмотной речи перед «золотыми словами» советских вождей. В своих записях Вертов называл своим «первым звуковым фильмом» «Колыбельную» 1937 года — возможно, потому что там, в отличие от «Трех песен о Ленине», у него уже не было другого выбора, кроме как дать голосу власти, идеологии и государства говорить за него[54].

---

[54] РГАЛИ. Ф. 2091. Оп. 2. Ед. хр. 55. Л. 3. По данным Грэма Робертса, «Колыбельную» забрали у Вертова и она была «перемонтирована партийными цензорами» [Roberts 1999: 129]. Фельдман также отмечает, что фильм был «сильно изуродован перед выпуском “Союзкинохроникой”» [Feldman 1979: 124].

Заключение
Звук соцреализма

> И как очевидно, что материал тонфильмы совсем не *диалог*.
> *Подлинный материал тонфильмы, конечно, — монолог.*
>
> *С. М. Эйзенштейн после встречи с Джеймсом Джойсом в Париже*

В заключительной главе своей второй книги о кино — «Кино-2. Образ-время» — Жиль Делез предлагает иной взгляд на появление звука, нежели традиционный нарратив о разрушении или переломе в истории кино [Делез 2004]. В то время как большинство историков и теоретиков (в том числе советских) часто описывают добавление звука к визуальному образу как второстепенное — и на первый взгляд ненужное — дополнение к движущемуся изображению, для Делеза звуковое кино — это исполнение обещаний, данных немым кино. Как он отмечает, кино никогда не было по-настоящему немым, а только «молчаливым» (по словам Жана Митри) или «глухим» (как утверждает Мишель Шион). В самом деле, как показал Рик Олтман, немое кино всегда сопровождалось звуком, и не было времени, когда фильмы демонстрировались бы без музыкального сопровождения или без шума от разговоров зрителей и т. д. [Altman 2004]. Лишь с появлением звука зрительные залы затихли; лишь с появлением звука фильмы впервые смогли дать нам настоящую тишину — полное отсутствие звука, исходящее с экрана. Более того, фильмы до 1927 года предвосхищали звук и звуковые эффекты — от интертитров, которые содержали реплики диалога (как в стандартных «немых» картинах) или графически воспроизводили речь (как, например, в авангардных практиках Вертова), до быстрого монтажа, который должен был воплотить звук визуально (например, быстрая стрельба в «Октябре» Эйзенштейна). Иными словами, появление звука, хотя оно и вызвало серию грандиозных изменений на уровне технологий и индустрии (потребность в новом оборудовании, новых стилях актерской игры, новых сюжетах, новых способах «прослушивания» фильмов), а также сопротивление части кинематографистов, разработавших набор приемов преодоления *нехватки* звука, — в то же время выполнило то, что кино обещало, создав наконец настоящее «звукозрительное» или «аудиовизуальное» искусство.

Но Делез настаивает на еще одном различии, характерном для немого и звукового кино, — на различии компонентов немого и говорящего изображения. Для Делеза немой образ состоит из видимого изображения (образа) и надписи, которая прочитывается. Надпись (или интертитр) включает среди прочих элементов «речевые акты». Будучи зафиксированы письменно, эти речевые акты перешли в косвенную речь (например, фраза «Сейчас я тебя убью» читается в форме «Он говорит, что сейчас он его убьет») и таким образом приобрели «абстрактную универсальность и выраженный в некотором смысле закон». В то время как изображение («видимый образ») развивалось в другом направлении — к естественности, своего рода «невинной физической природе», не нуждающейся в словесном языке, — интертитр или отрывок текста показывали нам «закон, запреты, традиционный порядок». Чтобы связать видимый образ и образ прочитанный, немому кино нужно было сформировать «подлинные блоки с титрами» (в духе Вертова и Родченко) или сделать так, чтобы особо важные текстуальные элементы переходили в изображение (например, повторение слова «братья», буквы которого становятся все больше, в «Броненосце Потемкине») [Делез 2004: 547–549].

Но «что же изменилось с изобретением звукового кино?» Речевой акт больше не связан со «второй функцией зрения»: его уже не читают, а слушают. В отличие от интертитра, звуковой фильм слушается, но как «*новое измерение и новый компонент визуального образа*» [Делез 2004: 549] (курсив оригинала). Когда звуковое кино становится слышимым, оно «позволяет увидеть нечто новое, а <...> видимый и денатурализированный образ начинает и сам становиться читаемым, *уже будучи* видимым или визуальным» [Делез 2004: 552] (курсив оригинала). Для Делеза звуковое кино в конечном итоге делает видимым нечто «закадровое» — пространство сразу за рамкой кадра, которое кино всегда «одновременно отрицает и задействует». Звук не «изобретает» это закадровое пространство, но «заселяет» его, наполняя визуальное «невидимое» особым присутствием (шум сапог, напоминает Делез, тем интереснее, когда сапог не видно). Его полное воплощение происходит «на уровне голоса в “voice-off”»: т. е. голоса, источник которого не виден [Делез 2004: 559–560]. Со звуком, речью и музыкой контур образа-движения приобретает иную форму. Звуковое кино усовершенствует немое, составляя «нескончаемый “внутренний монолог”, который непрестанно интериоризуется и экстериоризуется: это не язык, а визуальная материя, выразимая на языке» [Делез 2004: 567]. В звуковом кино Большой Другой перемещается за пределы экрана, в закадровое пространство, в положение акусметра. И как мы пытались показать на протяжении предыдущих глав книги, именно это и происходит в раннем советском звуковом кино. В раннем советском звуковом кино мы слышим и видим Большого Другого: в форме громкоговорителя, проигрывателя и радио мы слышим голос Ленина, голос советской власти, голос идеологии. Он становится видимым потому, что становится слышимым.

«Первый русский звуковой фильм — творческая удача»

В своей статье 1981 года о фильме Экка «Путевка в жизнь» (1931) под названием «Происхождение героя» Е. Я. Марголит и В. П. Филимонов особо выделяют оригинальное использование Экком звука, чтобы показать историческое и кинематографическое значение его фильма [Марголит, Филимонов 1991][1]. Как они утверждают, «ревность кинематографических собратьев [Экка]» скрыла тот факт, что задачу создания художественного кинофильма с синхронным звуком, над решением которой мучились признанные всем миром мастера, «без всяких усилий решил никому неведомый дебютант» [Марголит, Филимонов 1991: 74]. С другой стороны, сборник 1971 года «20 режиссерских биографий», который дополняет более раннюю серию «Мастера советского кино» списком советских кинематографических первопроходцев, представляет Экка в составе «плеяды талантливых и весьма своеобразных режиссеров, стоявших у колыбели советского кино и трудом своим помогавших выработке принципов нового искусства, становлению метода социалистического реализма» [Владимирцева 1971: 5–6]. Таким образом, «Путевка в жизнь» приобретает статус предшественника соцреализма, фильма, который смог указать всей советской киноиндустрии правильное идеологическое и методологическое направление. Экк оказывается первым, кто «потряс мир» не только звуком, но и «той эстетикой, которая победоносно утвердит себя в “Чапаеве” и “Юности Максима”». В отличие от экспериментальных формалистских фильмов двадцатых годов «Путевка в жизнь» повинуется «возникшему ощущению реального зрителя», уводя советское кино от главенства фигуры режиссера к опоре на «героя» [Марголит, Филимонов 1991: 75].

Однако самое, пожалуй, интересное описание значения, которое этот фильм имеет для советского кино, присутствует в сборнике «Очерки истории советского кино», выпущенном под эгидой Академии наук СССР в 1956 году. Здесь мы находим следующий анализ прихода звука и той роли, которую «Путевка в жизнь»

---

1 «Путевка в жизнь» была выпущена студией «Межрабпомфильм» в 1931 году и перевыпущена Киностудией им. М. Горького в 1957 году. Архивные источники см.: РГАЛИ. Ф. 2794 (Н. Экк). Оп. 1. Ед. хр. 49; Ф. 2794. Оп. 1. Ед. хр. 228 (материалы к подготовке «Путевки в жизнь») и Ф. 2639 (Р. Янушкевич). Оп. 1. Ед. хр. 60. Материалы, относящиеся к рецепции фильма в Америке, включая вступление Джона Дьюи, находятся в Тихоокеанском киноархиве в Беркли, штат Калифорния (PFA. File: The Road to Life).

сыграла в его успехе. В качестве первых советских звуковых картин авторы сборника выделяют три фильма: «Путевка в жизнь», «Златые горы» (реж. С. Юткевич, 1931) и «Встречный» (режиссеры Ф. Эрмлер и С. Юткевич, 1932). Они начинают свой рассказ с «Путевки в жизнь», потому что, во-первых, этот фильм был закончен раньше других и вышел 1 июня 1931 года; во-вторых, это был «первый фильм, в котором качество записи звука отвечало самым высоким акустическим требованиям»; и наконец, «это был фильм, встретивший самый горячий прием у широкого зрителя» [Калашников 1956: 280]. Достаточно сказать, подчеркивают редакторы, «что только в одном московском кинотеатре “Колосс” (в Большом зале консерватории) “Путевка в жизнь” непрерывно шла свыше года» и при этом «подолгу демонстрировалась во всех существовавших уже и вновь открывавшихся звуковых кинотеатрах Москвы, Ленинграда, а также других городов СССР». Более того, утверждают они, звук в «Путевке в жизнь» органически вплетался в ткань фильма. Как естественные звуки (в городе или на природе), так и человеческая речь играли важную драматургическую роль в создании образов персонажей фильма и его «реализма». Авторы сборника сообщают нам, что впервые в этом фильме «зритель видел героев, обретших дар слова» [Калашников 1956: 280–281][2].

Представленная как «поразительная драма из жизни “диких детей” России», в Америке «Путевка в жизнь», была заявлена как первый советский звуковой фильм корпорацией «Амкино», прокатывавшей фильм в США в 1932 году[3]. В статье для «Partisan Review» в 1938–1939 годах критик Дуайт Макдональд называет «Путевку в жизнь» «стопроцентно говорящей лентой»[4]. А био-

---

[2] Авторы сборника используют термин «звуковой реализм» для описания нового технического достижения.

[3] PFA. File: The Road to Life.

[4] Как отмечают Тейлор и Кристи, памяти Макдональда нельзя доверять, поскольку он описывает «Одну» как «обычный звуковой фильм», а «Энтузиазм» — «просто немой фильм с реалистичными “звуковыми эффектами”». См. [Taylor, Christie 1994: 9].

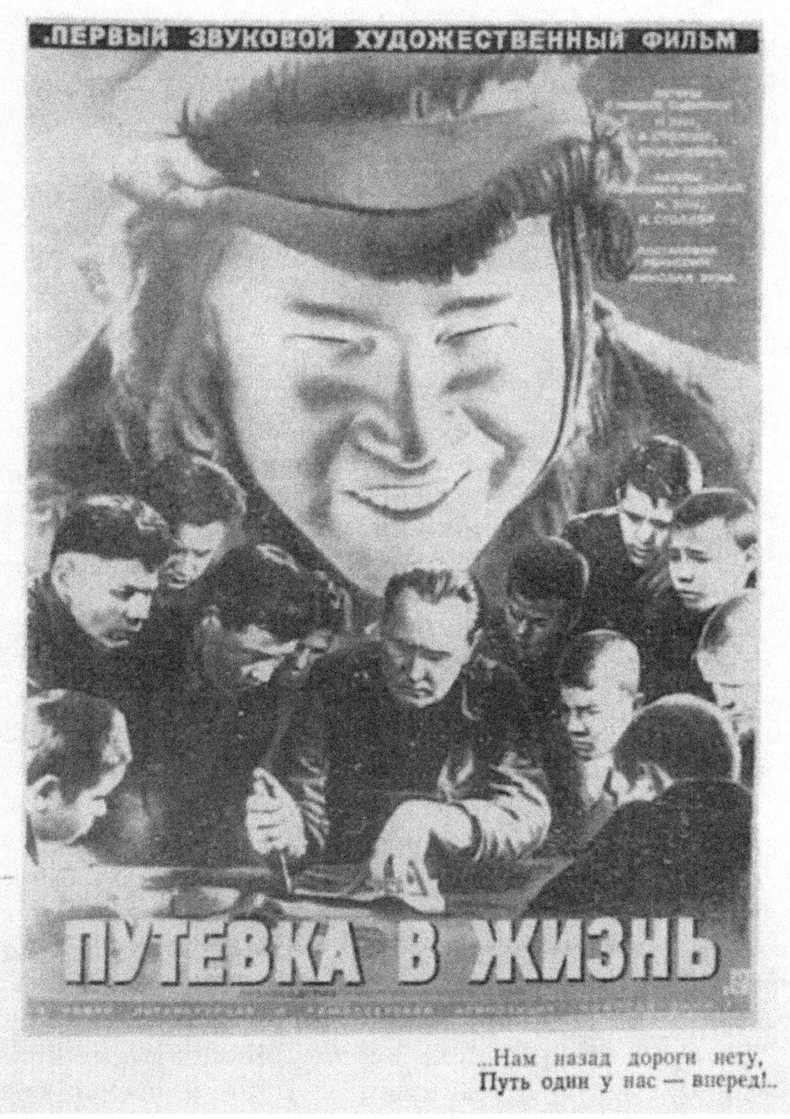

Рис. 10. «Первый звуковой художественный фильм» «Путевка в жизнь», 1931 (Государственный архив Республики Марий Эл).

графическая справка «Audio Brandin Films» также отмечает «Путевку в жизнь» как «первый советский фильм, задуманный звуковым»[5]. Тем не менее в краткой истории советского кино, написанной Торольдом Дикинсоном и Кэтрин де ла Рош в 1948 первым звуковым художественным кино считается фильм «Одна», хотя и уточняется, что «она была снята как немой фильм, и музыка и шумы были добавлены к ней позже» [Dickinson, de la Roche 1948: 40]. В своей основополагающей работе «Кино: История русского и советского кинематографа» Джей Лейда высказывается еще более осторожно:

> Между выходом на экран картин «Земля жаждет» и «Одна» появился фильм, который иногда считают первым советским звуковым фильмом, — «Путевка в жизнь», выпущенная 1 июня 1931 года. Действительно, это был первый советский звуковой фильм, задуманный и написанный в такой форме, несмотря на изобилие в нем надписей [Leyda 1960: 284].

Между тем в 1976 году Александр С. Биркос описывает «Путевку в жизнь» как «первый советский настоящий звуковой фильм, который был задуман, написан и снят звуковым» [Birkos 1976: 52]. Аналогичным образом Ричард Тейлор и Иен Кристи под библиографической ссылкой на Экка в своем сборнике «Кинофабрика» («The Film Factory», 1988) пишут: «Поставил первый советский звуковой фильм “Путевка в жизнь”, 1931 г.», хотя сам Тейлор в более ранней статье о социалистическом реализме и кинокомедии указывал этот фильм третьим среди первых звуковых картин, завершенных в 1931 году, называя до этого сначала «Одну» Козинцева и Трауберга, а затем «Златые горы» Юткевича [Taylor, Christie 1994: 438; Taylor 1983: 450].

Другими словами, так же как в случае с «Певцом джаза» (Кросланд, 1927), место «Путевки в жизнь» в советской истории кино в качестве первого звукового фильма остается несколько спорным и зависит от соображений, выходящих за рамки простой хроно-

---

5 PFA. File: The Road to Life.

логии производства или выпуска. Первая экспериментальная звуковая кинопрограмма, включавшая отрывки из фильма «Бабы рязанские», была показана 5 октября 1929 года в Ленинграде в кинотеатре «Совкино», специально оборудованном звуковой системой Шорина. Спустя несколько месяцев, 5 марта 1930 года, в Москве в качестве первого звукового кинотеатра заново открылся «Художественный», где была продемонстрирована «Звуковая сборная программа № 1», в которую вошли четыре части: речь Луначарского о значении кино; Марш Прокофьева из оперы «Любовь к трем апельсинам» (оп. 33); документальная картина Роома «Пятилетка. План великих работ»; и мультипликационный фильм «Тип-Топ — звуковой изобретатель». Фильм Козинцева и Трауберга «Одна» был запущен в производство в июне 1929 года, а в «Летописи российского кино 1930–1945» в качестве даты, когда Козинцев и Трауберг начали работу над звуковой версией фильма, указано 3 октября 1930 года. Фильм Вертова «Энтузиазм: Симфония Донбасса» был завершен в ноябре 1930 года, но выпущен лишь в апреле 1931 года. Как пишет Сет Фельдман:

> Съемки «Энтузиазма» заняли примерно шесть месяцев. Много трудностей встретилось при работе с лабораториями «Украинфильма» (так стало называться ВУФКУ в 1930 году). Это, наряду с проблемами во время монтажного периода, задержало предварительный просмотр «Энтузиазма» до 1 ноября 1930 года. Официальная премьера фильма была отложена на еще больший срок — до 2 апреля 1931 года. И тем не менее фильм был выпущен на широкий экран примерно за два месяца до «Путевки в жизнь» Николая Экка — произведение, которое часто считается первым советским звуковым фильмом [Feldman 1979: 13–14].

Итак, это первый момент неопределенности, с которым сталкивается историк, стремящийся проследить какую-то родословную раннего советского звукового кино. В зависимости от того, какому принципу следовать, «Путевка в жизнь» оказывается либо лишь одним эпизодом в серии ранних экспериментов со звуком, либо самым первым советским художественным звуковым фильмом. Архивные материалы проливают некоторый свет на эту путаницу. Из рекламы фильма 1931 года видно, что «Путевка в жизнь» прокатывалась одновременно как немая картина и как «новый экземпляр художественной фильмы»[6]. В рецензиях, однако, она обсуждалась только как звуковой фильм — первый, в котором была использована новая звуковая технология, созданная режиссером Экком, оператором Прониным и звукооператором Нестеровым. Например, автор обзора фильма в журнале «Пионер» в равной степени выражает восхищение как его содержанием, так и его техническими достижениями. «Путевка в жизнь», сразу заявляет рецензент, была снята «операторами Прониным и Нестеровым на советских [звуковых] аппаратах “Тагефон”» [Симонов 1931: 14]. Иными словами, здесь популяризируются не столько художественные достоинства фильма, сколько связанный с ним технический прорыв. «Путевка в жизнь» снималась на советском кинооборудовании; эта картина — достижение не просто в области звука, а в области советского звука. Аналогичным образом при выпуске фильма в Соединенных Штатах первенство достижения Экка также оказалось важным для продажи фильма и его шансов собрать кассу. Неясно, почему именно этот фильм, а не «Одна» Козинцева и Трауберга или «Златые горы» Юткевича был выбран для проката в Америке, но, поскольку этот выбор был сделан, реклама подчеркивала историческое значение его технических достижений. «Первый русский звуковой фильм — творческая удача» — говорится в пресс-релизе «Амкино».

Поскольку появление технологии звукового кино в СССР совпало с крупными промышленными изменениями в советской киноиндустрии, — предполагает Лейда в «Кино», «естественно рассматривать звуковое кино как “причину” очевидных перемен, которые произошли в эстетике советского кино». Но истинную причину следует искать во всех изменениях, происходивших в тот поворотный момент:

---

6 РГАЛИ. Ф. 2794. Оп. 1. Ед. хр. 261. Л. 19–24.

> Упор первой пятилетки на развитие тяжелой промышленности поставил перед относительно легкой кинопромышленностью новую задачу пропаганды, а кинематографию сделал зависимой от основной производственной программы. <...> Экономическая структура кинопромышленности была централизована, и она приобрела нового руководителя, Бориса Шумяцкого, чьей главной задачей стало развитие советской кинематографии именно как индустрии» [Leyda 1960: 278][7].

Таким образом, отказ от нэпа, промышленная революция и первая пятилетка — все это оказало влияние на продвижение «Путевки в жизнь» как «первого советского звукового фильма».

Звук действительно является важной составляющей художественного эффекта этого фильма. Дикинсон, Де ла Рош и другие описывали ночной эпизод на железной дороге, его кульминацию, как

> ...ранний пример возможностей, которые дают звуковые эффекты <...> металлический шум колес и беззаботная песня Мустафы, когда он едет один на дрезине; затем — тишина ночи, нарушаемая только кваканьем лягушек и легким звоном инструментов, когда убийца развинчивает пути; затем песня Мустафы в отдалении, которая становится все громче и громче по мере его приближения к опасности [Dickinson, de la Roche 1948: 41].

В рекламном объявлении к фильму, которое хранится в Тихоокеанском киноархиве, содержится аналогичная формулировка:

> Часто называемая первым советским звуковым фильмом, "Путевка в жизнь" использует много надписей, но также и экспериментирует со звуком для эмоционального воз-

---

[7] В 1938 году Шумяцкий был снят со своего поста, а затем арестован и расстрелян. См. [Ермолаев 1938; Фашистская гадина уничтожена 1938]. В качестве главы нового Государственного комитета по делам кинематографии Шумяцкого сменил С. С. Дукельский, который проработал на этом посту до 1939 года. Его в свою очередь сменил И. Г. Большаков.

> действия. (В одном запоминающемся примере звук пара, вырывающегося из локомотива, выражает горе сотен зрителей)[8].

Эти наблюдения совпадают с ранними советскими описаниями фильма. «Картина звуковая, — пишет Е. Симонов в “Пионере”, — она не только показывает, но и рассказывает. Немой киноэкран зашлепал губами репродукторов, он теперь поет и кричит, и целлюлоидная дорожка кинопленки тянет звонки трамваев и лягушечьи трели» [Симонов 1931: 14]. «Путевка в жизнь», таким образом, является не только технологическим и идеологическим достижением, но и достижением художественным. «Первое» использование звука в этом фильме оказывается ключевым для всех трех категорий.

Стоит отметить риторику, характеризующую выход «Путевки в жизнь» в пространство звукового кино. Публика здесь присутствует при «рождении», и даже проектор, позволяющий совершить новое технологическое чудо, становится человекоподобным: он шлепает губами, он «поет и кричит», он имитирует звуки внешнего мира. Это описание предполагает, что в восприятии фильма чрезвычайно важным является понятие материальности, но в ином смысле, чем в случае с «Энтузиазмом» Вертова. Фильм Экка не просто затрагивает зрителей, но делает это потому, что в некотором смысле кино стало «человечным», научилось говорить с помощью своего механизма. Представленная таким образом, «Путевка в жизнь» приобретает статус первого фильма новой эпохи — эпохи, у которой были свои требования к реализму и массовому зрелищу. Технические достижения фильма (синхронный звук) вкупе с его идеологическими достижениями (выход в массы) позволили вывести советский кинематограф на пути к социалистическому реализму. Как считает М. И. Туровская, «Путевка в жизнь» была первым фильмом, осуществившим новую парадигму «идеология плюс занимательность плюс звук», первым фильмом, обозначившим «особые отношения, устанавливаемые

---

[8] PFA. Calendar of events, 26 November 1986.

в 1930-е годы между массовой аудиторией и кинематографом» [Turovskaya 1993: 45][9]. Новое десятилетие ознаменовалось введением речи — положительного героя теперь можно было услышать, а не только увидеть[10].

Кинематография миллионов

В 1935 году Всесоюзное творческое совещание работников советской кинематографии приняло принципы социалистического реализма в том виде, как они уже были изложены для литературы, а звуковое кино теперь было готово облечь эти принципы в форму, «понятную миллионам»[11]. Обвиняя советских режиссеров в «творческом атавизме», Шумяцкий, новый руководитель кинопромышленности, утверждал, что «они еще не привыкли к дисциплине конкретных заданий, которые предъявляет к ним массовый зритель». Как отмечает Тейлор, «фильм без сюжета не может быть развлекательным». Он цитирует Шумяцкого:

> Кинофильма и ее успех находятся в прямой связи со степенью занимательности ее сюжета, соответственно сконструированных и правдоподобных художественных мотивировок его развития.
> Мы обязаны поэтому требовать от наших мастеров постановки сюжетно сильных и фабульно организованных произведений. Иначе они (произведения) не могут быть занимательными, массовыми, иначе они не нужны советскому экрану [Шумяцкий 1933: 7][12].

---

9 См. также [Туровская 2015: 402].

10 Более полный анализ «Путевки в жизнь» Экка, включая его сопротивление механизмам государственной власти, см. в [Kaganovsky 2006].

11 Резолюция совещания работников «Совкино», проходившего в декабре 1928 года, гласила, что существенной частью любой экспериментальной работы должно быть «художественное выражение, понятное миллионам». Однако именно книга Шумяцкого «Кинематография миллионов» (М., 1935) использовала это выражение для описания основной задачи советского кино.

12 Цит. по: [Taylor 1986: 51]. См. также [Тейлор 1989].

К 1935 году советская кинематография выпустила около двадцати звуковых картин, две из которых мгновенно стали классикой соцреализма: фильм о Гражданской войне «Чапаев» и музыкальная комедия «Веселые ребята» (реж. Г. Александров, 1934). И хотя Советский Союз продолжал выпускать немые варианты фильмов по крайней мере до 1938 года, эпоха авангардных экспериментов, как и эпоха немого кино, подошла к концу. Это было подчеркнуто и публикацией в том же 1935 году книги Шумяцкого «Кинематография миллионов», задавшей программу развития советского кино [Шумяцкий 1935].

В своей книге Шумяцкий хвалит советское кино за то, что оно наконец-то стало массовым, находя отклик у миллионов зрителей. Он упоминает, в частности, беспрецедентный успех «Чапаева», а также другие картины, мгновенно ставшие классикой соцреализма, в том числе «Крестьян» (реж. Ф. Эрмлер, 1934), «Юность Максима» (реж. Г. Козинцев и Л. Трауберг, 1934) и «Летчиков» (реж. Ю. Райзман, 1935). Он отмечает, что эти фильмы «характеризуются большевистской партийностью» и социалистическим реализмом. Это искусство, «проникнутое духом классовой борьбы пролетариата», показывающее зрителю «*правду* нашей красочной жизни» [Шумяцкий 1935: 16, 17] (курсив оригинала). Он отмечает, что во всех этих фильмах присутствует не только высокая по качеству режиссерская работа и реалистическая игра актеров, но также и «высокое качество техники, в том числе техники звука» [Шумяцкий 1935: 18]. Действительно, вся книга Шумяцкого посвящена звуковому кино — это систематический анализ периода 1932–1935 годов, когда звуковые фильмы впервые появляются на советских экранах.

Для Шумяцкого звук напрямую связан с социалистическим реализмом — именно эта технология делает соцреализм в кино возможным. Он отмечает, например, что после просмотра «Одной», «Златых гор» и «Путевки в жизнь» Сталин дал руководству советской кинематографии указание развивать звуковое кино, «видя в элементах звука огромную добавочную силу художественного выражения наших идей» [Шумяцкий 1935: 121]. Он считает, что «Иван» Довженко, будучи «творческой неудачей», тем не менее отражает переход режиссера от «социалистической романтики» к соцреализму [Шумяцкий 1935: 125]. Шумяцкий отвергает «Гармонь» (реж. И. Савченко, 1934) как «уродливый» фильм («особенно уродливая <...> работа режиссера Савченко»), лишь вскользь отмечая, что, как и гораздо более успешные «Крестьяне», «Гармонь» тоже отличается «замедленностью», которой страдают многие фильмы этого периода. Шумяцкий особенно нетерпим к крупным планам и музыкальным интермедиям как к приемам, мешающим развитию повествования и замедляющим фильм, и даже критикует эпизод с «Лунной сонатой» в «Чапаеве» за ту же проблему — замедление темпа в фильме, который во всем остальном может быть признан «идеальным» [Шумяцкий 1935: 132, 156, 157]. Однако он посвящает целую главу «Веселым ребятам», утверждая, что эта картина хороша именно потому, что в ней нет «ни сухости, ни претенциозности». Даже те, кто его критикует, не могут отрицать то хорошее, что есть в фильме: «его бодрость, жизнерадостность и смех» [Шумяцкий 1935: 249][13]. И «Чапаев», и «Веселые ребята» имеют полное право на существование в рамках советской кинематографии, утверждает Шумяцкий: «И один и другой фильмы — нужная и закономерная работа советских мастеров» [Шумяцкий 1935: 241].

Дойдя до «Трех песен о Ленине» (реж. Д. Вертов, 1934), Шумяцкий отмечает, что этот фильм «хорош и значителен» именно потому, что Вертов «опровергает документализм» и что он снял в фильме «организованный и связанный идейно образный, художественный материал» [Шумяцкий 1935: 173–174]. «Знаменитая скамейка, "знакомая по фотографиям", кроны деревьев на фоне осеннего неба, дом в Горках — все эти кадры скорбно говорят о Ленине, которого больше нет в живых» [Шумяцкий 1935: 174]. Отвечая на замечания о фильме, Шумяцкий пишет, что «некоторые критики, совершенно не понимая безответственности своих высказываний, утверждают, что "Три песни о Ленине" реабилитировали жанр документальных фильмов». Но скорее этот фильм

---

13 Подробный разбор создания и восприятия «Веселых ребят» см. в [Салис 2012: 19–98].

«свидетельствует о переходе кино на позиции социалистического реализма и идеологов фактографического документального фильма». Впрочем, в фильме, по мнению Шумяцкого, есть и недостатки. В отличие от изображения Востока, яркого, сочного и образного, остальные части Советского Союза показаны очень слабо и без энтузиазма — «в неудачных фотомонтажах (Днепрострой), в длинных монологах батрачки, награжденной орденом Ленина». Шумяцкий отмечает, что «сами по себе эти кадры хороши, но затянуты». Но, несмотря на свои недостатки, этот фильм тем не менее доказывает, что «переход на позиции социалистического реализма — это факт, общий для всех (за весьма малым исключением) наших художников. Советская кинематография идет широкой и дружной фалангой, — пишет он, — и всем своим фронтом переходит на новую ступень» [Шумяцкий 1935: 175–176][14].

Так, например, в 1934 году на экраны вышел «лучший фильм советской кинематографии за все время ее существования — “Чапаев”, фильм, явившийся подлинной вершиной советского киноискусства». Эта картина, отмечает Шумяцкий, отличается исключительной простотой: «Эта простота, свойственная только высокому искусству, настолько органична в “Чапаеве”, составляет настолько разительный контраст со всяческими формалистическими ухищрениями, что ряд “критиков” в первое время после выхода фильма не мог объяснить себе причин его успеха». По его мнению, сила «Чапаева», заключается в «глубокой *жизненной правде* фильма» [Шумяцкий 1935: 148] (выделено в оригинале). Он хвалит операторскую работу, в которой «нет никаких излишеств, никаких выкриков и любования красотой во имя красоты» и которая «прекрасно гармонирует» с содержанием фильма, а также работу композитора Г. Н. Попова, включающего в фильм народные песни таким образом, что они придают глубину персонажу или сцене, не становясь отвлекающим вставным музыкальным номером — «шлягером» [Шумяцкий 1935: 156–157][15].

---

[14] Возможно, это объясняет, почему Дениз Янгблад в своем разборе «Трех песен о Ленине» говорит о нем как о «фашистском» фильме [Youngblood 1985: 230].

[15] О музыке в «Чапаеве» см. [Graffy 2010].

Наконец, переходя к анализу киномузыки и звука в советских звуковых фильмах, Шумяцкий особо хвалит такие картины, как «Встречный» (композитор Д. Шостакович, звукорежиссер Л. Арнштам, 1932), «Поручик Киже» (композитор С. Прокофьев, 1934) и «Анкара — сердце Турции» (звукорежиссер Л. Арнштам, композиторы О. Зеки Унгёр, Э. Зеки Унгёр и Дж. Р. Рей, 1934), в которых звук находится в тесной связи с изображением, в которых нет экспериментов, ненужных звуковых эффектов, в которых музыка «не дает самостоятельных звукообразов, а только дополняет зрительные». Он противопоставляет это удачное использование звука нескольким особенно неудачным примерам: «Дезертир» (реж. В. Пудовкин, композитор Ю. Шапорин, 1933), «Восстание рыбаков» (реж. Э. Пискатор, композиторы В. Фере, Н. Чемберджи и Ф. Сабо) и «Иван» Довженко (композиторы Ю. Мейтус и Б. Лятошинский), где звук и изображение разобщены [Шумяцкий 1935: 222–223]. Цитируя «Заявку» (1928) Эйзенштейна, Пудовкина и Александрова, Шумяцкий утверждает, что режиссеры ошибались в своих представлениях о звуке и что первые же советские звуковые фильмы опровергли их теории. Звук, считает Шумяцкий, можно организовать таким образом, чтобы он давал «*реалистический* образ», создавая единое аудиовизуальное поле [Шумяцкий 1935: 225]. Помимо явного и сильного влияния идеологии, Шумяцкий также повторяет обычную критику ранних звуковых картин и картин переходной эпохи (как в СССР, так и за рубежом), в которых звуковые эксперименты и эффекты ошеломляли зрителей, еще не привыкших *слышать* кино. Типичный звуковой фильм (как советский, так и голливудский) стремится «поженить» изображение и звук, сделать процесс синхронной записи естественным, чтобы представить нам легко узнаваемый мир. Действительно, с первых лет существования звукового кино звук в нем подвергался своего рода «стиранию». Как отмечает Дональд Крафтон, почти сразу после появления звука голливудские студии оказались в любопытном положении: звуковые эффекты, которые годом ранее выглядели впечатляющими и новыми, теперь казались зрителям отвлекающими, навязчивыми и ненужными. Крафтон предполагает, что уже к концу голливудского «сезона» 1928–1929 годов американские журналисты выступали против слишком заметного использования звуковых эффектов: «Как и в случае с чрезмерно кричащими цветами системы “Техниколор”, они считали, что звук не должен обращать на себя внимание в качестве дополнения» [Crafton 1997: 311].

Везде, а не только в Советском Союзе звуковое кино ценилось за интеграцию звука и изображения, связность и «естественность». В 1929–1930 годах, пишет Крафтон, американские зрители все еще могли видеть фильмы, в которых «подчеркивался только что открытый экранный голос», но им также могли быть доступны «киностили, в которых форма и новые эффекты затушевывались ради создания иллюзии единого аудиовизуального пространства». Тем временем звукорежиссеры работали над тем, чтобы сделать свои технологии «неслышными» [Crafton 1997: 311]. Вместо того чтобы выдвигать звук на первый план, режиссеры и инженеры учились его скрывать, стирать его присутствие из сознания публики. У зрителей снижалась чувствительность к звуку, и это происходило как за счет его распространения (то есть чем больше звуковых картин зрители смотрели, тем меньше они замечали звук), так и благодаря сознательным усилиям звукорежиссеров, режиссеров и инженеров. Большинство зрителей, а не только Шумяцкий, хотели видеть единое пространство кадра, в котором не было бы разобщенности между звуком и изображением. Если не социалистический, то простой реализм стал руководящим принципом для применения звука в кино.

Переход к звуковому кино в СССР сыграл важную роль во внедрении соцреализма в качестве официального метода советского искусства, но, возможно, не совсем так, как мы могли бы ожидать. К концу 1930-х годов, когда переход к звуку был завершен, советская кинопромышленность действительно стала кинематографом, «понятным миллионам», со звуком, который был полностью синхронизирован с изображением и служил его идеологической опорой, с особым акцентом на реплики, а также песенные и танцевальные номера и безо всяких контрапунктных, диалогических или других формалистических приемов. Но новая звуковая технология принесла с собой экстрадиегетический элемент: теперь с экрана был слышен голос, находящийся в закадровом пространстве, за пределами фильма. Как «идеологический аппарат государства», функция которого заключалась в том, чтобы сделать передачу идеологии естественной, ранние советские звуковые фильмы передавали идеологические послания напрямую, в неприкрытой форме, создавая из зрителя «гражданина, к которому обращаются»[16]. Но, будучи произведениями нестабильного и переходного периода, ранние советские звуковые фильмы также продемонстрировали сопротивление тому «голосу идеологии», который они теперь должны были доносить.

Говоря об одновременном рождении жанра фильма ужасов и переходом Голливуда к звуковому кино, Роберт Спадони предположил, что появление звука создало, во второй раз в истории кино, «чувствительного» кинозрителя [Spadoni 2007]. Спадони заимствует это понятие чувствительности у Ю. Г. Цивьяна, утверждавшего, что ранний кинозритель особенно остро ощущал (осознанно, внимательно) сам процесс смотрения фильма и собственную роль в качестве *зрителя* [Цивьян 1991]. Зритель раннего кинематографа всегда осознавал, что он смотрит фильм, и это означало одновременно ощущение «чуда» движущегося изображения и чувствительность ко всему, чего движущемуся изображению еще не хватало. (Отсюда знаменитое описание Горьким в 1896 году «Синематографа» братьев Люмьер как «царства теней», а также аналогичные формулировки О. Винтера несколько месяцев спустя[17].) Спадони утверждает, что нечто подобное происходит с ранним кинозвуком: приход звука в кино вернул это первоначальное ощущение «жутковатого» или «сверхъестественного», напомнив зрителям, что они смотрят механически воспроизведенную игру теней, только теперь со звуком, источник и воспроизведение которого все еще вызывали беспокойство, особенно если звук и движущееся изображение теряли синхронность. По словам Спадони, ранние звуковые фильмы ознаменовали собой «возвращение вытесненного» в период раннего кино; согласно его

---

[16] Я благодарю Джошуа Малицки за эту формулировку.

[17] См. [Altman 2004: 89].

формулировке, это было «восприятие реализма, смешанного с нереальным; тел, которые казались более живыми, но одновременно и мертвыми». Повышенное внимание к кино как к средству коммуникации создало технически-чувствительных зрителей: люди ходили в кино, чтобы *услышать голос* (а не посмотреть картину) [Spadoni 2007: 6, 18][18].

Крафтон, отмечая «моду на технику речи», возникшую в Голливуде, также отмечает, что она обнаруживала «определенную тревогу по поводу голоса». Допущение, что голос можно изолировать и изменить, пишет он, предполагает, что он является «чем-то дополнительным», отдельным от личности или физического существа актера. Подобно звуковой дорожке, которая в то время осознавалась как дополнение к немому фильму, голос актера рассматривался как отдельный продукт, и дебаты о том, кому следует контролировать «бестелесный киноголос», вызвали резонанс в сфере труда, «увеличивая беспокойство руководителей киностудий по поводу актеров». Продюсеры «быстро добавили к стандартному соглашению поправки, юридически закреплявшие отделение голоса от тела и устанавливавшие их право на его использование» [Crafton 1997: 456].

Таким образом, мы можем согласиться с тем, что переход к звуку действительно стал для советского кино периодом кризиса, но этот кризис, возможно, был связан не столько с трудностями освоения новых технологий, сколько с трудностями подчинения новым идеологическим директивам. Как советское кино представляет себе свое отношение к звуку, если исторический момент «присоединения», который должен был восприниматься как своего рода органическая целостность или восстановление сломанной системы, вновь объединившей зрение и слух, совпал с подъемом сталинизма и концом революционного авангарда? В психоаналитической теории кино звук описывается либо как

---

[18] Мы можем увидеть это на примере «Трех песен о Ленине» Вертова: передовая статья в «Правде» 1934 года включает в себя фотоснимок рабочих масс, идущих, как сообщает нам подпись, «слушать» «Три песни о Ленине» (Правда. 1934. 2 ноября. № 303).

материнское «одеяло» и «звуковая оболочка», которая окружает ребенка, либо как «пуповинная паутина», которой мать оплетает ребенка и из которой ребенок не может вырваться. Так например, в своей книге «Голос в кино» Мишель Шион пишет:

> Вначале, во тьме матки, был голос, голос Матери. <...> Мы можем представить, как голос Матери оплетает ребенка сетью связей, которые хочется назвать пуповинной паутиной. Безусловно, это довольно путающее выражение из-за отсылки к паукам — и эта первоначальная голосовая связь так и останется амбивалентной [Chion 1999: 61][19].

Отцовский голос, доходящий до младенца из-за пределов этой «звуковой оболочки» или «пуповинной паутины», является голосом *другого*, принимаемым за голос Большого Другого (закона, запрета). Приход звука в советское кино совпал не только с первой пятилеткой, с политикой индустриализации и коллективизации, с централизацией кинематографа и созданием огромного бюрократического аппарата цензуры и надзора, но также и с переходом от авангардных экспериментов к следованию идеологическим требованиям соцреализма. В высшей степени наглядно раннее советское звуковое кино (вос)производило не просто *некий* голос, а акусматический голос государственной власти, «незакрепленный» и «парящий», который обращался к зрителю с экрана напрямик.

Как отмечает Алан Уильямс, «слишком редко указывается на то, что форма перехода к звуку в остальном мире, похоже, сильно отличалась от того, что произошло в Соединенных Штатах» [Williams 1992: 135]. В Европе приход звука привнес относительное стилистическое единообразие в набор текстовых стратегий, созданных «удивительным множеством художественных течений, тенденций и упорных индивидуалистов». Во Франции период перехода к звуку совпадает со смертью импрессионизма и других течений авангардного искусства; в Германии — с концом экспрессионизма. А в СССР, пишет Уильямс, «первый звуковой фильм,

---

19 Феминистское толкование темы материнского голоса см. в [Silverman 1988].

“Путевка в жизнь” Экка, — это одновременно и первое проявление социалистического реализма (или классического голливудского стиля на службе партии)». С одной стороны, пишет он, не существует «непосредственной связи» между заключительным этапом базовой механизации кинематографа и «консолидацией сталинской государственной власти в Советском Союзе, которая находит свое выражение (помимо много другого) в принятии соцреализма как единственного санкционированного метода кинопроизводства» [Williams 1992: 135].

И все же новый звуковой кинематограф явно послужил предлогом для навязывания единообразной приверженности новой «генеральной линии» — отчасти потому, что он сделал кинопроизводство более капиталоемким и, следовательно, требующим большей централизации управления. «Повсюду, — заключает Уильямс, — появление звука, похоже, уменьшало разнообразие и работало против тех, кто предлагал классическому голливудскому кинематографу собственную альтернативу» [Williams 1992: 136]. «Освобождение слова» принесло с собой «подавление тела», — как тела актера, так и тела фильма, — и ни один из них не станет снова свободным, пока мировой кинематограф не переродится в очередной раз в 1960-е годы, создав новые приемы, новые технологии, новые тела, новые голоса и новые способы смотреть и слушать фильмы.

Архивы

Госфильмофонд — Государственный фонд кинофильмов Российской Федерации

РГАКФД — Российский государственный архив кинофотодокументов

РГАЛИ — Российский государственный архив литературы и искусства

BFI — British Film Institute National Archive (Национальный архив Британского института кино)

MoMA — Museum of Modern Art Film Study Center (Музей Центра по изучению современного художественного кинематографа)

PFA — Pacific Film Archive, Berkeley, California (Тихоокеанский киноархив, Беркли, Калифорния)

UIA — University of Illinois Archives (Архивы Иллинойсского университета)

Источники

Авраамов 1939 — Авраамов А. М. Синтетическая музыка // Советская музыка. 1939. № 8. С. 67–75.

Адуев 1934 — Адуев Н. А. Музыкальная или лирическая эпоха // Кино. 1934. № 5.

Александров 1939 — Александров Г. В. Великий друг советской кинематографии // Искусство кино. 1939. № 12. С. 22–24.

Александров 1975 — Александров Г. В. Годы поисков и труда. М.: Союз кинематографистов СССР, 1975.

Александров 1976 — Александров Г. В. Эпоха и кино. М.: Издательство политической литературы, 1976.

Арнштам 1976 — Арнштам Л. О. Бессмертие // Д. Шостакович. Статьи и материалы / Ред.-сост. Г. М. Шнеерсон. М.: Советский композитор, 1976. С. 105–119.

Аршаруни 1929 — Аршаруни А. Художественная литература Средней Азии // Красная нива. 1929. № 16.

Балаш 1925 — Балаш Б. Видимый человек: Очерки драматургии фильма / Пер. с нем. К. И. Шутко. М.: Всероссийский Пролеткульт, 1925.

Балаш 1933 — Балаш Б. Новые фильмы, новое жизнеощущение // Советское кино. 1933. № 3–4. С. 20.

Бескин 1928 — [Бескин О]. Накануне // Советское кино. 1928. № 1. С. 1.

Богданов-Березовский 1929 — Богданов-Березовский В. М. «Новый Вавилон» // Жизнь искусства. 1929. № 11. С. 13.

Вайнкоп 1929 — Вайнкоп Ю. Я. Музыка к «Новому Вавилону» // Рабочий и театр. 1929. № 14. 1 апреля. С. 9.

Вертов 1930 — Вертов Д. Март радиоглаза // Кино и жизнь. 1930. № 20 (июль). С. 14.

Вертов 1931 — Вертов Д. Почему молчит звуковое кино? Первые шаги // Кино. 1931. № 21. 16 апреля. С. 2.

Вертов 1958 — Вертов Д. О любви к живому человеку // Искусство кино. 1958. № 6. С. 95–99.

Вертов 1966 — Дзига Вертов. Статьи, дневники, замыслы / Сост. С. Дробашенко. М.: Искусство, 1966.

Вертов 2004–2008 — Вертов Д. Из наследия: в 2 т. М.: Эйзенштейн-центр, 2004–2008.

Грес 1929 — Грес С. Индустриализация музыки // Жизнь искусства. 1929. № 13. С. 2–3.

Дерябин 2007 — Летопись российского кино, 1930–1945 / Ред. А. С. Дерябин. М.: Материк, 2007.

Довженко 1932 — Довженко А. Почему «Иван»? // Кино. 1932. 24 ноября. С. 2.

Довженко 1937 — Довженко А. П. Учитель и друг художника // Искусство кино. 1937. № 10 (октябрь).

Довженко 1966–1969 — Довженко А. П. Собрание сочинений: в 4 т. М.: Искусство, 1966–1969.

Докладная записка 2005 — Докладная записка Б. З. Шумяцкого В. М. Молотову о снятии с проката кинокартины «Гармонь». 27 августа 1936 г. // Кремлевский кинотеатр. 1928–1953. Документы. М.: РОССПЭН, 2005. С. 343.

Ермолаев 1938 — Ермолаев Г. Что тормозит развитие советского кино? // Правда. 1938. 9 января. С. 4.

Козинцев 1982–1986 — Козинцев Г. М. Собрание сочинений: в 5 т. Л.: Искусство, 1982–1986.

Козинцев 1995 — Козинцев Г. М. Из писем кинематографистам // Искусство кино. 1995. № 7. С. 112–121.

Кохно 1982 — Кохно Л. И. Поэзия труда // Довженко в воспоминаниях современников / Сост. Л. Пажитнова, Ю. Солнцева. М.: Искусство, 1982. С. 79–85.

Кржижановский 1931 — Кржижановский Г. М. 10 лет ГОЭЛРО: Речь на торжественном пленуме Мособлисполкома и Моссовета 25 декабря 1930 г. М.; Л.: Огиз; Московский рабочий, 1931.

Лемберг 1968 — Лемберг А. Г. Дзига Вертов приходит в кино // Из истории кино. Вып. 7. М.: Искусство, 1968. С. 39–49.

Ленин 1958 — Ленин В. И. Отчет о работе Центрального исполнительного комитета (2 февраля 1920 г.) // Ленин В. И. Полное собрание сочинений: в 55 т. Т. 40. М.: Политиздат, 1958.

Лицо 1935 — Лицо советского киноактера. М.: Кинофотоиздат, 1935.

Маяковский 1924 — Маяковский В. В. Комсомольская // Молодая гвардия. 1924. № 203. С. 10–14.

Маяковский 1957 — Маяковский В. В. Владимир Ильич Ленин // Маяковский В. В. Полное собрание сочинений: в 13 т. Т. 6. М.: Государственное издательство художественной литературы, 1957. С. 231–309.

Маяковский 1959 — Маяковский В. В. Выступления на диспуте «Пути и политика Совкино» // Полное собрание сочинений: в 13 т. Т. 12. М.: Государственное издательство художественной литературы, 1959. С. 353–359.

Ольховый 1929 — Пути кино. Всесоюзное партийное совещание по кинематографии / Ред. Б. С. Ольховый. М.: Теа-кино-печать, 1929.

Островский 1955 — Островский Н. А. Как закалялась сталь. М.: Государственное издательство детской литературы, 1955.

Первый всесоюзный съезд 1934 — Первый всесоюзный съезд советских писателей: Стенографический отчет. М.: Художественная литература, 1934.

Петров-Бытов 1929 — Петров-Бытов П. П. У нас нет советской кинематографии // Жизнь искусства. 1929. № 17 (21 апреля). С. 8.

Пиотровский 1929а — Пиотровский А. И. Кинофикация музыки // Жизнь искусства. 1929. № 9. С. 4.

Пиотровский 1929б — Пиотровский А. И. Тонфильма в порядке дня // Жизнь искусства. 1929. № 30. С. 4–5.

Протокол 1997 — Протокол № 11 открытого партийного собрания Центральной студии документальных фильмов от 14–15 марта 1949 года // Искусство кино. 1997. № 12. С. 128–133.

Пудовкин 1934 — Пудовкин В. И. Актер в фильме. Л.: Государственная академия искусствознания, 1934.

Пудовкин 1974–1977 — Пудовкин В. В. Собрание сочинений: в 3 т. М.: Искусство, 1974–1977.

Радек 1931 — Радек К. Б. Две фильмы // Известия. 1931. 23 апреля.

Рокотов 1928 — Рокотов Т. Ведомственное творчество // Кино (Л.). 1928. № 52. 25 декабря.

Савченко 1934 — Савченко И. А. Право запеть // Советское кино. 1934. № 5. С. 57–61.

Савченко 1946 — Савченко И. А. [Как я стал режиссером] // Как я стал режиссером. М., 1946. С. 252–260.

Симонов 1931 — Симонов Е. Путевка в жизнь // Пионер. 1931. № 22. Август. С. 14–15.

Скворцов-Степанов 1922 — Скворцов-Степанов И. И. Электрификация РСФСР в связи с переходной фазой мирового хозяйства.

С предисловиями В. И. Ленина и Г. М. Кржижановского. М.: Госиздат, 1922.

Соколов 1930 — Соколов И. В. Вторая программа тонфильм // Кино и жизнь. 1930. № 27. С. 11.

Сталин 1990 — Сталин И. В. Об антиленинских ошибках и националистических извращениях в киноповести Довженко «Украина в огне» // Искусство кино. 1990. № 4. С. 84–95.

Фашистская гадина уничтожена 1938 — Фашистская гадина уничтожена // Искусство кино. 1938. № 2. Февраль. С. 5–6.

Херсонский 1934 — Херсонский Х. Н. «Гармонь» // Известия. 1934. № 138. 15 июня. С. 4.

Цейтлин 1930 — Цейтлин Б. Б. «Симфония Донбасса» // Кино и жизнь. 1930. № 14. 11 мая. С. 19.

Цехановский 1930 — Цехановский М. М. О звуковом рисованном фильме // Кино и жизнь. 1930. № 34–35. С. 14.

Шкловский 1917 — Шкловский В. Б. Искусство как прием // Сборники по теории поэтического языка. 2-е изд. Пг.: ОПОЯЗ, 1917. С. 3–14.

Шкловский 1965 — Шкловский В. Б. За сорок лет. Работы о кино. М.: Искусство, 1965.

Шкловский 1990 — Шкловский В. Гамбургский счёт: Статьи — воспоминания — эссе (1914-1933). М.: Советский писатель, 1990.

Шуб 1972 — Шуб Э. И. Жизнь моя — кинематограф. М.: Искусство, 1972.

Шумяцкий 1933 — Шумяцкий Б. З. Творческие вопросы темплана // Советское кино. 1933. № 12. С. 1–15.

Шумяцкий 1935 — Шумяцкий Б. З. Кинематография миллионов: Опыт анализа. М.: Кинофотоиздат, 1935.

Шумяцкий, Сталин 2002 — «А дряни подобно “Гармони” больше не ставите?..» Записки бесед Б. З. Шумяцкого с И. В. Сталиным после кинопросмотров. 1934 // Киноведческие записки. 2002. № 61. С. 281–346.

Эйзенштейн 1955 — Эйзенштейн С. М. Примеры изучения монтажного письма [Пушкин-монтажер] // Искусство кино. 1955. № 4. С. 78–89.

Эйзенштейн 1997 — Эйзенштейн С. М. Мемуары: в 2 т. Т. 2. М.: Редакция газеты «Труд», 1997.

Эйзенштейн и др. 1928 — Эйзенштейн С. М., Пудовкин В. И., Александров Г. В. Заявка // Жизнь искусства. 1928. 5 августа. С. 4–5.

Якубинский 1931 — Якубинский Л. П. Русский язык в эпоху диктатуры пролетариата [Ч. 1] // Литературная учеба. 1931. № 9. С. 66–76.

Ярославский 1925 — Ярославский Е. М. Жизнь и работа В. И. Ленина. Л.: Государственное издательство, 1925.

Bourke-White 1931 — Bourke-White M. Eyes on Russia. New York: Simon and Schuster, 1931.

Eisenstein 1949 — Eisenstein S. Film Form: Essays in Film Theory / Ed. and transl. by J. Leyda. New York: Harcourt, Brace, 1949.

Honegger 1931 — Honegger A. Du cinéma sonore à la musique réelle // Plans. 1931. № 1. Janvier. P. 74–79.

Katzner 1994 — Katzner K. English-Russian Dictionary, revised ed. New York: John Wiley & Sons, Inc., 1994.

Vertov 1984 — Kino-Eye: The Writings of Dziga Vertov / Ed. by A. Michelson; transl. by K. O'Brien. Berkeley: University of California Press, 1984.

Vertov 2000 — Vertov D. Tagebücher — Arbeitshefte / Hrsg. von T. Tode, A. Gramatke. Konstanz: UVK, 2000.

Vertov 2004 — Lines of Resistance: Dziga Vertov and the Twenties / Ed. by Y. Tsivian; transl. by J. Graffy. Pordenone: Le Giornate del Cinema Muto, 2004.

Weis, Belton 1985 — Film Sound: Theory and Practice / Ed. by E. Weis, J. Belton. New York: Columbia University Press, 1985.

Библиография

Абрамов 1962 — Абрамов Н. П. Дзига Вертов. М.: АН СССР, 1962.

Альтюссер 2011 — Альтюссер Л. Идеология и идеологические аппараты государства (Заметки для исследования) // Неприкосновенный запас. 2011. № 3. URL: http://www.intelros.ru/readroom/nz/neprikosnovennyj-zapas-77-32011/10296-ideologiya-i-ideologicheskie-apparaty-gosudarstva-zametki-dlya-issledovaniya.html (дата обращения: 5.11.2020).

Белодубровская 2020 — Белодубровская М. Не по плану. Кинематография при Сталине. М.: НЛО, 2020.

Беннетт 2018 — Беннетт Дж. Пульсирующая материя. Политическая экология вещей / Пер. с англ. А. Саркисьянца. Пермь: Hyla Press, 2018.

Булгакова 2010 — Булгакова О. Советский слухоглаз: Кино и его органы чувств. М.: Новое литературное обозрение, 2010.

Бутовский 2006 — Бутовский Я. Л. «Одна» на перекрестках общих проблем российского киноведения // Киноведческие записки. 2006. № 77. С. 310–319.

Владимирцева 1971 — 20 режиссерских биографий / Ред. И. Н. Владимирцева. М.: Искусство, 1971.

Гукасян 1971 — Кинооператор Андрей Москвин: Очерк жизни и творчества: Воспоминания товарищей / Ред. Ф. Г. Гукасян. Л.: Искусство, 1971.

Гурко 1994 — Гурко С. Л. Фонограмма фильма «Земля» // Киноведческие записки. 1994. № 23. С. 188.

Делез 2004 — Делез Ж. Кино. М.: Ad Marginem, 2004.

Делез, Гваттари 2010 — Делез Ж., Гваттари Ф. Тысяча плато: Капитализм и шизофрения. Екатеринбург: У-Фактория, Астрель, 2010.

Деррида 2000 — Деррида Ж. О грамматологии / Пер. с франц. и вст. ст. Н. Автономовой. М.: Ad Marginem, 2000.

Дерябин 1994 — Дерябин А. С. Потеря и обретение немоты // Киноведческие записки. 1994. № 23. С. 181–185.

Джулай 2005 — Джулай Л. Н. Документальный иллюзион. М.: Материк, 2005.

Добренко 2007 — Добренко Е. А. Политэкономия соцреализма. М.: НЛО, 2007.

Друбек-Майер 2006 — Друбек-Майер Н. Звуки музыки. (Анти-)медиум в советских музыкальных фильмах // Советская власть и медиа. СПб.: Академический проект, 2006. С. 578–592.

Друбек-Майер 2009 — Друбек-Майер Н. Звукомонтаж в фильме «Гармонь» (1934) Игоря Савченко // Die Welt der Slaven, Schwerpunkt: «Stumm oder vertont. Krisen und Neuanfänge in der Filmkunst um 1930», 2009. Bd. 54. № 2. S. 309–325.

Жижек 1999а — Жижек С. Возвышенный объект идеологии. М.: Художественный журнал, 1999.

Жижек 1999б — Жижек С. Глядя вкось: Введение в психоанализ Лакана через массовую культуру. М.: Художественный журнал, 1999.

Зак и др. 1959 — Игорь Савченко / Ред. М. Е. Зак, Л. А. Парфенов, О. В. Якубович-Ясный. М.: Искусство, 1959.

Зоркая 2005а — Зоркая Н. М. История советского кино. СПб.: Алетейя, 2005.

Зоркая 2005б — Зоркая Н. М. «Одна» на перекрестках // Киноведческие записки. 2005. № 74. С. 143–158.

Иезуитов 1937 — Иезуитов Н. М. Пудовкин. М.: Искусство, 1937.

Изволов 1992 — Изволов Н. А. Момент оживления спящей идеи // Киноведческие записки. 1992. № 15. С. 290–296.

Калашников 1956 — Очерки истории советского кино: в 3 т. / Ред. Ю. С. Калашников. Т. 1: 1917–1934. М.: Искусство, 1956.

Кларк 2002а — Кларк К. Советский роман: История как ритуал. Екатеринбург: Изд-во Уральского ун-та, 2002.

Кларк 2002б — Кларк К. «Чтобы так петь, двадцать лет учиться нужно»: Случай «Волги-Волги» // Советское богатство. Статьи о культуре, литературе и кино. СПб.: Академический проект, 2002. С. 371–390.

Колоскова, Киташова 2016 — Колоскова Т. Г., Киташова О. В. Ленин в работах скульптора Ивана Шадра, 2016. URL: http://propagandahistory.ru/2343/Lenin-v-rabotakh-skulptora-Ivana-SHadra (дата обращения: 26.04.2021).

Костюк 1978 — Костюк Г. Окаянні роки: Від Лук'янівської тюрми до Воркутської трагедії (1935–1940). Торонто: Діялог, 1978.

Марголит 1992 — Марголит Е. Я. Заклинание эпосом («Гармонь» Игоря Савченко и генезис советской музыкальной комедии) // Киноведческие записки. 1992. № 13. С. 120–133.

Марголит 2006 — Марголит Е. Я. Проблема многоязычия в раннем советском звуковом кино (1930–1935) // Советская власть и медиа / Ред. Х. Гюнтер, С. Хэнсген. СПб.: Академический проект, 2006. С. 378–386.

Марголит 2012 — Марголит Е. Я. Живые и мертвое: Заметки к истории советского кино 1920–1960-х годов. СПб.: Сеанс, 2012.

Марголит, Филимонов 1991 — Марголит Е. Я., Филимонов В. П. Происхождение героя («Путевка в жизнь» и язык народной культуры) // Киноведческие записки. 1991. № 12. С. 74–98.

Мартин 2011 — Мартин Т. Империя «положительной деятельности». Нации и национализм в СССР, 1923–1939. М.: РОССПЭН, 2011.

Марьямов 1968 — Марьямов А. М. Довженко. М.: Молодая гвардия, 1968.

Нусинова 1991 — Нусинова Н. И. «Одна», СССР (1931) // Искусство кино. 1991. № 12. С. 162–164.

Ожегов 1988 — Ожегов С. И. Словарь русского языка. М.: Русский язык, 1988.

Познер 2000 — Познер В. Шкловский / Эйзенштейн — двадцатые годы: История плодотворного непонимания // Киноведческие записки. 2000. № 46. URL: http://www.kinozapiski.ru/ru/article/sendvalues/586/ (дата обращения: 14.04.2021).

Рошаль 1982 — Рошаль Л. М. Дзига Вертов. М.: Искусство, 1982.

Салис 2012 — Салис Р. «Нам уже не до смеха»: Музыкальные комедии Григория Александрова. М.: Новое литературное обозрение, 2012.

Смирнов 2020 — Смирнов А. В поисках потерянного звука: Экспериментальная звуковая культура России и СССР первой половины XX века. М.: Музей современного искусства «Гараж», 2020.

Соболев 1980 — Соболев Р. П. Александр Довженко. М.: Искусство, 1980.

Сопин 2007 — Сопин А. О. Об авторе песни к фильму «Одна» // Киноведческие записки. 2007. № 84. С. 371–372.

Тейлор 1989 — Тейлор Р. Борис Шумяцкий и советское кино в 30-е годы: Идеология как развлечение масс // Киноведческие записки. 1989. № 3. С. 38–67.

Тейлор 2002 — Тейлор Р. К топографии утопии в сталинском мюзикле // Советское богатство: Статьи о культуре, литературе и кино. СПб.: Академический проект, 2002. С. 358–370.

Тумаркин 1997 — Тумаркин Н. Ленин жив! Культ Ленина в Советской России. СПб.: Академический проект, 1997.

Туровская 2015 — Туровская М. И. Зубы дракона. Мои 30-е. М.: Издательство CORPUS, 2015.

Фицпатрик 2008 — Фицпатрик Ш. Повседневный сталинизм. Социальная история советской России в 30-е годы: город. Изд 2-е. М.: РОССПЭН, 2008.

Фрейд 1992 — Фрейд З. По ту сторону принципа удовольствия // Фрейд З. По ту сторону принципа удовольствия. М.: Прогресс; Литера, 1992. С. 201–255.

Фрейд 1999 — Фрейд З. Я и Оно: Сочинения. М.: ЭКСМО-ПРЕСС; Харьков: Фолио, 1999.

Фуко 1999 — Фуко М. Надзирать и наказывать. Рождение тюрьмы / Ред. И. Борисова; пер. с франц. В. Наумова. М.: Ad Marginem, 1999.

Хэнсген 2006 — Хэнсген С. «Audio-Vision»: О теории и практике раннего советского звукового кино на грани 1930-х годов // Советская власть и медиа / Ред. Х. Гюнтер и С. Хэнсген. СПб.: Академический проект, 2006. С. 350–364.

Цивьян 1991 — Цивьян Ю. Г. Историческая рецепция кино: Кинематограф в России, 1896–1930. Рига: Зинатне, 1991.

Щербенок 2009 — Щербенок А. «Взгляни на Ленина, и печаль твоя разойдется как вода». Эстетика травмы в фильме Дзиги Вертова // Травма: Пункты / Сост. С. Ушакин, Е. Трубина. М.: НЛО, 2009. С. 704–723.

Эйхенбаум 1927 — Эйхенбаум Б. М. Проблемы кино-стилистики // Поэтика кино / Ред. Б. М. Эйхенбаум. М.: Кинопечать, 1927. С. 13–52.

Юренев 1980 — Юренев Р. Н. Игорь Андреевич Савченко // Игорь Савченко: Сборник статей и воспоминаний. Сост. Н. Лучина, Т. Деревянко. Киев: Мистецтво, 1980.

Якубов 2004 — Якубов М. А. Музыка Д. Д. Шостаковича к немому кинофильму «Новый Вавилон» // Шостакович Д. Д. Новое собрание сочинений: в 150 т. Т. 122. «Новый Вавилон»: Музыка к немому кинофильму (партитура): Соч. 18. М.: DSCH, 2004.

Ямпольский 1991 — Ямпольский М. Б. Чужая реальность // Киноведческие записки. 1991. № 10. С. 137–149.

Althusser 1971 — Althusser L. Lenin and Philosophy and Other Essays. New York: Monthly Review Press, 1971.

Altman 1981 — Altman R. Genre, The Musical: A Reader. London: Routledge, 1981.

Altman 1987 — Altman R. The American Film Musical. Bloomington: Indiana University Press, 1987

Altman 2004 — Altman R. Silent Film Sound. New York: Columbia University Press, 2004.

Anderson, Silver 1994 — Anderson B. A., Silver B. D. Equality, Efficiency, and Politics in Soviet Bilingual Education Policy: 1934–1980 // American Political Science Review. 1994 (December). № 78. P. 1019–1039.

Balázs 1948 — Balázs B. Filmkultúra [a film muveszetfilozofiaja]. Budapest: Szikra Kiadas, 1948.

Balázs 1970 — Balázs B. Theory of the Film. New York: Dover Thrift, 1970.

Balio 2009 — Balio T. United Artists, the Company Built by the Stars. Madison: University of Wisconsin Press, 2009.

Barker 2009 — Barker J. The Tactile Eye: Touch and the Cinematic Experience. Berkeley: University of California Press, 2009.

Barrios 2010 — Barrios R. A Song in the Dark: The Birth of the Musical Film. Oxford: Oxford University Press, 2010.

Baudry 1974–1975 — Baudry J.-L. Ideological Effects of the Basic Cinematographic Apparatus // Film Quarterly. 1974–1975. Vol. 28. № 2. P. 39–47.

Bekman 2014 — Bekman Chadaga J. Optical Play: Glass, Vision, and Spectacle in Russian Culture. Evanston: Northwestern University Press, 2014.

Belton 1999 — Belton J. Awkward Transitions: Hitchcock's «Blackmail» and the Dynamics of Early Film Sound // The Musical Quarterly. 1999. Vol. 83. № 2. P. 227–246.

Birkos 1976 — Soviet Cinema: Directors and Films / Ed. by A. S. Birkos. Hamden, CT: Archon Books, 1976.

Bohlinger 2013 — Bohlinger V. The Development of Sound Technology in the Soviet Union during the First Five-Year Plan // Studies in Russian and Soviet Cinema. 2013. Summer. Vol. 7. № 2. P. 189–205.

Bonitzer 1975 — Bonitzer P. Les Silences de la voix // Cahiers du Cinéma. 1975 (février-mars). № 256. P. 22–33.

Bonitzer 1986 — Bonitzer P. The Silences of the Voice // Narrative, Apparatus, Ideology / Ed. by P. Rosen. New York: Columbia University Press, 1986. P. 319–334.

Bordwell et al. 1985 — Bordwell D., Staiger J., Thompson K. The Classic Hollywood Cinema: Film Style and Mode of Production to 1960. New York: Columbia University Press, 1985.

Bulgakowa 2003 — Bulgakowa O. Spatial Figures in Soviet Cinema of the 1930s // The Landscape of Stalinism / Ed. by E. Dobrenko, E. Naiman. Seattle: University of Washington Press, 2003. P. 51–76.

Bulgakowa 2008 — Bulgakowa O. The Ear against the Eye: Vertov's Symphony // Kieler Beiträge zur Filmmusikforschung. 2008. № 2. S. 142–158.

Butler 1993 — Butler J. Bodies That Matter: On the Discursive Limitations of «Sex». London: Routledge, 1993.

Caruth 1996 — Caruth C. Unclaimed Experience: Trauma, Narrative, and History. Baltimore: Johns Hopkins University Press, 1996.

Cavendish 2007 — Cavendish P. «Zemlia / Earth» // The Cinema of Russia and the Former Soviet Union / Ed. by B. Beumers. London: Wallflower Press, 2007. P. 57–60.

Cavendish 2013 — Cavendish P. The Men with the Movie Camera: The Poetics of Visual Style in Soviet Avant-Garde Cinema of the 1920s. Oxford: Berghahn Books, 2013.

Chion 1982 — Chion M. La voix au cinéma. Paris: Editions de l'Etoile, 1982.

Chion 1999 — Chion M. The Voice in Cinema / Transl. by C. Gorbman. New York: Columbia University Press, 1999.

Chomentowski 2014 — Chomentowski G. Du cinéma muet au cinéma parlant. La politique des langues dans les films soviétiques // Cahiers du monde russe. 2014. T. 55. № 3. P. 295–320.

Christie 1982 — Christie I. Soviet Cinema: Making Sense of Sound // Screen. 1982. Vol. 23. № 2. P. 34–49.

Christie 1991 — Christie I. Making Sense of Soviet Sound // Inside the Film Factory: New Approaches to Russian and Soviet Cinema. London: Routledge, 1991. P. 176–192.

Clark 1981 — Clark K. The Soviet Novel: History As Ritual. Chicago: Chicago University Press, 1981.

Cohan 2001 — Hollywood Musicals: The Film Reader / Ed. by S. Cohan. New York: Routledge, 2001.

Cohan 2005 — Cohan S. Incongruous Entertainment: Camp, Cultural Value, and the MGM Musical. Durham, NC: Duke University Press, 2005.

Cooke 2010 — The Hollywood Film Musical Reader / Ed. by M. Cooke. Oxford: Oxford University Press, 2010.

Crafton 1997 — Crafton D. The Talkies: American Cinema's Transition to Sound 1926–1931. Berkeley: University of California Press, 1997.

De Man 1984 — De Man P. Autobiography as De-Facement // De Man P. The Rhetoric of Romanticism. New York: Columbia University Press, 1984. P. 67–81.

Dickinson, de la Roche 1948 — Dickinson T., de la Roche C. Soviet Cinema. London: The Falcon Press Ltd., 1948.

Dickinson 2003 — Movie Music: The Film Reader / Ed. by K. Dickinson. New York: Routledge, 2003.

Doane 1980 — Doane M. A. The Voice in the Cinema: The Articulation of Body and Space // Yale French Studies. 1980. Vol. 60. Cinema / Sound. P. 33–50.

Ďurovičová 1992 — Ďurovičová N. Translating America: The Hollywood Multilinguals 1929–1933 // Sound Theory / Sound Practice / Ed. by R. Altman. New York: Routledge, 1992. P. 138–153.

Dyer 1988 — Dyer R. White // Screen. 1988. Vol. 29. № 4. October. P. 44–65.

Dyer 2002 — Dyer R. Entertainment and Utopia // Dyer R. Only Entertainment. 2nd ed. London: Routledge, 2002. P. 19–35.

Eyman 1997 — Eyman S. The Speed of Sound: Hollywood and the Talkie Revolution 1926–1930. New York: Simon and Schuster, 1997.

Feldman 1979 — Feldman S. Dziga Vertov: A Guide to References and Sources. Boston: G. K. Hall & Co., 1979.

Feldman 1984 — Feldman S. «Cinema Weekly» and «Cinema Truth»: Dziga Vertov and the Leninist Proportion // «Show Us Life!»: Toward a History and Aesthetics of the Committed Documentary. London: The Scarecrow Press, Inc., 1984. P. 3–20.

Feuer 1982 — Feuer J. The Hollywood Musical. Bloomington: Indiana University Press, 1982.

Fielding 1967— A Technological History of Motion Pictures and Television / Ed. by R. Fielding. Berkeley: UC Press, 1967.

Fisher 1977–1978 — Fisher L. Enthusiasm: From Kino-Eye to Radio-Eye // Film Quarterly. 1977–1978. Vol. 31. № 2. P. 25–34.

Freiberg 1987 — Freiberg F. The Transition to Sound in Japan // History on / and / in Film / Ed. by T. O'Regan, B. Shoesmith. Perth: History & Film Association of Australia, 1987. P. 76–80.

Gillespie 2003 — Gillespie D. C. The Sounds of Music: Soundtrack and Song in Soviet Film // Slavic Review. 2003. Vol. 62. № 3. Autumn. P. 473–490.

Glinsky 2000 — Glinsky A. Theremin: Ether Music and Espionage. Urbana: University of Illinois Press, 2000.

Gomery 2005 — Gomery D. The Coming of Sound: A History. New York: Routledge, 2005.

Graffy 2010 — Graffy J. Chapaev. KINOfiles Film Companion: In 12 vol. Vol. 12. London: I. B. Tauris, 2010.

Grierson 1976 — Grierson J. First Principles of Documentary (1932–1934) // Nonfiction Film Theory and Criticism / Ed. by R. Barsam. New York: E. P Dutton & Co, 1976. P. 19–30.

Hass 1998 — Hass D. Leningrad's Modernists: Studies in Composition and Musical Thought, 1917–1932. New York: Peter Lang, 1998.

Heath 1982 — Heath S. Questions of Cinema. Bloomington: Indiana University Press, 1982.

Heath 1985 — Heath S. Questions of Cinema. Bloomington: Indiana University Press, 1985.

Hicks 2007 — Hicks J. Dziga Vertov: Defining Documentary Film. London: I. B. Taurus, 2007.

Hicks 2014 — Hicks J. Challenging the Voice of God in World War II–Era Soviet Documentaries // Sound, Speech, Music in Soviet and Post-Soviet Cinema / Ed. by L. Kaganovsky, M. Salazkina. Bloomington: Indiana University Press, 2014. P. 129–144.

Hubbert 2008 — Hubbert J. Eisenstein's Theory of Film Music Revisited: Silent and Early Sound Antecedents // Composing for the Screen in Germany and the USSR. Bloomington: Indiana University Press, 2008. C/ 125–147.

Izvolov 2014 — Izvolov N. From the History of Graphic Sound in the Soviet Union; or, Media without a Medium // Sound, Speech, Music in Soviet and Post-Soviet Cinema / Ed. by L. Kaganovsky, M. Salazkina. Bloomington: Indiana University Press, 2014. P. 21–37.

Izvolov 2016 — Izvolov N. Dziga Vertov and Aleksandr Rodchenko: The Visible Word // Studies in Russian and Soviet Cinema. 2016. Vol. 10. № 1. P. 2–14

Jacobs 2015 — Jacobs L. Film Rhythm After Sound: Technology, Music, and Performance. Berkeley: University of California Press, 2015.

James 1986 — James R. S. Avant-Garde Sound-on-Film Techniques and Their Relationship to Electro-Acoustic Music // The Musical Quarterly. 1986. Vol. 72. № 1. P. 74–89.

Kaganovsky 2006 — Kaganovsky L. Forging Soviet Masculinity in Nikolai Ekk's «The Road to Life» // Gender and National Identity in Twentieth-Century Russian Culture / Ed. by H. Goscilo, A. Lanoux. Dekalb: Northern Illinois Press, 2006. P. 146–175.

Kalinak 2010 — Kalinak K. Film Music: A Very Short Introduction. Oxford: Oxford University Press, 2010.

Kavina 2012 — Kavina L. Therminvox // Electrified Voices: Medical, Socio-Historical and Cultural Aspects of Voice Transfer. Göttingen: Vandenhoeck & Ruprecht, 2012. P. 187–200.

Kenez 1992 — Kenez P. Cinema & Soviet Society 1917–1953. Cambridge, England: Cambridge University Press, 1992.

Kenez 2001 — Kenez P. Cinema and Soviet Society: From the Revolution to the Death of Stalin. London: I. B. Tauris, 2001.

Kepley 1986 — Kepley Jr. V. In the Service of the State: The Cinema of Alexander Dovzhenko. Madison: The University of Wisconsin Press, 1986.

Kepley 1996 — Kepley Jr. V. The First «Perestroika»: Soviet Cinema under the First Five-Year Plan // Cinema Journal. 1996. Vol. 35. № 4. P. 31–53.

Kittler 1999 — Kittler F. Gramophone, Film, Typewriter. Stanford: Stanford University Press, 1999.

Kujundzic 1997 — Kujundzic D. The Returns of History: Russian Nietzscheans After Modernity. Albany: SUNY Press, 1997.

Kujundzic 2000 — Kujundzic D. Dziga Vertov or the Return of the Sight (Five Intervals) // Apparatur und Rhapsodie: Zu den Filmen des Dziga Vertov / Hrsg. von Natascha Drubek-Meyer und Jurij Murašov. Frankfurt am Main: Peter Lang, 2000. S. 171–199.

Lastra 2000 — Lastra J. Sound Technology and the American Cinema: Perception, Representation, Modernity. New York: Columbia University Press, 2000.

Leaming 1980 — Leaming B. Grigori Kozintsev. Boston: Twayne Publishers, 1980.

Le Foll 2012 — Le Foll C. A la recherche de l'introuvable film juif-biélorusse? Politique des nationalités et cinéma en BSSR dans les années 1920 et 1930 // Kinojudaica: Les représentations des Juifs dans le cinéma de Russie et d'Union soviétique des années 1910 aux années 1980 / Ed. par V. Pozner, N. Laurent. La Cinémathèque de Toulouse: Nouveau Monde Editions, 2012. P. 79–109.

Leyda 1960 — Leyda J. Kino: A History of Russian and Soviet Film. Princeton: Princeton University Press, 1960.

Liber 2002 — Liber G. O. Alexander Dovzhenko: A Life in Soviet Film. London: British Film Institute, 2002.

Łotysz 2006 — Łotysz S. Contributions of Polish Jews: Joseph Tykocinski-Tykociner (1877–1969), Pioneer of Sound on Film // AAPJS Gazeta. 2006. Vol. 13. № 3.

Lovell 2011 — Lovell S. How Russia Learned to Listen: Radio and the Making of Soviet Culture // Kritika: Explorations in Russian and Eurasian History. 2011. Vol. 12. № 3. P. 591–615.

Lovell 2013 — Lovell S. Broadcasting Bolshevik: The Radio Voice of Soviet Culture, 1920s–1950s // Journal of Contemporary History. 2013. Vol. 48. № 1. P. 78–97.

Lovell 2015 — Lovell S. Russia in the Microphone Age: A History of Soviet Radio, 1919–1970. Oxford: Oxford University Press, 2015.

MacKay 2005 — MacKay J. Disorganized Noise: «Enthusiasm» and the Ear of the Collective // KinoKultura. 2005. № 7. January. URL: http://www.kinokultura.com/articles/jan05-mackay.html (дата обращения: 18.01.2021).

MacKay 2006 — MacKay J. Allegory and Accommodation: Vertov's Three Songs of Lenin (1934) as a Stalinist Film // Film History. 2006. Vol. 18. № 4. P. 376–391.

MacKay 2007 — MacKay J. Film Energy: Process and Metanarrative in Dziga Vertov's The Eleventh Year (1928) // October. 2007. № 121. Summer. P. 47–78.

Malitsky 2013 — Malitsky J. Post-Revolution Nonfiction Film: Building the Soviet and Cuban Nations. Bloomington: Indiana University Press, 2013.

Malitsky 2020 — Malitsky J. The Movement of Energy. Unpubl KShE and the Movement of Energy. Oxford Handbook of Communist Visual Cultures, 2020.

Marks 2000 — Marks L. The Skin of the Film: Intercultural Cinema, Embodiment, and the Senses. Durham: Duke University Press, 2000.

Massumi 2002 — Massumi B. Parables for the Virtual: Movement, Affect, Sensation. Durham: Duke University Press, 2002.

Michelson 2006 — Michelson A. The Kinetic Icon in the Work of Mourning: Prolegomena to the Analysis of a Textual System // October. 2006. № 52. Spring. P. 16–39.

Morton 2006 — Morton D. Sound Recording: The Life Story of a Technology. Baltimore: Johns Hopkins University Press, 2006.

Mulvey 1975 — Mulvey L. Visual Pleasure and Narrative Cinema // Screen. 1975. Vol. 16. № 3. P. 6–18.

Mulvey 1989 — Mulvey L. Visual Pleasure and Narrative Cinema // Mulvey L. Visual and Other Pleasures. Bloomington: Indiana University Press, 1989. С. 14–28.

Mulvey 2006 — Mulvey L. Death 24x a Second: Stillness and the Moving Image. London: Reaktion Books, 2006.

Murav 2011 — Murav H. Music from a Speeding Train: Jewish Literature in Post-Revolution Russia. Stanford: Stanford University Press, 2011.

Nichols 1991 — Nichols B. Representing Reality: Issues and Concepts in Documentary. Bloomington: Indiana University Press, 1991.

Nichols 2016 — Nichols B. Speaking Truths with Film: Evidence, Ethics, Politics in Documentary. Berkeley: University of California Press, 2016.

Nisnevich 2014 — Nisnevich A. Ear of the Beholder: Listening in «Muzykal'naia Istoriia» (1940) // Sound, Speech, Music in Soviet and Post-Soviet Cinema / Ed. by L. Kaganovsky, M. Salazkina. Bloomington: Indiana University Press, 2014. P. 193–211.

Papazian 2009 — Papazian E. A. Manufacturing Truth: The Documentary Moment in Early Soviet Culture. DeKalb: Northern Illinois University Press, 2009.

Papazian 2013 — Papazian E. A. Literacy or Legibility: The Trace of Subjectivity in Soviet Socialist Realism // The Oxford Handbook of Propaganda Studies. Oxford: Oxford University Press, 2013. P. 63–86.

Petric 1984 — Petric V. Esther Shub: Film as a Historical Discourse // Show Us Life! Toward a History and Aesthetics of the Committed Documentary. London: The Scarecrow Press, Inc., 1984. P. 21–46.

Petrov 2015 — Petrov P. Automatic for the Masses: The Death of the Author and the Birth of Socialist Realism. Toronto: University of Toronto Press, 2015.

Pozner 2014 — Pozner V. To Catch Up and Overtake Hollywood: Early Talking Pictures in the Soviet Union // Sound, Speech, Music in Soviet and Post-Soviet Cinema / Ed. by L. Kaganovsky, M. Salazkina. Bloomington: Indiana University Press, 2014. P. 60–80.

Richards 2013 — Richards R. W. Cinematic Flashes: Cinephilia and Classical Hollywood. Bloomington: University of Indiana Press, 2013.

Riley 2005 — Riley J. Dmitri Shostakovich: A Life in Film. London: I. B. Taurus, 2005.

Roberts 1991 — Roberts G. Esfir Shub: A Suitable Case for Treatment // Historical Journal of Film, Radio and Television. 1991. Vol. 11. № 2. P. 149–159.

Roberts 1999 — Roberts G. Forward Soviet! History and Non-fiction Film in the USSR. London: I. B. Tauris, 1999.

Robertson 2015 — Robertson R. Cinema and the Audiovisual Imagination: Music, Image, Sound. London: I. B. Tauris, 2015.

Robin 1992 — Robin R. Socialist Realism: An Impossible Aesthetic. Stanford: Stanford University Press, 1992.

Ronell 1989 — Ronell A. The Telephone Book: Technology, Schizophrenia, Electric Speech. Lincoln: University of Nebraska Press, 1989.

Roth 1977 — Roth M. Some Warners' Musicals and the Spirit of the New Deal // The Velvet Light Trap. 1977 (Winter). № 77. P. 1–7.

Rutherford 2003 — Rutherford A. Cinema and Embodied Affect // Senses of Cinema. 2003. № 25. March. URL: http://sensesofcinema.com/2003/feature-articles/embodied_affect (дата обращения: 18.01.2021).

Ryabchikova 2014 — Ryabchikova N. ARRK and the Soviet Transition to Sound // Sound, Speech, Music in Soviet and Post-Soviet Cinema / Ed. by L. Kaganovsky, M. Salazkina. Bloomington: Indiana University Press, 2014. P. 81–99.

Ryabchikova 2016 — Ryabchikova N. The Flying Fish: Sergei Eisenstein Abroad, 1929–1932. Ph. D. dissertation at University of Pittsburgh, 2016.

Sargeant 2000 — Sargeant A. Vsevolod Pudovkin: Classic Films of the Soviet Avant-Garde. London: I. B. Tauris, 2000.

Silverman 1988 — Silverman K. The Acoustic Mirror: The Female Voice in Psychoanalysis and Cinema. Bloomington: Indiana University Press, 1988.

Slezkine 1994 — Slezkine Y. The USSR as a Communal Apartment, or How a Socialist State Promoted Ethnic Particularism // Slavic Review. 1994. Vol. 52, № 2. Summer. P. 414–452.

Smirnov 2011 — Smirnov A. Graphical Sounds. URL: http://asmir.info/graphical_sound.htm (дата обращения: 14.04.2021).

Smirnov 2013 — Smirnov A. Sound in Z: Experiments in Sound and Electronic Music in Early 20th Century Russia. London: Koenig Books, 2013.

Smith 1998 — Smith M. G. Language and Power in the Creation of the USSR, 1917–1953. Berlin & New York: Mouton de Gruyter, 1998.

Spadoni 2007 — Spadoni R. Uncanny Bodies: The Coming of Sound Film and the Origins of the Horror Genre. Berkeley: University of California Press, 2007.

Sponable 1947 — Sponable E. I. Historical Development of Sound Films // Journal of the Society of Motion Picture Engineers. 1947. Vol. 48. № 4–5.

Stiegler Bernard 1996 — Stiegler B. La Technique et le Temps. T. 2. La désorientation. Paris: Galilée, 1996.

Stiegler Bernd 2009 — Stiegler B. When a Photograph of Trees Is Almost like a Crime (Rodchenko, Vertov, Kalatozov) / Transl. by J. Gussen // Études photographiques. 2009 (mai). № 23. URL: https://journals.openedition.org/etudesphotographiques/3422 (дата обращения: 11.05.2021).

Stollery 2006 — Stollery M. Three Songs About Lenin // Encyclopedia of the Documentary Film / Ed. by I. Aitken. New York: Routledge, 2006. P. 1319–1321.

Taylor 1983 — Taylor R. «A Cinema for the Millions»: Soviet Socialist Realism and the Problem of Film Comedy // Journal of Contemporary History. 1983. Vol. 18, № 3. July. P. 439–461.

Taylor 1986 — Taylor R. Boris Shumyatsky and the Soviet Cinema in the 1930s: Ideology as Mass Entertainment // Historical Journal of Film, Radio and Television. 1986. Vol. 6. № 1. P. 43–64.

Taylor 1999 — Taylor R. Singing on the Steppes for Stalin: Ivan Pyr'ev and the Kolkhoz Musical in Soviet Cinema // Slavic Review. 1999. Vol. 58. № 1 Spring. P. 143–159.

Taylor, Christie 1994 — The Film Factory: Russian and Soviet Cinema in Documents 1896–1939 / Ed. by R. Taylor, I. Christie. London and New York: Routledge, 1994.

Thompson 1980 — Thompson K. Early Sound Counterpoint // Yale French Studies. 1980. № 60. P. 115–140.

Titus 2014 — Titus J. Silents, Sound, and Modernism in Dmitry Shostakovich's Score to «The New Babylon» // Sound, Speech, Music in Russian and Soviet Cinema / Ed. by L. Kaganovsky, M. Salazkina. Bloomington: Indiana University Press, 2014. P. 38–59.

Titus 2016 — Titus J. The Early Film Music of Dmitry Shostakovich. Oxford: Oxford University Press, 2016.

Tsivian 1991 — Tsivian Y. Early Cinema in Russia and its Cultural Reception. Chicago: The University of Chicago Press, 1991.

Turovskaya 1993 — Turovskaya M. The 1930s and 1940s: Cinema in Context // Stalinism and Soviet Cinema / Ed. by R. Taylor, D. Spring. New York: Routledge, 1993. P. 34–53.

Widdis 2003 — Widdis E. Visions of a New Land. New Haven: Yale University Press, 2003.

Widdis 2014 — Widdis E. Making Sense without Speech: The Use of Silence in Early Soviet Sound Film // Sound, Speech, Music in Soviet and Post-Soviet Cinema / Ed. by L. Kaganovsky, M. Salazkina. Bloomington: Indiana University Press, 2014. P. 100–118.

Widdis 2017 — Widdis E. Socialist Senses: Film, Feeling and the Soviet Subject. Bloomington: Indiana University Press, 2017.

Williams 1991 — Williams L. Film Bodies: Gender, Genre, and Excess // Film Quarterly. 1991. Vol. 44. № 4. P. 2–13.

Williams 1992 — Williams A. Historical and Theoretical Issues in the Coming of Recorded Sound to the Cinema // Sound Theory / Sound Practice / ed. by R. Altman. New York: Routledge, 1992. P. 126–137.

Winter 1941 — Winter M. H. The Function of Music in Sound Film // The Musical Quarterly. 1941. Vol. 27. № 2. P. 146–164.

Yampolsky 1991 — Yampolsky M. Reality at Second Hand // Historical Journal of Film, Radio and Television. 1991. Vol. 11. № 2. P. 161–171.

Yekelchuk 2004 — Yekelchuk S. Stalin's Empire of Memory: Russian Ukrainian Relations in the Soviet Imagination. Toronto: University of Toronto Press, 2004.

Young 2000 — Young D. Review: Three Songs About Lenin // Variety. 2000. August 21. URL: http://variety.com/2000/film/reviews/three-songs-about-lenin-1200463721/ (дата обращения: 26.04.2021).

Youngblood 1985 — Youngblood D. Soviet Cinema in the Silent Era, 1918–1935. Ann Arbor: UMI Research Press, 1985.

Zizek 1992 — Zizek S. Looking Awry: An Introduction to Jacques Lacan through Popular Culture. Cambridge, MA: The MIT Press, 1992.

Zorkaya 1989 — Zorkaya N. The Illustrated History of Soviet Cinema. New York: Hippocrene Books, 1989.

Предметно-именной указатель

Содержание

Научное издание

Лиля Кагановская

ГОЛОС ТЕХНИКИ

Переход советского кино к звуку

1928–1935

Директор издательства *И. В. Немировский*
Заведующий редакцией *М. Вальдеррама*

Ответственный редактор *И. Знаешева*
Дизайн *И. Граве*
Редактор *Р. Рудницкий*
Корректоры *М. Левина, А. Филимонова, Е. Васильева*
Верстка *Е. Падалки*

Подписано в печать 30.07.2021.
Формат издания 60 × 90 1/16. Усл. печ. л. 20,0.
Тираж 500 экз.

Academic Studies Press
1577 Beacon Street, Brookline, MA 02446 USA
https://www.academicstudiespress.com

ООО «Библиороссика».
190005, Санкт-Петербург, 7-я Красноармейская ул., д. 25а

Эксклюзивные дистрибьюторы:
ООО «Караван»
ООО «КНИЖНЫЙ КЛУБ 36.6»
http://www.club366.ru
Тел./факс: 8(495)9264544
email: club366@club366.ru

Книги издательства можно купить
в интернет-магазине: www.bibliorossicapress.com
e-mail: sales@bibliorossicapress.ru

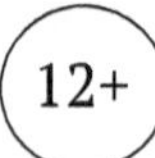

Знак информационной продукции согласно
Федеральному закону от 29.12.2010 № 436-ФЗ

www.ingramcontent.com/pod-product-compliance
Lightning Source LLC
LaVergne TN
LVHW010603100826
845148LV00014B/2821

* 9 7 9 8 8 9 7 8 3 7 6 1 8 *